典读
元心 ○

老子心诠

王曙光 著

北京大学出版社

图书在版编目（CIP）数据

老子心诠 / 王曙光著. —北京：北京大学出版社，2019.12
ISBN 978-7-301-30806-6

Ⅰ.①老… Ⅱ.①王… Ⅲ.①道家②《道德经》-研究 Ⅳ.①B223.15

中国版本图书馆CIP数据核字(2019)第215977号

书　　名	老子心诠 LAOZI XINQUAN
著作责任者	王曙光　著
责任编辑	于铁红　周彬
标准书号	ISBN 978-7-301-30806-6
出版发行	北京大学出版社
地　　址	北京市海淀区成府路205号　100871
网　　址	http://www.pup.cn　新浪微博：@北京大学出版社 @培文图书
电子信箱	pkupw@qq.com
电　　话	邮购部 010-62752015　发行部 010-62750672　编辑部 010-62750112
印　刷　者	三河市国新印装有限公司
经　销　者	新华书店
	660毫米×960毫米　16开本　21印张　320千字 2019年12月第1版　2021年12月第2次印刷
定　　价	50.00元

未经许可，不得以任何方式复制或抄袭本书之部分或全部内容。
版权所有，侵权必究
举报电话：010-62752024　电子信箱：fd@pup.pku.edu.cn
图书如有印装质量问题，请与出版部联系，电话：010-62756370

目录

《元典心读》总序：以生命呼应元典，以心灵体悟元典 i

一章　有无之境 001

二章　功成弗居 006

三章　无为而治 010

四章　渊湛不盈 014

五章　圣人不仁 018

六章　谷神不死 022

七章　天长地久 025

八章　上善若水 029

九章　不盈不骄 033

十章　抱一致柔 036

十一章　用无利有 040

十二章　克欲返本 044

十三章　宠辱不惊 047

十四章　执古御今 051

十五章　敦朴旷澹............055

十六章　归根复命............059

十七章　治道贵言............063

十八章　大道不仁............067

十九章　绝圣弃智............070

二十章　淡泊混沌............074

二十一章　孔德从道........077

二十二章　不矜不伐........081

二十三章　希言自然........084

二十四章　企者不立........088

二十五章　道法自然........092

二十六章　厚重笃静........096

二十七章　容融无滞........100

二十八章　知雄守雌........104

二十九章　无执去甚........107

三十章　果而勿强............111

三十一章　恬淡为上........115

三十二章　知止不殆........119

三十三章　不失其所........123

三十四章　不辞不有........127

三十五章　执象而往........131

三十六章 守弱胜刚..........135

三十七章 朴静自正..........140

三十八章 处厚居实..........144

三十九章 和实生物..........149

四十章 返本复初............154

四十一章 道隐无名..........158

四十二章 阴阳冲和..........162

四十三章 不言之教..........167

四十四章 知足不辱..........171

四十五章 大成若缺..........175

四十六章 无欲常足..........179

四十七章 不行而知..........182

四十八章 为道日损..........186

四十九章 圣人无心..........190

五十章 摄生出死............194

五十一章 长而不宰..........198

五十二章 复明袭常..........204

五十三章 大道甚夷..........207

五十四章 善建不拔..........210

五十五章 知和曰常..........215

五十六章 和光同尘..........219

五十七章 无欲自朴……223

五十八章 光而不耀……228

五十九章 啬道事天……232

六十章 大国小鲜……236

六十一章 大邦谦下……240

六十二章 万物之奥……245

六十三章 图难于易……249

六十四章 慎终如始……254

六十五章 归真尚愚……258

六十六章 善下无争……263

六十七章 慈俭守固……267

六十八章 善胜不与……271

六十九章 哀慈胜敌……275

七十章 至道简易……279

七十一章 圣人病病……282

七十二章 自知自爱……286

七十三章 不争善胜……290

七十四章 惜民止杀……294

七十五章 无以生为……297

七十六章 尚柔戒强……300

七十七章 天道亏盈……304

七十八章 柔能胜刚..........308

七十九章 天道无亲..........312

八十章 小国寡民............315

八十一章 圣人不积..........319

后 记...............................323

《元典心读》总序

以生命呼应元典，以心灵体悟元典

每个民族都有自己的心灵"元典"。何谓元典？元，有开端、源头、起点、原初之意，也有根本、本原、根基之意。人类的思想、文化与精神世界，不分种族，都必定有一个源头，此后所有的思想从这个源头发源并拓展延续至今。元典是经典中的经典，是经典的开端，是人类思想之根、心灵之源、文化之基。

在两三千年前的"轴心时代"，两河流域、印度河流域、黄河长江流域、地中海沿岸，几乎同时出现了一批堪称标志人类思想源头的思想巨人，诞生了可以被称为人类思想元典的伟大思想。这些思想，在各自孤立、彼此隔绝的情况下，循着自己的轨迹成长发展。两河流域旧约时代的众先知，印度河流域的释迦牟尼及其弟子，黄河长江流域孕育的诸子百家，地中海沿岸养育的苏格拉底以及希腊罗马诸先哲，他们所创造的元典性的思想，至今还在深刻地影响着人类。可以毫不夸张地说，我们今天的生命和生活，须臾也不可能离开这些元典性的思想以及创造这些思想的先哲。

人类在几千年的进程中一直倚赖着这些思想，也在流传、诠释、改造着这些思想。一代代人都在诠释元典，并经由这些诠释来创造新的思想，这构成了一个连续的人类思想史。

诠释元典从来不是因为元典必须得到诠释，而是因为一代代人都必须解决现实的问题和困惑。人类虽然在不断前行，但是他们所面临的困惑和挑战，以及人类个体成长所面临的困境与艰辛，数千年来从未改变。先哲面对困惑时所给出的答案，所做出的思考，也必然对我们有参考价值。人类每次面对重大的挑战和艰辛，都不约而同地反观那些民族精神元典，盼望从元典那里得到启示和灵感，从而获得一个民族再出发的力量和智慧。这正是元典的价值所在。一个民族精神的元典，就是这个民族永远的心灵发动机，是永不枯竭的精神的发源地。

更不用说我们无时无刻不生活在既定的"文化"情境中。而这个文化环境，是与先哲的思想密不可分的。不了解祖先的思想，就不可能深刻了解我们时代的文化；不深刻洞察我们时代的文化，就难以适应我们的文化环境，就难以在这种文化中获得精神上的丰满、心灵上的和谐与生命上的成长。从这个角度来说，无论你从事何种事业，元典都是通往幸福之路的起点。

我们还要意识到，这些民族精神元典与我们的生活和生命息息相关。这些元典不仅是文本式的存在，更是真实的存在。就如我们身边的空气，看不见、摸不着，但是不可须臾离之。

如何读元典？我提出"元典心读"的理念。所谓"元典心读"，就是要以生命呼应元典，以心灵体悟元典。其中的关键，在于要用元典来观照我们的自身，观照我们的生存。

我们必须把生命放进去来阅读元典，必须带着自己的生命困惑和感悟来与古人对话。

只有用自己的心灵来体悟元典，以生命来观照元典，才能将死的经典变成活的经典，把死的文本变成活的灵魂，从而把元典变成我们"自己"的心灵的元典，而不是"他人"的或者"古人"的元典。只有把生命放进去来阅读元典，与元典对话，才能获得元典的营养，元典才能与我们的心灵发生深刻的"化学反应"。否则，元典是元典，你是你，无论读多少遍，都是无用功；即使你将元典倒背如流，也只是"言语汉"和"古文箱"。

"元典心读"还有一层含义，就是要"新读"。每一代对元典的诠释都是"崭新"的。数千年前那些伟大先知的思想，一旦注入后来者的心灵之中，就会激起全新的灵感和体悟；每一代人会用自己的方式，结合自己的独特境遇和时代风尚，融汇自己所处时代面临的独特命题和困惑，用自己的心灵来碰撞元典，呼应先知。于是，这种超越时空的呼应和对话，就构成了一条不断延伸的民族精神的长河；这条河流淌不息，而且代代常新，因为每一代人都在元典的基础上注入了新的诠释、新的感悟、新的风尚和新的视角。

阅读经典的意义也在于此。有些人说，无数代先贤已经把这些思想元典解释得非常好了，我们只要读先贤的解释即可，何必徒劳再去阐释，况且我们的解释永远不可能超越先贤！这正是对元典的最大的误解。思想元典的意义正在于一代代人的不间断地诠释和发挥，正是由于这些持续的解读和挖掘，元典才有了新鲜的生命，一个民族的思想才可以借此生生不息。在这种意义上，元典就已经不是一个人的思想，而是无数代人的思想的融会和交响，是整个民族精神的结晶。如果一种思想元典没有历代持续不断的解读，也就意味着后人与元典的对话业已结束，这个元典就失去了存在的意义，它就真正成为博物馆的藏品，而不是活的民族精神的载体，此时这个所谓的元典也就丧失了作为民族精神"元典"的资格。因此，只要这个民族、这种文化还存在，对民族精神元典的解读（包括诠释、讨论和对话）

就不会停止。

但切忌将元典神秘化、全能化、庸俗化。将元典神秘化，就是故意把元典搞得玄妙缥缈神乎其神，而这些神秘主义的诠释恰恰不是帮助我们理解元典，而是将我们与元典隔离，使我们疏远元典，把元典视为深不可测玄不可言的东西。有些人在解释元典时故弄玄虚，这些人要么根本就没有理解元典，要么是别有用心蛊惑他人。我们还要切忌将元典全能化，以为这些元典带有某种超能力，可以无所不能。殊不知，元典给我们带来的"能量"全在于我们体悟元典的深度，全在于我们能否以生命和心灵来深深切入元典并从中汲取养分。同时还要切忌将元典庸俗化，元典是用来提升我们的生命、完善我们的人格、滋养和澄净我们的精神的，而不是用来满足我们的低级趣味的。

让我们一起回归元典，回归本原。只有获得元典的滋养，才能使人生更加丰润；只有获得元典的烛照，才能使人生更加光明澄澈；只有经过元典的引领，才能使人生在正确的航道上前行并获得心灵的幸福与安宁。此时你与元典融汇为一，元典流淌在你身上，犹如祖先遗留给你的血液，元典在其中注入了它强大的文化基因。

王曙光

二〇一四年二月四日

甲午正月初五立春于善渊堂

一章　有无之境

道可道，非常"道"；名可名，非常"名"。
"无"，名天地之始；"有"，名万物之母。
故常"无"，欲以观其妙；常"有"，欲以观其徼。
此两者，同出而异名，同谓之玄。
玄之又玄，众妙之门。

[大意] 那些可以用语言来表达的"道"，并非"常道"；那些能够说出来的"名"，都不是"常名"。

"无"乃天地宇宙的初始状态；"有"乃万物的本源。

因此，我们常从天地的"无"的状态，来体悟"道"的无穷奥妙；我们常从万物的"有"的状态，来观照"道"的边际。

"无"和"有"，出自同一源头，只不过名称不同罢了，这二者同样玄妙幽深。它们是如此玄妙幽深，乃理解天地大"道"诸多玄奥之处的入口。

老子之书，是中国古代经典之中极为特殊的一本书。这本被称为《道德经》的书，两千年以来为无数人倾倒、陶醉，成为中国历史上后世诠释文本最多的书之一，其持久的魅力令人赞叹。据说《道德经》也是西方人士极为推崇的一本书，是西方译本最多的中国古代经典。

《道德经》的魅力究竟在何处？为什么这部书流传如此之广而且持久？我想这里面原因很多，但有几个原因也许是最主要的。一是《道德经》的文本极为简洁，语言极为精练，区区五千言，穷天地之奥妙，可谓字字珠玑。越是简洁精练的文本流布越广，尤其在信息复制极为艰难的古代，这样简洁的书极易抄写流传，而鸿篇巨制恐怕就很难广为流传。二是《道德经》的语言具有高度的思辨性，这种高度洗练同时又极具概括性与抽象性的语言，反映了一种极高的思维能力，读之启迪心智，令人心如澡雪，每有彻悟之感。《道德经》可以说是中国第一部纯粹的哲学著作。在这部书里面，你找不出一个人名，也读不到任何历史故事，老子纯粹在用一种形而上的思辨方式，为我们展示他对宇宙人生的哲思，这一点使得它在文本上与《周易》《论语》《孟子》《庄子》等都风格迥异。它的哲学高度，它对我国后世哲学开展的奠基地位，它的超越古今的思辨性，是任何经典都难以比肩的。第三个原因可能是缘于《道德经》的诗化语言。它的文本多用韵文，且文句整齐，读之自然音韵铿锵，朗朗上口，便于诵读，小孩子极易抑扬顿挫地朗读此书。可以说，《道德经》就是一大篇哲理诗。这些有着浓郁诗味的哲言，历经千锤百炼，每一章都充满名言警句，智慧之语俯拾即是，这也是其他经典难以比拟的。第四个原因也许是《道德经》特殊的玄奥表达方式。你读《道德经》的文本，会觉得其中蕴藏着无穷的玄妙。老子的表达常常深妙莫测，恍兮惚兮，玄之又玄，语义迂回萦绕，用字曲奥隐晦，读之似有无穷韵味，可谓"味之无尽"也。这种表达方式，欲言又止，欲说还休，留有无穷想象余地，就像中国人画的空灵幽深的山水画，令人生无穷之想象，引得历代无数哲人探赜索隐，乐而忘返。凡事说尽了，也就失去了想象余地，老子的魅力，也许正在于他不说尽，从而使其文字具有无穷的可解释性。圣人语言，皆有此种特性。

老子的哲学，"道"是一个核心范畴。第一章开篇劈头第一个字就提出了这个范畴。"道"是一个极具概括性、抽象性与统御力的范畴。因其高度概括和抽象，故其涵义异常多元，异常丰富，阐释与发挥的空间也因之非常宽广，同时所引起的歧义与误解也相当严重。因其具有高度统御力，"道"这个范畴也引发、开展出一系列其他哲学范畴，这些范畴都在"道"的统摄之下，由"道"而衍生出来。从某种意义上来说，"道"这个范畴是中国古典哲学中最高的哲学范畴，它对我国哲学的叙事方法、思辨方式等的形成有很大影响，对我国国民性格、艺术人文思想以及科学思维也产生了重大影响。两千年来，"道"这个范畴以及由它延展出来的思维方法，支配着中国人的哲学思想、行为方式与艺术人文创造。老子的一些名言，如"大道至简""道法自然"，已经根深蒂固地镌刻于中国人的思想世界。

开篇第一章"道可道，非常'道'；名可名，非常'名'"，以其独特的语言风格，把"道"的属性向我们稍露端倪，但解释得极其缥缈而富有艺术性。老子只告诉我们，天地宇宙的大"道"是很难用语言来刻画的，那些可以用语言来描述的所谓"道"，并不是天地宇宙的"永恒之道"。老子哲学往往善于从否定性的、从"负"的论证中来阐释其哲学思想，他不直接说"道"是什么，而是说"道"不可言说。因此从一开篇，老子就通过这十二个字，简捷明了地当头棒喝，打破我们思想上的迷执，把我们的思维引领到一个更高的境界。中国古典哲学、艺术哲学中经常谈到"道"与"术"的问题，比如我们经常说某些人的思想与艺术尚处于"术"的境界，尚未达到"道"的境界。"术"是一种具象的形而下的境界，而"道"是一种更高的、形而上的思想境界，若尚未"达道""悟道"，则这个人的思想与艺术还需要进一步提升。我们也经常讲"问道""论道""体道"，这就是要求我们进行任何哲学探索、人文与艺术创造、科学研究时，要不断提升自己的思维水平、认知深度、抽象程度，不断提升思想与关怀的境界。从这个角度说，老子所提出并深入展开的"道"这一哲学范畴，对中国人思维的提升作用甚大，对中国哲学思想的进展与人文艺术的创造意义甚大。

第一篇提出的核心范畴还有"无"和"有"这两个哲学概念。"无"和"有"是中国哲学中的核心范畴之一，它深刻地影响了中国人的认知方式。自老子提出这一对范畴以来，它在中国人的信仰世界与人文艺术世界打上了深刻烙印。宋代以来，随着禅宗与心学的兴起，这一对范畴更深入地影响了我国国民的信仰与生活。佛学里面"空"与"色"，即与我国古典哲学中的"无"和"有"这一对范畴有内蕴上的某种呼应。老子认为，世界的初始、本原状态是"无"，那是一种空无、空虚、虚无缥缈、混沌的状态，也就是天地鸿蒙、混沌未开的状态。"无"是天地宇宙的本体，是世界之本质；而"有"是万物之源泉，天地初开，乾坤乃定，此时万物降生，天地万有开始出现，这里面揭示出老子的宇宙哲学，天地之本始归于虚无而后生出宇宙万有。

同时，老子又强调，我们常从"无"中体察这个世界的微妙，又常从"有"中观照天地之端倪。"有"和"无"都出于那个支配宇宙万物的"永恒之道"，都是玄奥幽深、妙不可言。历来哲人，往往认为老子哲学偏重"无"，强调"无"是天地之始，而比较不重视"有"，这是一种误解。"无"与"有"这一对范畴在老子哲学中互相依存，没有高下精粗之分。王安石与苏辙的理解很到位。苏辙说得非常辩证："圣人体道以为天下用，入于众有而常无，将以观其妙也；体其至无而常有，将以观其徼也。"王安石则说:"道之本出于'无',故常无,所以自观其妙;道之用常归于'有',故常有,得以自观其徼。"在这里,王安石将"无"视为道体、本体,而将"有"视为用体,"无"与"有"是道与用的关系。这种观点极有见地。他批评褒"无"贬"有"的误解:"'两者',有无之道,而同出于道也。世之学者,常以'无'为精,以'有'为粗,不知二者皆出于道,故云'同谓之玄'。"说得极是。无有相生,无中生有。"无"是天地之"道"的属性,但它不是绝对的"无",而是孕育含藏着一切可能性的始点,由"无"而生发出天地万有。从形而上的虚空的道体"无",最终落实到具体的形而下的用体"有",老子的"道"的范畴完成了一个精彩的哲学转化,"无"不是绝对的空无,而是包含万有。如果比较中国的水墨画与西方油画,你就知道"无"和"有"这两个对立统一范畴对中国人的影响有多么深刻。中国人在一幅水墨山水画中营造的空间,那种空旷幽渺的感觉,即是从对"无"和"有"的辩证关系的体悟中创造出来的。因此,中国哲学对于佛教哲学中"空即是色,色即是空"的意蕴,体悟起来毫无困难;而且中国的哲学家或艺术家在运用这对范畴时得心应手,出神入化,可以说,其中老子哲学的作用极大。

二章　功成弗居

天下皆知美之为美，斯恶已；皆知善之为善，斯不善已。

有无相生，难易相成，长短相形，高下相盈，音声相和，前后相随，恒也。

是以圣人处无为之事，行不言之教；万物作而弗始，生而弗有，为而弗恃，功成而弗居。夫唯弗居，是以不去。

[大意] 天下都知道美之为美，丑的观念就产生了；天下都知道善之为善，恶的观念就产生了。有和无相互生成，难和易相互成就，长和短相互表现，高和低相互彰显，乐音与人声相互调和，前和后相随而行，这是天下之常理。

因此，圣人以无为的姿态来处置世事，来施行无言的教导；宇宙万物蓬勃生长，但他并不作任何人为的倡导；生养万物但并不试图据为己有；万物依自然而发展，他并不自矜自恃；功业成就，但他并不居功自傲。正是因为他不居功自傲，他的功劳不会被剥夺。

在《道德经》中，老子展示了无与伦比的哲学思辨能力，但老子哲学并不是悬空的哲理，也不是虚无缥缈的概念游戏。由虚的理念到实的行为准则，由天地大道到寻常日用，老子的哲学打通体用，融合道器，与一般所谓"玄学"迥然有别。

老子的哲学可以概括为一种三段论式的建构方式。在老子哲学的最高层，是他建构的宇宙观或自然哲学，具有一般方法论的意义，极具思辨意味，比较玄奥；中间层次，是他的生命哲学或人生哲学，探讨生命开展之奥秘，对我们的人生启发意义最大；在老子哲学最形而下层次，是他的政治哲学或社会哲学，其中讨论社会或国家治理的一般方法，也涉及国际关系这样大的主题，探讨战争的一般规律。宇宙观可称天道，生命哲学可称人道，政治哲学可称治道。因而《道德经》虽区区五千言，但体大思精，哲学体系完备，可以称得上开创中国哲学体系之祖。与《道德经》相比，《论语》《孟子》较少涉及第一个层次，《庄子》较少论及第三个层次，《周易》三个层次皆备，然体系尚未臻精湛。

```
老  ── 天 道 ── 宇宙论或自然哲学（认识论）
子
哲  ── 人 道 ── 生命哲学或人生哲学
学
    ── 治 道 ── 政治哲学或社会治理理论
```

这个三段论在老子书中处处可见。老子常常从宇宙论或一般认识论出发，来奠定他观察问题的方法论；然后转而向下落实到生命哲学，告诉我们为人处世之恒道，把他的宇宙论或天道观落实到人道上；而最终以治国、平天下之道来结尾，完成其由形而上之理念建构到形而下之应用哲学的转换。我们毋宁说，老子的形而上学的宇宙论或自然哲学是为他的生命哲学与政治哲学服务的；他探求天道并非单纯是因了对自然对宇宙的科学兴趣，而是缘于他对人世的兴趣，是他对人道与治道的兴趣。他的生命哲学或政治哲学，都从他的宇宙论或自然哲学中找到形而上的理论依据。

第二章中，老子从宇宙万物的运行中抽象出几个相对应的范畴，并从对这些范畴的相对性的认识出发，探讨它的相互依存、相互生成的对立统一之规律。这种相对主义认识论，增添了老子哲学的辩证意味与深度，也使我们的思维从偏执于一端、非此即彼的固定思维中解放出来。这是一种方法论上的革命。方执着于此，必失于彼。放下执着，摒弃偏执，我们的思想方法才会由窒碍走向圆融，才会进入圆通老到的境界。有和无，善和恶，美和丑，难和易，长和短，高和低，前和后，都是相反相成的范畴，有此而生彼，无此则丧彼。执着于善，则恶的观念才会产生；执着于美，丑的观念才会产生。懂得了这种相对主义的认识事物的方法，我们才能在人生与国家治理中作出正确的选择。

第二章的核心是"无为""不言"以及"四弗"。"处无为之事，行不言之教"，是从治国者的高度而言的，但治国者如何"无为""不言"，才能达到大治，却是非常玄妙深刻的问题。老子所处之时代，战乱频仍，各国之间的战争给人民带来无尽的痛苦。同时，统治者的横征暴敛更使得民不聊生。老子看到这些状况，内心不能不受到触动，不能不深入思考造成这种混乱无序状况的社会根源。对于产生此种状况的原因，老子给出的答案是统治者的过分"有为"，而不能顺其自然，不能尊重人民的意愿，不能让人民休养生息。治国者的过度"有为"，扰乱了人民的正常生活秩序，加重了人民的负担，从而使民怨沸腾，治国者的根基因而动摇。

老子说"处无为之事"，就是要求治国者不恣意妄为，不胡乱作为，而是要尊重人民意愿，顺从民意，让人民在一种自由的、自然而然的、不被扰动的环境中生息。老子的思想，颇似西方经济自由主义思潮，这种思潮强调经济发展的自然机制，强调人民之间出于自愿的自然交易，而不赞成政府对经济活动的过度介入。但是这个"无为"并不是"无所作为"，而是不妄为、不恣为、不乱为，不剥夺人民的自由，不过度剥削人民，以保民、生民为主要目标。实际上，治理任何团体，"无为"都是一个重要原则。治理者以身作则，"行不言之教"，潜移默化，就自然营造了一种氛围、一种气象、一种导向，使得被治理者翕然而从，而不是用过度繁苛的法令使被治理者无所适从。任何团体，只要具备这种氛围、气象与导向，就会自然而然向理想方向前进。淡泊无为，守静守中，这是治理者在看似"无为"的状态下获得"大治"的奥妙所在。此时，治理者以无形之手，以一种自然而然的状态，化育万物，任万物自由蓬勃生长，但他并不自恃己能，不居功自傲，他隐藏在人民的背后，静观这一切，把握这一切的方向，从而成就"大功"。正因为他"功成弗居"，他才获得了永久性的功绩。

三章　无为而治

不尚贤，使民不争；不贵难得之货，使民不为盗；不见可欲，使民心不乱。

是以圣人之治，虚其心，实其腹，弱其志，强其骨。常使民无知无欲。使夫知者不敢为也。为无为，则无不治。

[大意] 不崇尚标榜世俗意义上的所谓贤才，这样人民就不会产生争名之心；不把那稀罕的物质看得宝贵，人民就不会产生逐物之心；让老百姓看不到那些引起名利欲望的东西，老百姓的心就不会混乱。

因此，圣人治理国家，就是要使人民的内心保持淳朴，使他们的物质生活能保持温饱，要减弱老百姓追名逐利的意志，强健老百姓的体魄。要常使人民保持一种内心单纯、没有名利欲望的状态，让那些奸诈巧智之人也不敢胡作非为。如此，则治国者就能实现无为而治。

"人心不古"是我们常听到的话,实际上,两三千年以来,无数圣贤都在感叹"人心不古"。人类从那种淳朴无争、混沌无知的原始状态走出来,随着社会经济的不断演进发展,交往方式与经济社会生活日益复杂,争竞之心日旺,机巧之心渐生。这种变化,一方面使人民的物质生活质量似乎日益提升(之所以加"似乎",是有些看似提升物质生活质量的生活方式,实质上反而降低了人们的生活质量),人民享受生活的便利更多了;但是另一方面,人类淳朴自然的生活也永逝不返了,人类的追名逐利之心、争竞机巧之心使社会风气日益污浊,致使社会乱象丛生,人与人之间信任丧失,道德沦丧带来的后果极为严重。

老子以极其深邃、深远的历史眼光,审视并思考人类社会的演变。无疑地,如同我们所有人一样,老子也极其向往那种简朴、自然、风俗淳厚的社会,也极其羡慕那种宁静、简单、摒弃名利诱惑的人生状态与生活方式。面对国家混乱、民生凋敝、欺诈奸伪之风盛行的时候,老子在忧心之余,将眼光回望到以前的淳朴原始的社会,期待人们的内心重新回归那种安宁与纯净,期待人与人之间重新回归朴实、信任、友善、互助的关系。这是老子的"理想国",难道不也是我们大家的"理想国"吗?当今的社会,物质的享受逐渐提升,经济越来越发达,国家前所未有的强盛,可以毫不夸张地讲,中国目前乃处于经济最强盛繁荣、社会最为稳定之时期。然而由于社会的转型过于剧烈,经济的前行过于求速,人心之浮躁、精神之空虚、道德之失序亦令人堪忧。人们在生活中的迷茫日甚一日,伦理混乱带来的社会扰攘与欺诈失信之现象比比皆是。我们每一个人都不禁感叹:我们距离那种宁静、简朴、安然、纯净的生活实在太远了,我们逐渐丧失了内心的宁静,丧失了自我的独立,我们被名利与物质欲望所羁绊捆绑,陷于无休止的争竞与忧虑之中，患得患失，心浮气躁。回归淳朴、回归诚信已经成为全社会的呼声。

老子所观察的现象与今天极为相似。他也处于一个社会转型极为剧烈的时代，当时传统的道德体系处于风雨飘摇、濒临崩溃的状态，所谓"礼崩乐坏"也。老子所给出的答案，是减损人的追名逐利的欲望，使老百姓处于"无知无欲"的状态，返璞归真，重新使人类回到那个宁静淳朴的伊甸园。《帝王世纪》载："帝尧之世，天下太和，百姓无事，有老人击壤而歌。"《击壤歌》曰："日出而作，日入而息，凿井而饮，耕田而食，帝力于我何有哉！"另据《列子》记述，尧治理天下五十年后，微服游于康衢，听到儿童唱《康衢谣》："立我烝民，莫匪尔极，不识不知，顺帝之则。""不知不识，顺帝之则"是说老百姓没有机巧之心，没有奸诈之心，不投机取巧，淳朴自然，顺从自然之法则。这与老子的主张何其相似。"不知不识"也好，"无知无欲"也好，无非是教人抛弃对外在名利物质的逐鹜，摆脱外在的樊笼，复得返自然而已。历代都有误解老子者，说老子是提倡"愚民"，说"虚其心，实其腹，弱其志，强其骨"，是教百姓饱食终日，无所事事。这是极为皮相的见解。老子的本意，是教我们回归自然，回归人类原初之淳朴，回归我们的内心，回归那种宁静自在之生命状态。老子的本意，是拯救人类，使人类超拔其精神境界，超越名利缰索，解放自我，重归理想国。如此，则人类时时身心畅爽自在，心灵虚静自由，这对于时下的我们，亦是一剂清心明目的良药。一旦停止奔走争竞，停止逐鹜夺取，我们便摒弃了诱惑，远离了浮躁与焦虑，则人心自归于净，社会自归于静，国家自归于治。

这就是"为无为，则无不治"的内蕴。"为无为"，是做那些看似"无为"的事。治国者不标榜贤才，人民自然不争名；不以物质为贵，则人民自然不逐利；让那些机巧奸诈之人无计可施，从而营造一种正大、淳厚、朴质的社会氛围,则国家自然垂拱而治。"为无为",正是为了营造一种社会氛围,正是无形之中树立了一种价值取向,此乃"无为"之"为"也。

四章　渊湛不盈

"道"冲,而用之或不盈。渊兮,似万物之宗;[挫其锐,解其纷,和其光,同其尘;]*湛兮,似或存。吾不知谁之子,象帝之先。

[大意] "道"之体是空虚的,然而其功用却无穷无尽。"道"之体极其渊深,好似宇宙万物之宗祖。"道"之体又是如此澄寂,看不见它,但它又隐然若存。我难以洞晓"道"是由谁产生的,"道"似乎在天帝之前就已经存在了。

老子哲学的思辨性很强,但其对宇宙观的描述又是极其玄妙而扑朔迷离的,他很少正面而肯定地描述道体的性质,而多用隐晦之语旁敲侧击之,给人留下无穷之想象空间,学术界因之而争讼纷纭。从四章老子描述道体的语句看,他用了两个"或"字,两个"似"字,又用了"吾不知"这样引发无穷联想的语句。从这些词语所传达的情状与氛围来体悟,道体充满了

---

* [ ]中文字疑为第五十六章错简重复,不译。

虚无缥缈的味道，就如同孔子向老子问礼后所感叹的：老子像条龙，见首不见尾，难以捉摸。《史记·老子韩非列传》记载了孔子向弟子描述自己见老子后的印象：

　　鸟，吾知其能飞；鱼，吾知其能游；兽，吾知其能走。走者可以为罔（网），游者可以为纶，飞者可以为矰。至于龙，吾不能知其乘风云而上天。吾今日见老子，其犹龙邪？

　　这段话表达了孔子对老子其人及其学说的仰慕和困惑，虽然司马迁这段著述也许并不可信，但儒道两家都承认其真实性与合法性。道体玄妙，难以言传，但老子还是描述了道体的几个重要特征。首先，道体空虚无状。"冲"乃"盅"也，中空而虚也，因而道体就可涵纳宇宙万物。其次，道体的功用永不穷竭，永不盈满，它处于永远的运动状态之中，普适于万物，循环不已，生生不息。再次，道体极其深邃，似乎极为隐秘，从不浅露彰显，它深藏于天地宇宙之中，潜移默化地对世界运转起着作用。最后，道体虽澄寂隐晦，但是它确实存在，而且老子认为"道"就是万物之宗祖，在天帝存在之先就"自在"了，因而"道"并不是天帝所创造，而是先于天帝而存在。

　　四章可以说是老子哲学中的本体论。而从本体论的角度来看，老子所说的道乃"万物之宗"，道生于"象帝之先"等判断，十分值得玩味。大陆学界每每纠缠于老子之"唯物主义"与"唯心主义"之争，争讼的结果，是各执一词，彼此都难以驳倒对方。原因很简单，用西方哲学传统中的"两分法"的思维方式，硬要切割分析老子的学说（乃至任何中国哲人之学说）是十分可笑的，也是很难达到目的的。二元论或两分法，代表着西方人的思维方法，非此即彼，截然两分；而中国人的思维方式乃综合思维，多元而圆融，对立之中更强调统一。正如中国的太极图，阴中有阳，阳中有阴，阴一动而为阳，阳一动而为阴，循环交织，变化无穷，与西方二分法相比，这种思维显然更高一筹。又如中国绘画中的散点透视法，与西方之透视法相比更为自由，使画者心灵与物象融合为一，这也是中国哲学与美学胜于西方的地方；因此牵强地用唯物与唯心的概念去肢解老子，无疑会导致南辕北辙之结果。老子哲学中，既可找到唯物成分，也可找到唯心成分，交织融合，不可割裂。

　　本章中老子提出的若干理念，在人类认识史上具有革命性的意义，堪称哲学思想历史长河中一个里程碑事件。他提出道乃"万物之宗""象帝之先"，从而以极鲜明的态度与鬼神天帝等固有的宗教神学范畴分道扬镳。老子在其"道"的哲学范畴中，完全摒弃了鬼神天帝的地位，使其哲学与宗教神学截然分开，这个开创性的思想贡献，对中国哲学的开展有极为重大的意义，可以说全面超越了以往以及他同时代的哲学家，可谓前无古人。孔子对鬼神则采取回避的暧昧态度，"不语怪力乱神""敬鬼神而远之"，但同时又"祭神如神在"，反映了他在对待鬼神问题上的实用功利主义态度。《尚书·洪范》中箕子对天道的解释还不能摆脱神学思想的束缚，虽然其中五行学说已经具备某些开创性的思想要素。西周时期的《诗经》虽然常常发出对上帝（天）的不满、怀疑甚至诅咒，如"昊天不平"（《小雅·节南山》）等，但是这种抱怨仍旧并不彻底。子产虽然说"天道远，人道迩"，对占星术士给予抨击（《左传·昭公十八年》），批判这种宗教神秘主义，但他并未从正面阐发其思想，范蠡、晏婴等人亦如此。墨子虽然反对天命论，但却证明鬼神的存在（《墨子·明鬼》），相信有意志的天。因此，老子在中国哲学思想史上，第一次提出"道"乃万物之宗，先于天帝而存在，这是认识论上的重大突破，使哲学第一次成为纯粹的哲学，而不是宗教神学，这个贡献使老子学说散发出不朽的光辉。

四章不仅具有本体论意义，亦有修身处世之启发意义。"道冲不盈"，乃常葆虚静不满状态；愈是常存虚静不满之心，其内在愈是有无穷的动力源泉。老子又有"大盈若冲"的话，也是讲一个人修身处世要深悟"盈"与"冲"的辩证法，常葆虚静，反而是最大的"充实"。这虽是说"道体"，也是譬喻我们的"心体"。"渊"与"湛"，亦有深意存焉。渊者，渊深也，深藏也；湛者，隐秘也，澄寂也。一个人，只有心静如止水，澄寂如深渊，才能反观内心、澄怀观道，才能与天地万物精神往来。正如《史记·老子韩非列传》中所说："深藏若虚。"一个人能深藏，则得虚静；得虚静，则能湛然而观、寂然而止。这就是释德清所云："止水澄清，万象斯鉴，即天壤之观。流水虽动，而水性湛然，即太冲莫胜，止观不二也。"今人之弊，在于不能克服功利浮躁之心，因而不能持守虚静，不能深藏若虚，因而亦不能止；不能止何能成大渊之气象？又如何能澄寂湛然而有所观道呢？物欲壅塞而不能湛然观道，浮躁奔逐而不能止水若渊，这恐是现代社会混乱之源吧。

五章　圣人不仁

天地不仁，以万物为刍狗；圣人不仁，以百姓为刍狗。

天地之间，其犹橐籥乎！虚而不屈，动而愈出。

多言数穷，不如守中。

［大意］天地无所谓仁爱，任万物自生自灭；圣人无所谓仁爱，任老百姓自然而然地生活。

天地之间，空虚的情状就如同鼓风的风箱一样。它虽然空虚，但其能量不会枯竭，它处于不断的运动之中，使万物生生不息。

治国者政令繁苛，多言多事，只会使自己的统治加速走向绝境，还不如持守虚静，顺其自然，让老百姓自由生息。

儒家与道家，是千百年以来中国人精神世界的两个最重要的组成部分。一种思想，如此绵延两三千年而不绝，并且能够持久地统治人们的精神世界，除开统治者的提倡与强制之外，其中必有更强大的力量在起作用。也就是说，这种思想必然包含着一种千百年来人们共同的心灵追求与精神渴

望,反映着一种恒久不变的精神需要,满足着千百年来人们的内心欲望。只有如此,这种思想或哲学才有持久的无穷魅力,感召不同时代的人们。它必定契合人类心灵或性格的某个方面,使无数代人中有此种性格的人必追寻之,服膺之,诠释之,传承之,孜孜不倦且乐在其中。儒家与道家这两种伟大的思想体系,就具有这样的精神魅力,从而能占据中国人的精神世界几达两千年而生机犹存。

具体而言,儒家与道家思想代表着(当然也塑造着)中国人两种完全不同的思想气质与精神禀赋。儒家强调秩序与规范,重视社会等级与伦常教化,因而儒家更多地从"立"或"建构"的角度来思考问题。因而儒家更多地从入世的方面来展开其哲学思想,其哲学深深扎根于人们的社会需要与欲望,显示出较为强烈的功利主义与实用主义,强调对社会的适应性,强调对秩序的承认、顺从以及建设,强调对权力等级的合法性的遵循。因而从整体的精神气质而言,儒家是刚健有为的、入世的、进取的,是建构主义的。儒家强调人的主观作用,强调"修身、齐家、治国、平天下"这样一种由内而外的积极追寻的精神。

道家则反映出一种截然不同的精神风貌。与功利、切实的儒家精神相比,道家精神显得更加超然、洒脱,道家更强调人类自我精神的解放,摆脱一切羁绊与约束,与天地精神往来。儒家的精神气质偏重于笃实、厚重,而道家精神则更多地带有超越与浪漫的色彩,以至于庄子的"逍遥游",达到精神世界的极度自由;而到了后期道教,其"仙"味更加浓郁,反映了人们对于彼岸世界的内心渴望。而儒家却恰恰相反,它太重视现世,太精明于现实的人间世的智慧,因而它永远也满足不了人们对彼岸世界(一个自由自在的纯粹的精神世界,非关信仰与宗教)的内心渴求,这个空白,只有道家思想来填补。与儒家重视"立"、重视秩序与建构相比,道家更重视"破",更强调解放,强调解构,或可以称之为解构主义。与儒家的刚健有为、积极入世相比，道家更强调内心的自由、心灵世界的超脱无羁，更强调虚静自然、隐居自在。儒家与道家恰如其分地分享了（体现了）中国人精神世界的两端，使得中国人的精神生活能够保持一种高明微妙的平衡；在入世与出世之间、进取与保守之间、有为与无为之间、刚健与阴柔之间、笃实与超然之间、得意与失意之间、世俗欲望与精神自由之间，巧妙地达到一种平衡。所以中国人由于有这两种思想的滋养与呵护，既可以入世，也可以出世；既可以在顺时进取，也可以在逆时隐居；既可以治国平天下，也可以在自己的精神天地中找到心灵的依归。"穷则独善其身，达则兼济天下"。中国人外面服膺的是儒家，内心深处是道家。中国人自由地在这两种思想哲学之间穿梭，毫无困难，在不同的情境下，找到不同的庇荫与慰藉。

在很多观念方面，老子哲学与孔子哲学唱反调，从而充分显示了老子哲学中解构与"破"的功夫。儒家思想中的圣人，极具人间关怀的伟大心灵，是人间道德世界的最高、最完善的代表。圣人体恤百姓，对百姓充满仁爱之心，可谓大慈大悲、万民所仰、万民所依。而老子在第五章中，偏偏提出一个相反的命题"圣人不仁"，可谓石破天惊。圣人怎么能不具备博大的仁爱之心呢？老子的逻辑，恰恰从他对于宇宙的演变、万物的变迁之观察中得出来，来自他的本体论。"天地不仁"，是谓天地并没有人类所谓仁爱之心，万物自生自灭，天地皆任其自然，即王弼所谓"无为无造，万物自相治理，故不仁也"。而什么是仁者？仁者，就是"造立施化，有恩有为"。你看大自然中各种变化，生物的枯荣生死，都循其自然。动物界相互间看似残酷无情的杀戮，难道不是秉着自然的法则而进行的吗？万物像人们捆扎的用于祭祀的刍狗一样，任其自生自亡，而天地造物对此毫无仁爱顾惜之心，且并不偏爱某物，而让万物自生自死、自成自灭。正如苏辙所言："天地无私，而听万物之自然。故万物自生自死，死非吾虐之，生非吾仁之也。"天地正因为"不仁"，才使得万物依其自然规律（而非依人心之好恶）而生生不息。老子从对"天地不仁"的观察出发，认为理想中的圣人也应该像天地造物一样，放任百姓之天然，使老百姓各依其本性，自由自在地生活，而不要过度依自己偏好去管束他们。圣人若有了好恶，有了偏好，有了一己的所谓感情喜好，就会依此介入百姓生活，往往对百姓造成扰攘甚至灾难。

因此，从"天地不仁"的本体论出发，老子得出"圣人不仁"的惊世骇俗之论，其精神实质，不过是教导治国者（圣人）不要凭一己的好恶，将个人偏好、个人意志以及个人欲望强加于老百姓，从而给老百姓带来无尽的扰攘与痛苦。"圣人"的某些看似仁爱的行为，由于其违背自然，违背老百姓的内心愿望，不但不能给百姓带来福祉，反而给他们带来痛苦与灾难。其中的原因，在于"圣人"往往自以为是，自以为可以代表民众的意志，甚至可以代表历史的意志，要引导民众向自己认为好的道路前进，结果却给民众带来苦难。如此状况，归根结底，在于治国者往往不能持"虚"的原则。老子的逻辑使我们看到，天地正是由于持守空虚，才能像风箱一样"虚而不屈"，有不可穷尽的动力；因此，圣人也应效法天地，要懂得"虚"的奥妙，要在虚静无为中顺应百姓之意志。元代吴澄曰："圣人之心虚，而无所倚著，若有心于爱民，则心不虚矣。"何谓心虚？即是老子在本章中提出的"守中"。"守中"者，守冲也，持守虚静而不妄为，任百姓自然发展而不掺以成见偏好也。治国者"守中""心虚"，就不会以己见强加于民，就不会以苛政剥削人民，就不会以繁复的命令去扰攘人民，这是圣人的中正之道，冲虚之道，无为之道，而这恰恰是尊重了人的本性的多元性，使人民各依其本性而生存发展，自然焕发出不竭的生机。

六章　谷神不死

谷神不死，是谓玄牝。玄牝之门，是谓天地根。绵绵若存，用之不勤。

[大意] 虚空的变化之神（道）是不死的，这就是幽深玄妙的生育万物的创造之所。这个幽深玄妙的能够生殖万物的地方，就是天地的总根源。这个天地的总根源绵绵不歇，永远用之不竭。

老子哲学的出发点，是以平民的姿态，发出反抗苛政，返回自然淳朴生活的呼声。可以说，老子的哲学，乃平民的哲学，代表弱者的利益。关于这一点，很多《道德经》的诠释者都深刻地指出来了。任继愈先生说，老子哲学是农民的哲学，其中的哲学意蕴虽然深奥，但与农民的生活体验极为接近，因此极易为农民所理解。林语堂也说，孔子的哲学是都市之道，而老子的道家学说的本质是田野哲学。孔子的学说倾向于肯定现有秩序，而老子的哲学倾向于否定现有秩序；孔子强调礼义，以顺俗为旨，辩护人类礼教，而老子则抨击人类礼法教育，呐喊重返自然。由于孔子是由上而

下观察社会，因而强调上下尊卑之序，而老子则是自下而上观察社会，因而他反其道而行之，强调"下""弱""柔""雌"等处于弱者地位的各种范畴，而较胜于"上""强""刚""雄"等处于强者地位的各种力量，其生命力反而更强大，反而能更加不朽。

"谷神"就是基于这样的哲学思想而创造的概念。山谷与山陵，是一对矛盾的范畴。何者为优呢？老子认为山谷比山陵更有生命力，更能长久生存，拥有源源不竭的能量。山谷与山陵相比，处在较下、较低的地方，处于"阴"的位置。但唯其在下，在低，在阴位，山谷才能汇聚溪流，成为大河大川之源头。山谷具有涵养百川的能量。山谷还有"潜藏"的特点。唯其能藏，山谷才不易泄露，不易显山露水，它的积蓄之功、蕴藏之力、涵纳之神都隐藏在里面，不易被人觉察。因此，山谷因其能下、能柔、能养、能容、能藏、能守，因而具备无穷的生命力。你看那大瀑、飞流，那奇花异草，那千年古树，那生机勃勃的万物，皆在山谷中得以孕育。这就是"谷神不死"。由此我们可以体悟出，一个人只有如同山谷一样虚空能容，谦卑能下，涵纳能养，才能使自己的生命力不致穷竭。因此，老子教我们不做山陵，老是凌驾于别人之上，老是显露自己的刚强雄武与智慧，而是教我们要像山谷，以柔的力量来战胜刚强。

如同"谷神"这个概念一样，"玄牝"这个概念也是表达了老子哲学中贵柔守雌谦卑处下的理念。"玄牝"乃一切雌性生殖器官之总称，代表着生养万物、创造万物的总根源。这个创造万物之所，如同所有雌性的生殖之门，玄幽而不可见，具有隐秘含藏的特点。正因它隐藏而不显露，便更易储存能量，其力量绵绵不绝，似乎永无穷尽。这个幽深的母性之门，又具有虚空的特点；然而正因它的虚空，才可以养育万物，创造万物，这是虚而胜实，就如天地宇宙之空虚，才可以无中生有。这个幽深的生养万物的总根源，又具有山谷一样"处下"的特点，它外表柔弱，似乎处于无为的状态;它让人看不到它生长万物的奥秘所在,但其力量确实又强大无比。苏辙将这一点解释得很透彻:"谓之'谷神',言其德也。谓之'玄牝',言其功也。牝生万物,而谓之玄焉,言见其生而不见其所以生也。"又说:"绵绵,微而不绝。若存,存而不可见也。"玄牝之德,正因其虚实潜藏,性柔处下而为天地之根。从修身角度而言,我们要学习藏的艺术,要学习柔的艺术,从而不张扬,不外露,不逞刚强,藏拙培蓄,如此才能经柔弱胜刚强,以潜藏得其长久。

七章　天长地久

天长地久。天地所以能长且久者，以其不自生，故能长生。

是以圣人后其身而身先，外其身而身存。非以其无私邪？故能成其私。

[大意] 天长地久。天地之所以能长久存在，是因为天地运行完全不为自己而经营，然而正因为天地不为自己而生，因而能够长久存在。

因此圣人也要效法天地，把自身放在人民的后面，这样就得到了人民的拥戴景仰，把他推举到前面；把自身的安危与名利置之度外不去考虑，反而能得到民众认同，从而使自身得到保全。这难道不是正好因为圣人具有无私忘我的品德吗？这种无私忘我，恰好成就了圣人自身。

老子哲学中圣人的理想人格是无为，顺从"道"的指引而让人民自生自息，效法"道"的原则清静贵言。与孔子相比，老子所说的"圣人"，似乎

更倾向于出世的性格。然而如果把圣人简单地理解为"出世",甚至认为老子所说的"无为"就是什么事也不做,则偏离其思想甚远。老子内心中的圣人也在"为",只不过这种"为"不露形迹,因为他完全顺应天道,顺应人道,因而他的"为"是微妙而不可见的,即所谓"绵绵若存",也就是所谓"太上不知有之"。老百姓在不知不觉之间受到圣人的指引与感召,响应内心的自然呼求去做事,去生活,安居乐业,与世无争,因而于无声无迹之间,达到了圣人的预期与愿望。这是一种更高明的"为"。

老子哲学中圣人人格与儒家所推崇的内圣外王有何相通之处呢?儒家所赞美的内圣外王的圣人人格,实际上是以最巧妙的方式调和出世与入世这对对立范畴的理想生存状态。"内圣"是以内心的修炼与磨砺,达到精神上的高度感悟与解脱,达到内心的圆满与自足。"内圣"是一个人对自我有最清晰最笃定的把握,他洞察自身,心灵臻于一种极度的和谐,他以极富洞察力的眼光观照尘世,但又不被尘世所蒙蔽。这种具有最高精神成就的人,这种达到"内圣"境界的人,相当于柏拉图在其《理想国》一书中所描绘的"哲学王"——他既是哲学家,又是王;他既在心灵层面进入理想的永恒世界,又能成为现实中"理想国"的王,一个具有哲学家头脑的王。老子所说的圣人与柏拉图所说的"哲学王"一样,既可以达到高度的精神自由,又可以治理国家、协和万邦。当他不能参与实际政治事务的时候,他就是一个智者,洞察内心,观照宇宙万物;而当他有必要成为"王"的时候,他就作为一个治理国家的领袖而存在。儒家的内圣外王不也是如此吗?其间又有多大区别呢?从对圣人的理想人格的期许来看,这种区别是极小的。《世说新语》中以及《晋书》中很多记载都言及魏晋时人对儒道两家异同之理解。《晋书·阮瞻传》云:

(司徒王)戎问曰:"圣人贵名教,老庄明自然,其旨同异?"瞻曰:

"将无同。"(注:《世说新语》之《文学篇》记此事为阮宣子答王夷甫问,但《晋书·阮修传》不载,而见于《阮瞻传》。)

这个"将无同"实际上是一个含混的折中派的回答,是以问为答:孔子与老庄"莫不相同吗?"而魏晋时代调和儒道如王弼者,认为圣人体无而老子为有。实际上,就孔子与老子所体悟的圣人最高境界而言,乃殊途而同归也。此理后文再深剖之。

老子言"天长地久"之道,是因为天地之生万物,本不为己,所谓"不自生";正是因为不为己而生养万物,才使得万物皆自然蓬勃繁育,因而得"天长地久"之功,此是无我、无私之境。因此圣人亦应效法天地之道:治国乃为万民,并无私欲掺杂其中;秉民胞物与之精神,与万物同生息,与百姓共荣辱;把自己隐藏在人民的后面,让人民看不见他的人格与作为,但是却因顺应天道人心而得万民之拥戴。这就是因其无私而成其私。宋代理学家程颐认为,这是老子在玩弄阴谋之术,即圣人表面无私,而实质是为了私欲而蒙蔽人民。这是一种非常肤浅的见解。实际上,老子所言圣人之无我、无私之境界,与儒家所推崇之尧舜等古代圣人以天下人之志为志,是一致的。明代薛蕙在《老子集解》中曾如此批驳程子之误解:

> 夫圣人之无私,初非有欲成其私之心也。然而私以之成,此自然之道耳。程子有云:'老子之言窃弄阖辟者也。'予尝以其言为然,乃今观之,殆不然矣。如此章者,苟不深原其意,亦正如程子之所诃矣。然要其归,乃在于无私。夫无私者,岂窃弄阖辟之谓哉!

此段薛蕙之感悟反省,可以代表一些读老子者的心路历程。初读老子者,易被成见所误导,以为老子无非权诈之术,乃韩非子一脉人物,只不过老子更老辣而已。然深究老子之理，才能够洞察程子之说的偏执。

老子所说的圣人"后其身而身先，外其身而身存"的"无私成私"的精神，实际上是一种高度的政治智慧，是非常现实的政治智慧，并非空谈。治国者（乃至任何团体之领袖）当以天下为重，而将私欲与身家置之度外，而治国者越是谦退无我，越是忘怀自身之得失，越会得到人民之推举。能无我无私，则治国者自然无所羁绊，亦无从腐化；他廓然大公，浑然忘我，不以权位为重，如尧舜一般，治天下并不为己，及天下大治，则可禅让天下于有德之人。若以天下为谋私利之工具，以国家为自我私器（而非天下之公器），则必招致人民之反感，而其私欲愈强，则其祸国也愈大，最终必遭国人唾弃，从而使私欲熏心者反丧其身，身名俱裂，此所谓"自私而丧身"也。而圣人乃"无私而保身"，"无我"而我自"不朽"。

八章　上善若水

上善若水。水善利万物而不争，处众人之所恶，故几于道。

居善地，心善渊，与善仁，言善信，政善治，事善能，动善时。夫唯不争，故无尤。

[大意] 最高的"善"的属性就如同水的属性一样。水善于滋养万物而不与万物相竞争，处于众人所不屑的低处，因而它的属性最接近于"道"的境界。人也要像水一样，择居处要善于避高处下，心思要常常保持渊默不动，与人相交要真诚无私，言语要有信不爽，为政要清静简淡治理有方，做事要善于发挥长处趋利避害，行动要善于择时而动而不妄行盲动。正因为这样的人像水一样不与人争，因此他也就没有过错怨尤。

老子喜以水为譬，这似乎与他的生活经验有关系。相传老子的故乡在现在河南鹿邑一带，在当时的中国，这里要算是东南部。司马迁的《老子传》中，说"老子者，楚苦县厉乡曲仁里人也"，估计也是有一些猜想的成

分。但大体上来说，老子所生活之区域，在两千年前的时代，气候应当是相当湿润的，水木明秀，植被繁盛。隋薛道衡《老子碑》中说："对苦相之两城，绕涡谷之三水。芝田柳路，北走梁园。沃野平皋，东连谯国。""原隰爽垲，亭皋弥望。梅梁桂栋，曲槛丛楹。烟霞舒卷，风雾凄清。"不用说，这种湿润清和的气候，郁茂灵秀的山川，对于老子思想的形成有很多潜移默化的影响。实际上，庄子所生长之宋之蒙县，也大体在这片地域，由此诞生了如此浪漫自由且富于想象的千古文豪。这一带多水，老子与庄子乃特喜以水来作喻，借水来展开其哲学思辨与想象。

水的特点有哪些呢？其一曰处下。水总是避高处下的。我们总说"高处不胜寒"，然而人总是愿意处在高位，总是期望节节高升。老子则反其道而行之，以水的择处卑下为最高哲学，甚至认为水能选择众人所厌恶鄙弃的卑下之地为其处所，这就离大道不远了，称其"几于道"。处下则安，处高则险，能够安于卑下者心志自安，反而葆其天性，养其天年，无忧无患；而那些汲汲于上进，唯恐卑下的人，心浮气躁，自视甚高，孜孜以求名位，反招祸患，丧其自然天性，甚至丧身。

其二曰能容。水能处下，因此有涵纳万物之怀抱。我们常说"海纳百川，有容乃大"，水因其能处下，故能容百川，涵万物。无论清浊，无论贵贱，无论巨细，皆纳之于怀。水能容，就可以滋养万物，而不与万物相争，因此老子说"水善利万物而不争"。此处的"利"，当解释为"润泽"、施于"利益"，水包容万物亦利益众生。然而若解释为"利用万物"，亦未为不可，水既润泽万物，同时又得万物之济，天地间蓬勃创造之生命，既为水所养，水亦被万物所昭显。这就回到了老子的命题："圣人后其身而身先，外其身而身存。"以其无私而成其私，观树木与水之关系，就十分明了了。水容纳树木，滋养树木，而树木亦彰显水之功用，亦涵容水，使水保持涵养之功。

其三曰渊静。老子所说"心善渊"，是说养心应如大渊，唯因其能容，因此成渊深包容气象；正因其渊深，则屏弃浮躁之气，心思常渊默不动。一条小溪，往往灵动多变，仿佛人聪明外露，因其清浅，故而躁动，亦易干涸。及其成为一片大渊，汪洋浑厚，渊深难测，此时反而更加静默。这是人的涵养之功，养心如渊，就自然深沉笃定，不随波逐流。

其四曰止观。一片大渊，正因其渊静，乃能得止观之功。你面对平静的水面才可以照镜子，才可以反观自身，而在流动之水面前是难以自观的。所以《列子·黄帝篇》说："止水之潘为渊。"释德清说："止水澄清，万象斯鉴，即天壤之观。流水虽动，而水性湛然，即太冲莫胜，止观不二也。"能观是因为能止，不能知止，则不能观。《礼记·大学》中说得很清楚："知止而后能定，定而后能静，静而后能安，安而后能虑，虑而后能得。"《庄子·内篇·德充符》曰："人莫鉴于流水而鉴于止水，唯止能止众止。"说的也是这个道理。我们处在一个浮躁的年代，因而众人皆好动，焦躁难安，社会遂变得混乱，人心遂变得动荡。我们应时刻让自己静下来，反观内心，镜鉴生命，如此心灵才能成长，才能安顿。

其五曰动静善时。水止则能观，然而水并不是永远静止。水形态万千，时而静如处子，渊澄不动，时而汹涌澎湃，冲决一切。及其静也，万物不足以扰其心；及其动也，天地不能折其志。《庄子·外篇·刻意》中说："水之性，不杂则清，莫动则平，郁闭而不流，亦不能清，天德之象也。故曰：纯粹而不杂，静一而不变，淡而无为，动而以天行，此养神之道也。"庄子说得很全面，水既纯一而静，又不是郁闭淤塞而不流，而是动静皆循天时。老子所说的"动善时"，亦有此旨在内。渊静是一方面，动善时是另一方面，对立而统一。治国者须渊静简淡，但并不意味着不动，动则"以天行"，善于把握时机，择时而动，循天理而动，而非妄动。宋代的理学家周敦颐说："动而正曰道，用而和曰德。""动而正"，与"动善时"实际是一致的，"正"

就是"合宜","合宜"就得循天时。理想的人格是动静相生,动静合宜,如此既可养得心志,又可应接外物,收内外合一之功。

九章　不盈不骄

持而盈之，不如其已；揣而锐之，不可长保。金玉满堂，莫之能守；富贵而骄，自遗其咎。功遂身退，天之道也。

［大意］执持盈满之怀，水就会溢出，不如适时停止；锤锻钩铖使之锐利，其锐锋不能长久保持。金玉堆满家中，无人能够守住，最终必将丧失；身处富贵而骄傲，必然会自取祸患。功业完成，则全身而退，这就是天道。

道家学说往往以"阴"的一面去观察万物。从宇宙论而言，《周易》强调阴阳之互动，其基本精神是刚健有为的，代表着华夏初民质朴刚健的精神气质。儒家继承了《周易》中刚健有为的主体思想，注重人事，但总体上仍然强调人的精神人格的均衡。老子则从"阴"的一面出发，崇尚"负"的生命逻辑；他的哲学，是谦卑自牧的哲学，是隐退无争的哲学，也是放弃的哲学。儒家强调"为学日益"，而道家则更多注重"为道日损"，要人们懂得放弃的艺术，丧失的艺术，要在生命中懂得做减法。老子从"阴"的、

"负"的层面去观察万物，得出了他的如同在"水的哲学"中所揭示的生命哲理，即要谦退无为，减损自己的欲望，摆脱名利的羁束，以进入一种宁静冲虚的境界，无志于得，也就无忧于失。

常人能得而不能失，能享富贵而不能受贫贱，能知名位之乐而不能忍受丧名位之痛苦。人一旦有所倚赖，有所期冀，就难以忍受丧失。而人一旦摆脱这些名利物欲之羁绊，就会达到心灵的解放，达到一种自由的境界。这种不被一切外界事物所扰动、压抑和扭曲的境界，乃人生修养的最高境界，即所谓"天道"也。儒道两家，虽然表述方式迥异，然而在此超然物外、不为外物所蔽的最高境界上，实际是趋同的。钱穆先生曾说：

> 倘有人焉，彼能一任其天，更不为外界事物所屈抑，所转移，而其心天行，得以彻底发展其自我内心自由之伸舒，独行吾心，上达天德，此又何须所谓修养者？不知此正最有待于修养工夫，非大智大勇，能战胜一切，超脱一切者不办。正唯此等人，乃最需修养，而所谓人生修养之最高境界，亦期能达至于此等境界而已。孟庄正同为此等人物，皆同抱此等意境。

钱穆先生所揭示孟庄两家之修养功夫，其致一也。孟子说："养心莫善于寡欲。"如果一个人做到"寡欲"，就可以摆脱外物之诱惑，没有牵累，没有羁绊，则可以"养吾浩然之气"，与天地上下同流。这就是大丈夫的境界。什么是大丈夫？孟子说："居天下之广居，立天下之正位，行天下之大道。得志，与民由之。不得志，独行其道。富贵不能淫，贫贱不能移，威武不能屈，此之谓大丈夫。"这个理想中的大丈夫人格，独立于天地之间，磊磊落落，堂堂正正，无论顺逆，皆能秉承自我之自由意志，外物不能移动困扰他的自由，外界的富贵贫贱、强权名位都不能改变其独立不倚之人格。他无欲，因而刚勇；他不被富贵所诱惑，因而可以保持其志向；他自甘于贫贱，在贫乏中反而更加笃定。孔颜之乐，不在于此吗？颜回箪食瓢饮，不改其乐，不是乐于这个贫困本身，而是乐于脱离物欲之蔽。不被物欲所蔽，则能磊落刚勇，则能身心大解放！孟子说："舜视弃天下，若弃敝屣也。窃负而逃，遵海滨而处，终身欣然乐，而忘天下。"此乐在于"忘天下"，天下都可忘，还有什么不可以抛弃的？这就近于庄子的味道了。庄子所说的"乘天地之正，而御六气之辩，以游无穷者，彼且恶乎待哉"，即是这样一种脱尽外物之累，没有倚赖的至人境界。

老子此章之核心，亦在教人解脱物欲，不受外界的诱惑。纷繁的外部世界，以其富贵、财物、名位来捆缚我们，使我们终生为其所役，然而这些东西，哪能恒久不变？因而处于富贵之中，亦不能骄狂自满，而要随时警醒、自惕自励，不可因富贵而使意志消沉。处在高位之上，也不要逞其权高位重而盛气凌人，而是仍要保持谦卑之心，要懂得盈满则溢的道理，懂得在盛名高位之下保持一颗平常心。庄子说："正考父一命而伛，再命而偻，三命而俯，循墙而走，孰敢不轨！如而夫者，一命而吕钜，再命而于车上儛，三命而名诸父，孰协唐许！"（正考父第一次被任为士之时，谦逊地曲着背；第二次被任命为大夫时，恭敬地弯腰；第三次被任为卿时，身体俯近地面，贴着墙根行走。如此谦卑，谁能不守法呢？而有些人，一命而自大自满，二命而在车上忘形乱舞，三命而直呼其父辈名字，以为自己跟尧和许差不多！）这种富贵而骄、得意忘形之人，其祸患就不远了。因而老子告诫我们，要在盈满时自警，防止倾覆之患；在顺境中要敛藏锋芒，不要锋芒毕露；在富贵中要保持谦卑低调；要勇于放弃，勇于丧失，不汲汲于权位，不孜孜于富贵，遵从天道，得保天年。

十章　抱一致柔

载营魄抱一，能无离乎？专气致柔，能如婴儿乎？涤除玄鉴，能无疵乎？爱民治国，能无为乎？天门开阖，能为雌乎？明白四达，能无知乎？[生之畜之，生而不有，为而不恃，长而不宰，是谓玄德。]*

[大意] 魂与魄合而为一，能不分离吗？抟结精气而至于柔顺之境，能像婴儿一样吗？涤除杂念，使心灵明澈如镜，从而观照万物，能没有瑕疵吗？爱民治国，能达到无为而治的境界吗？人的感官时开时合，感通万物，能做到守静吗？人通晓四方之事，能够做到无知无欲吗？

老子哲学的流脉，经两千年的衍变，最终形成两个大的流派。一个流派是上层知识分子阶层，他们从中国固有的哲学思维出发，系统阐发老子哲学思想的范畴及其意蕴，以理性主义精神和严谨的学术态度来训释老子哲学的精义，可称为古典主义或理性主义老子学派。这一派以王弼为代表，

---

* [ ]中文字疑为第五十一章错简重复，不译。

其阐发老子思想极为深刻而系统，学术谨严，语言优美而精到，其训释文字本身即成为中国古代文化之经典，因而成为老子诠释学之主流。另外一个流派是下层的民间知识分子所形成的派别，他们往往从普通民众的视角出发，以草根而非精英的眼光来解读老子，从而将老子学说大众化、通俗化、简约化。他们诠释老子的文字简约而质朴，但并非肤浅；他们的阐发，更偏重于养生修身的部分，遂将老子哲学中养生的哲学发挥到极致。此派以河上公为代表，可称为老子诠释学中的民间学派或大众学派，该派别在民众中广泛流行，影响深远。其流衍变迁的结果，是于老子养生哲学之外更生发出一股神秘主义的支流，从中滋生出神秘主义道教学派。神秘主义者制造大量神仙传说，这些传说从汉代以来开始渲染老子《道德经》及其继承者河上公、葛洪等人的神异行为，将《道德经》和河上公的阐释文字神秘化，对普通民众及上层贵族都产生了极强的感召力。这一宗教神学性质的阐释方式，淹没了老子学说中的哲学意蕴，使其向神秘主义发展。但这一学派，对中国人的精神世界亦有深远的影响，从汉代以来黄老学派对政治的影响以及汉代医学与养生学中即可看到这种影响。对这个民间的、大众的、草根的，甚至带有浓厚神秘主义色彩的老子阐释学派，我们不应怀有偏见，不能忽视它，毕竟这是一个绵延两千年的文化传统。我们要同时观照这两个潮流：一明一暗，一上一下；一偏于哲学学理，一偏于养生修身；一彰显理性精神，一散发神秘主义。这样才能全面认识老子思想对中国人精神生活与行为方式的影响。

　　河上公在解释老子时多从养生、修心着手。如对"载营魄抱一，能无离乎？专气致柔，能如婴儿乎？"的解释，即阐发其卫生、养生之旨。"载营魄"即是"人载魂魄之上得以生，当爱养之。喜怒亡魂，卒惊伤魄。魂在肝，魄在肺。美酒甘肴，腐人肝肺。故魂静志道不乱，魄安得寿延年也"。这种解释从养生学出发，亦有其道理，主心静，心静则安宁长寿，颇合老子清心寡欲之旨。"抱一""能无离",解释为"言人能抱一,使不离于身,则长存。一者,道始所生,太和之精气也,故曰:一布名于天下,天得一以清,地得一以宁,侯王得一以为正平。入为心,出为行,布施为德,总名为一。一之为言志一无二也"。河上公此处从养生角度谈"抱一",乃凝守精气,专一不纷,出入不散,因而使精神内敛收藏,此养生之道也。人一旦精神不能内守,而务外逐,必然心思涣散,不能"抱一",也就是魂与魄相离,形体与精神不能合一。故精神涣散者,心思躁狂,内心处于极不安宁之浮躁状态,纷纭不定,不能凝神专志,如此则必然导致劳思、劳神、耗气、耗精,十分不利于养生。因而,一个人形体的健康并非意味着此人形体不劳动,每日悠然自得逍遥自在,而是因为他形神专一而不离,用志不纷而凝于神,因此能守志抱一,可得延年益寿。

此章既言养生、修心,又言爱民治国,其基点乃在于修心功夫。除"抱一"外,还提出"洗心""致柔""无为""无知"几个范畴。"专气致柔,能如婴儿乎?",就是要效仿婴儿,使自己处于一种极为安宁无扰的状态,专注于内心,不被外界所扰攘,使心思纯粹不杂、凝聚不乱、柔弱和顺、不争不迫。常抟结精气,使不外泄,如婴儿常葆其精,放弃思虑与逐骛。《管子·内业》也提出"抟气如神,万物备存",抟乃结聚之意,使精神不涣散也。孟子也说:"志一则动气。"志向专一,则气为之动,这与"抟气"之说相近。

"洗心"之说从"涤除玄鉴"中来。鉴者,镜也,即用镜子来观照自身。人若能涤除心灵中之污秽渣滓,以澄净之心怀观照自身,必然心思明澈,无有瑕疵,从而使心灵处于极为宁静安详、纯粹无染的境界。庄子曾有"用心若境"的说法:"至人之用心若镜,不将不迎,应而不藏,故能胜物而不伤。"《应帝王篇》此时心灵处于虚旷宁静状态,有物(事)来,则应之,无物(事)来,则藏之,应之也无心,藏之也无心,不以物为累,不以事为扰，镜鉴万物但不被万物所拘束，此养心之最高境界也。《庄子·天道》又说："圣人之心，静乎天地之鉴，万物之镜也。"其与老子"涤除玄鉴"说相同。"镜鉴"的功用，是庄子所说的"虚而待物"，一任事来事去，此心总是澄净无瑕、清静无扰。

十一章　用无利有

三十辐，共一毂，当其无，有车之用。

埏埴以为器，当其无，有器之用。

凿户牖以为室，当其无，有室之用。

故有之以为利，无之以为用。

[大意]三十根辐条，集中到一个毂上，正是因为毂中间的空无之处，才有了车的功用。

和土做成器皿，正是因为器皿中间的空无之处，才有了器皿的功用。

开凿门窗来建造房屋，正是因为房屋及门窗所形成的空无之处，才有了房屋的功用。

因此，"有"给人便利，乃因"无"发挥其功用。

老子哲学重视辩证思维，关注对立统一的不同范畴间的运动转化，显示出极高的思辨能力，而这种思维方法本身亦有很强的实用性，并非迂阔

而无实际用处之空言。老子往往阐发出对立统一范畴中被人忽视的一面，并赋予其价值，突破我们的日常思维，使我们在思想层面得到崭新的启示，在行动层面也更加圆融有力。

"无"与"有"这对哲学范畴，在《道德经》开篇即被提出，此后又被老子不断阐释，其意蕴更加丰富。"有"代表着天地万物中质实的一面、刚健的一面、正的可见的一面，也是较为显著因而被普通人重视的一面；而"无"则彰显天地万物中虚空的一面、恬淡的一面、负的不可见的一面，也是微妙而不易被人洞察的一面。从某种意义上来说，天地万物之属性皆分两面，其质实刚健而显著的一面为阳，为有，而虚旷柔弱并不显著的一面则为阴，为无；普通人皆知"有"的一面，追求可见的东西，而往往忽略"无"的一面，不知道那微妙而不可见的一面反而更加有力量。因而老子为矫正人的思维，矫正人在行为上的偏执，乃特重发挥"无"、负的、不可见的、虚空的一面，发其幽旨，切中时弊，这在思维方式和治国修身之方法上都具有重大意义，不可不深思之。

此章从形而下的功用的一面讲"有无"，而不是在本体论的意义上讲"有无"。老子发现，我们所处的天地，虽然其中万物纷纭，不可穷尽，然而在这万有之中，实质上充满着"无"的印迹；可以毫不夸张地说，正是由于"无"的存在，才使天地万有发挥其功用。从最高、最大的层面来说，天地之间不就是一个大的无涯无际的虚空吗？不就是一个大的"无"吗？不就是大的容器吗？然而天地之间，正是因为存在这个大而无边的虚空（无），才能产生并容纳万有。老子又从这个天地大视野而俯视人间万物，遂发现我们眼中实体的"有"的功用，皆是因为空虚的"无"在发挥作用。房子看起来是实有的，但如果没有那个中空的虚无的内在，如何完成一个房间的功用？一个杯子，正是由于其虚无之中空，才可成就其为杯子之功用。老子揭示"无"的功用，使我们得以从平素忽视的"无"当中获得很多宝贵的启示。

从一国乃至任一团体的治理角度来说，重视"无"的作用有其方法论上的重要意义。治国者不仅应该看到那些能够被人直接感知到的行为的作用，而且应该看到并善于利用那些不为人所直接感知的行为的作用。如果一个治国者只知道用可见的法律、制度、政令来统治国家，甚至迷信严刑、峻法、苛政，以为用强大的统治力量就可以让百姓顺服，让社会朝着自己预期的目标前进，那么这种国家治理是注定要失败的。决定一国之大治的更为关键的因素，却往往是那些看不见的东西，如德教风俗，如伦理风气。高明的治理者善于营造一种氛围，引领倡导一种风气，陶铸一种社会风尚，以这种潜移默化的软性的方式影响整个社会的潮流。而一旦这种风尚、风气、风俗得以形成，则政令得以畅行，法律得以遵循，制度得以贯彻，社会成员相互信任，国家治理者与人民为一体，相安相治，无碍无争。正是这些看不见摸不着的德教风俗与社会风尚，即这些"无"，成就了法律、制度、政令的实施，成就了"有"。相反，如果一个社会丧失了这种淳朴、信任、和谐的风尚，则无论治国者制订多么繁密的法律制度，无论其执行多么严苛的政令，而社会仍然百弊丛生，风俗败坏的后果是法律制度都得不到执行，因为法律制度的执行者与管束对象都是人，人的风气败坏，则制度法律这些看起来实在的东西就难以发挥其作用了。这就是"当其无"，有"有之用"。高明的领袖，皆是能营造风气、扭转风气的人，风气一旦被扭转，治国之法便畅通无阻。因此，高明的领袖应通过各种潜移默化的方式来营造风气，不可执迷于繁琐的政令，不可使自己徒然陷于繁冗的事务之中，须知自己的最大使命是通过一些看起来"虚"的东西，来形成一种风气，而不是不断地埋头做事。老子所谈之"无"的妙处，正在于此。高明的校长如蔡元培先生者，对实际校务参与甚少，但他极重视引领风气，极重视营造大学之崇真理重人才之风气，因而能开创吾国现代大学教育之先河，洵为一代宗师。此中妙处，在于其懂得"有无相生"之理。老子在此章说

"有之以为利，无之以为用"，实际是强调有无之统一，尤其是矫正世人重"有"而轻"无"的毛病。如不能体悟到有无相生之境界，则任何治理都尚处于较低之层次。

现实中的治理乃有无之统一，不可偏执于一端。若治理者以为什么事也不做就是"无为而治"，就可以"垂拱而治"，那他就太幼稚了。王安石就曾精辟地指出："'无'之所以为天下用者，以有礼、乐、刑、政也。如其废毂辐于车，废礼、乐、刑、政于天下，而求其无之为用也，则亦近于愚也。"王安石矫正了人们对老子"有无"哲学的偏执的理解，但对于老子"有无"哲学中"无"的深刻意蕴，仍未悟到实处。"无"并非完全的空无，不是不为，"无"在这里代表着超越于有形的"礼乐刑政"之上的无形的"为"，是一种更高明的"为"；为领袖者应观于人文，善体万物，从而利用并引领风尚，从而达到"不为而成"的境地。熙宁变法之败，不是败于法令不完备不细致，而正是败于法律制度之繁苛，不能培植民众之风气也。此是荆公崇"有"摒"无"之哲学所致，不能深悟有无相生之理。

十二章　克欲返本

五色令人目盲；五音令人耳聋；五味令人口爽；驰骋畋猎，令人心发狂；难得之货，令人行妨。

是以圣人为腹不为目，故去彼取此。

［大意］五彩缤纷的颜色会使人视觉受损；纷乱的音调会使人耳朵失聪；饮食过度会使人得口病，从而辨不清味道；驰骋田野之中狩猎，会使人心狂放荡；多看珍贵稀有的物品，会使人品行受到伤害。

因此圣人要使自己内心安足，而不为外在的享乐，因而摒弃那些物欲而追求心灵之安宁。

———❧———

人作为一个生物体，就不能没有欲。有了各种欲望，就不能不生出各种追逐寻求满足欲望之行为。有了对欲望满足之追寻，就会产生各种痛苦、纷争与得失，以至于产生诸种社会矛盾，由此整个人类便扰攘无休了。人类社会之发展，从表面上看即是满足人类各种欲望的物质条件之发展，今天人类满足自身欲望的能力可谓空前强大，在衣食住行娱乐等方面的创造达到前所未有的发达与繁复。然而人类为满足欲望而进行的创造越多，人类面临的诱惑也越多，而人类也越感到空虚和不满足，甚至还激发出更加强烈的欲望。所谓欲壑难填，即是指此。庄子说："小惑易方，大惑易性。"即是说小的诱惑会使人辨不清方向，大的诱惑则会使人丧失真常之性。欲望似乎是无穷的，试图用更加繁复的方法不断满足人类的各种欲望，只会如扬汤止沸、饮鸩止渴，反而使诱惑更多，人心更空虚无聊难以满足。

老子主张节欲。他表面上是在倡导"无欲"，如"常使民无知无欲"，但他所说的"无欲"，只是摒弃过度的欲望，不要过多的欲，同时又肯定人要满足基本的欲望，要知足而止。他说："罪莫大于可欲，祸莫大于不知足，咎莫大于欲得。故知足之足，常足矣。"表现出他知足常乐的思想。因而，老子在"欲"的问题上实际上持一种较为温和的态度，认为老百姓的基本生活欲望是正当的，也是应该满足的，如"甘其食，美其服，安其居，乐其俗"，这些欲望简单而质朴，符合人的天性与天道，是正当的。因此老子提出"见素抱朴，少私寡欲"。他并不是要求人们绝对地摒弃私与欲，然而他却深刻地认识到欲与惑的关系，认识到过度的欲望对人及国家之害。人们为满足口腹之欲，声乐之欲，往往制造出太多的娱乐与饮食，这反而使人视听受损，心灵虚狂，品行淫佚邪侈，其欲望更盛，其内心更空。我们都深有这样的感受：我们与家人悠然享受简单的饮食时，虽然只是白菜豆腐清汤萝卜，却觉津津有味，余味无穷；然而当我们在豪门夜宴上享受百十道山珍海味、珍馐异馔的时候，酒足饭饱反觉得无味，我们并没有体味到食物带给我们的快乐反而感觉食而无味，内心的空虚感更强了。当我们与家人在大自然中，享乐简单的游玩的快乐，听着周围的鸟语与虫鸣，看着身边那些素朴的绿树与不知名的花草，倾听潺潺水声，此景虽然极为简单质朴不加雕饰，但我们的内心却觉得无比地充实愉悦，心如澡雪，天人合一，灵魂似乎也得到了升华；而当我们在那些纸醉金迷的娱乐场所饮酒作乐呼号歌舞之时，那种狂躁与嘈杂却不能带给我们深层次的快乐，从那些娱乐中走出时，内心反而感觉更空虚、更不快乐了。因而老子教我们正确地对待"欲"，教我们更加关注自己的内心世界（"为腹"），而不要理会外在的纷纭诱惑（"为目"）。当我们返回内心，不追求过度的欲，不被外界的诱惑所羁绊，即有知足之快乐。而只有常感知足，才能在物欲面前"知止"，才能保持自然人格的独立性，即老子所说"知足不辱，知止不殆"。

庄子亦认为人的各种欲望会损害人的天性，他说"嗜欲深者，其天机浅"，即欲望越大，嗜欲越深，其天然之性就被破坏毁损得越多，其天机就越浅，其距离真朴大道就越远。《庄子·庚桑楚》中说："恶、欲、喜、怒、哀、乐六者，累德也。"《庄子·徐无鬼》中说："将盈嗜欲，长好恶，则性命之情病矣。"现代人的病，不就是因为物质欲望太盛，外骛过度而导致的吗！更进一步，庄子认为人们对名的追逐，对外在的所有东西的追逐都是害身损性的。在《骈拇》一章中，庄子说："自三代以下者，天下莫不以物易其性矣。小人则以身殉利，士则以身殉名，大夫则以身殉家，圣人则以身殉天下。故此数子者，事业不同，名声异号，其于伤性以身为殉，一也。"小人为利，士为名，大夫为其领地，圣人为天下，都是逐骛外物，都是欲望过度之表现，因而就都于天道有损。庄子认为，要"同乎无欲，是谓素朴，素朴而民性得矣"（《马蹄》）。回归简朴生活，回归内在，回归自然，回归天性，这是老庄给我们指出的道路。

十三章　宠辱不惊

宠辱若惊，贵大患若身。

何谓宠辱若惊？宠为下，得之若惊，失之若惊，是谓宠辱若惊。

何谓贵大患若身？吾所以有大患者，为吾有身，及吾无身，吾有何患？

故贵以身为天下，若可寄天下；爱以身为天下，若可托天下。

[大意] 得宠和受辱都令人感到惊惶。重视自己免遭大患，就像重视自己的身体一样。

什么是"宠辱若惊"？受宠是一件下贱之事，得到恩宠则惊惶不安，失去恩宠也觉惊惶不安，这就是"宠辱若惊"。

什么是"贵大患若身"？我之所以会遭遇大患，是因为我有这个躯体；如果我没有这个躯体，我也就没有大患了。

因此如果一个人能够珍重自己之身而为天下，就可以将天下寄托给他；如果一个人能够爱惜一己之生命而为天下，就可以将天下委托给他治理。

老子观察人生社会，有其独特的视角。在世俗之人眼中视为珍贵的东西，在老子看来反而不足珍视，弃如敝屣。世间的毁誉荣辱，以世俗眼光看来极为重要，人人都盼望得到他人的赞誉，而厌恶他人的诋毁批评；人人都希望得到在上者的宠惠，视之为莫大荣耀，而避免受到在上者的贬损与污辱。但在老子看来，世人的毁誉，在上者所给予的宠惠或污辱，都与自身无关紧要，无论世人是毁是誉，无论我们面临宠还是辱，都应该采取超然的姿态，蔑视或漠视它们的存在。不要因别人诋毁而忐忑不安，也不要因他人赞誉而沾沾自喜；不要因为在上者宠爱就扭曲或出卖自己的灵魂，也不要因为在上者的污辱而放弃自己独立的人格。老子所珍视的，是我们在毁誉宠辱面前的一种独立不改的气度，一种超然淡然的心境，一种独来独往卓尔不群的姿态。

我们为什么会宠辱若惊？是因为我们在内心深处都期待受到在上者的宠惠，而力避污辱。从更深层来说，是因为我们还有"欲"，还想从别人那里获得好处，还不能忘怀得失，因此还不能做到"无欲则刚"。正因为我们的得失之心太重，不能超越得失，因此对于宠辱总是看得太重，甚至求宠而丧我，避辱而忘身。殊不知，换一个角度看，"宠"就是"辱"，"荣"就是"患"。因此老子提出"宠为下"的观点。"宠"为何是下贱、卑下之事？因为你要得到在上者之宠，必曲意逢迎，尽阿谀奉承之能事，必竭尽全力做在上者喜好之事，因而斫丧自我，扭曲人性。用这种扭曲人格的行为所换得的宠惠，难道不是极为下贱的吗？同时，为了避免在上者的厌恶与污辱，又要放弃自己人格上的独立，勉强做自己不愿做的事，忘记自身的可贵。相反，你若忘怀于得失，不计荣辱，则自然无求于人，如此就可以保全自己的人格，使自身不受伤害。不求宠则无辱，不求荣则无患。

老子由此提出"贵身"的思想。所谓"贵身"，就是不为外物（名利等）而斫丧自我，要始终珍视自我的存在，珍视自我的独立性，将个体自我的独立性置于至高无上的地位，甚至达到"不以身易天下""不以身轻天下"的境界。即使你拿天下跟他的独立自由人格交换，他也不肯；人活天地之间，贵在有自我意志，磊磊落落，坦坦荡荡，无累于外物，无倚于他人，独来独往，快意平生，安能被琐屑卑下的宠辱毁誉所干扰！庄子曾经这样论述这种独立不倚的境界：

举世而誉之而不加劝，举世而非之而不加沮，定乎内外之分，辨乎荣辱之境，斯已矣。彼其于世，未数数然也。虽然，犹有未树也。夫列子御风而行，泠然善也，旬有五日而后反；彼于致福者，未数数然也。此虽免乎行，犹有所待者也。若夫乘天地之正，而御六气之辨，以游无穷者，彼且恶乎待哉！故曰：圣人无己，神人无功，圣人无名。《逍遥游篇》

这是一种至高的境界。即使全世界的人都赞誉他，他也不勉强做他不愿意做的事；即使全世界的人都贬损他，他也不会感到沮丧。他已经超越于毁誉宠辱之外，知道自我内心的吁求，不理会外界的评价与喧嚣；他对于尘世之一切功利，都采取超然的态度，并不汲汲于名利，并不热切去追求。然而庄子并不满足于这样的境界。你看那列子，虽然能够十五天御风而行，达到一种极为高妙的境界，但是他毕竟还是有所依赖，有所凭借，有所期待。最高的境界是"无所待"的境界，顺从天地之道，把握宇宙之变，遨游于一种绝对自由之境界，真正做到独立而无所依凭！因此，至人是无我的，神人是超越于功利的，圣人是无心于名位的。我们宠辱若惊，是因为"有所为"，不能忘怀于得失；我们会遭罹大患，是因为我们追逐外物,"有所待"而不能保全自我。

　　因此,老子所言"贵身",是"定乎内外之分,辨乎荣辱之境",是不以身徇外物。什么人可以寄托天下给他?就是那种以贵身之态度对待天下的人,是那种以爱身为原则打理天下的人。只有这样的人,他"不轻身以徇物,""不危身以掇患"(范应元语),他既贵己之身,就可推而广之,贵天下人之身;他既爱己之身,就可推己及人,爱惜他人之生命。如果把天下寄托给他,他必然爱重天下,不轻易滋扰天下,不戕害摧残天下人之身。这就是老子"贵以身为天下,若可托天下"的内在逻辑,里面贯穿着贵身全生、贵己保真,不"危身弃生以殉物"(《庄子·让王》)、"不以物易己"(《庄子·徐无鬼》)、无所依傍、独立不改的独立精神与自由意志。

十四章　执古御今

视之不见，名曰"夷"；听之不闻，名曰"希"；抟之不得，名曰"微"。此三者不可致诘，故混而为一。其上不皦，其下不昧，绳绳兮不可名，复归于无物。是谓无状之状，无物之象。是谓惚恍。迎之不见其首，随之不见其后。

执古之道，以御今之有。能知古始，是谓道纪。

[大意] 看它看不见，这叫作"夷"；听它听不清，这叫作"希"；摸它摸不到，这叫作"微"。总之，道微妙幽渺，无从追究，是混沌一体的。它的上面不显露出光亮一面，它的下面也没有阴暗的一面，绵绵不绝而又不可名状，最终归于无物的状态。这是所谓没有形状的形状，没有具体物象的形象，我们把它叫作"惚恍"。迎着它，看不见它的前面；尾随它，又看不见它的后面。执持古已有之、自古长存的大道，来驾驭当今世界的万有。能够洞察宇宙大道的原始，这叫作"道"的规律。

老子哲学中所言"道体",是一个超越具象经验世界的存在。这个道体,由于其超越性,因而难以名状,不可被经验世界的感官认知所局限。而正因其不可名状,因此描述它的最佳途径是用"负"的方法、"否定"的方法。老子将常识中固有的概念与范畴打碎、推翻、否决,从而树立、建构、肯定。道体是视而不见,听而不闻,抟而不得的,它无色相,无声相,无形相,超越一切具体的名相束缚,颠覆我们一切固有的理念,从而显示出它自己的属性。这种幽渺微妙而不可名状的道体,隐匿于万物之中,而又不等同于万物,它在"无物"中彰显自我,超越纷纭各异的事物而呈现出统一的性质。就打碎一切现有概念,否定一切可视可闻可知可触的经验世界,冲破一切思想成见的禁锢与藩篱而言,老子对道体的描述既高明又具有革命性。其革命性的意义在于思维的解放,在于对经验界的颠覆,而不在于其神秘主义,虽然神秘主义是老子哲学最有魅力、最迷人的部分。

在本章中,道体虽然妙不可言,但通过老子的文字,我们仍然可以把握它的基本属性。首先道体超越于可感知的形色声味触觉。也即禅宗中所说的"无我相,无人相,无众生相,无寿者相",超越一切"眼耳鼻舌身意触法",是一个具有极端抽象性与绝对价值的、不倚赖于经验世界的存在。正是由于这种超越性,老子(包括庄子)的哲学极大地拓展了中国人的精神世界,使中国人的心灵能合于天人,游于天地,超越时空,使中国人别具一种浪漫主义情怀与超然的趣味。这是老庄哲学的一大贡献。《庄子·大宗师》中说:"夫道,有情有信,无为无形;可传而不可受,可得而不可见;自本有根,未有天地,自古以固存;神鬼神帝,生天生地;在太极之先而不为高,在六极之下而不为深,先天地生而不为久,长于上古而不为老。"道,超越了时空限制,没有意志,没有形体,为一绝对的、终极的存在。

其次，道具有整体性，代表一种无所不包的属性。老子说，道"混而为一"，是说它浑然一体，不可分割。它存于万物，藏于天地之间，表现出极强大的包容性。万物虽复杂，世界虽纷纭，但真正的"道"无所不包，只有一个。它普遍、广泛、深刻地存在于万物中。这种整体性的思维方式与哲学对中国人影响极大，无论从事科学、艺术、政治、医学等，中国人都极重视整体性。当东郭子问庄子"道恶乎在"的时候，庄子回答说："无所不在。"无所不在，即无所不包，混一而生万物。然而东郭子不能理解，庄子遂回答，道"在蝼蚁""在稊稗""在瓦甓"，"在屎溺"。庄子最后批评东郭子是"夫子之问，固不及质"，没有把握到"道"的本质。他说："汝唯莫必，无乎逃物。至道若是，大言亦然。周遍咸三者，异名同实，其指一也。"（《庄子·知北游》）。东郭子的缺点在于"必"，局限于一物而不识道体之周遍混一。

再次，道体最后终归于"无"，归于一个大的"否定"。老子哲学中讲有无相生，本章讲"复归于无物"，是指道体就其性质而言可归结于"无"，这个"无"本身包罗万有，生养万有。这个"无"，是一个最高的概念，最高的境界，只能意会而不可言传。甚至"无"这个概念都要打碎，都要否定掉，遂放弃一切有形的执着，成为一个绝对的自在。庄子在《知北游》中载：

光曜问乎无有曰："夫子有乎？其无有乎？"光曜不得问，而孰视其状貌，窅然空然，终日视之而不见，听之而不闻，抟之而不得也。光曜曰："至矣，其孰能至此乎！予能有无矣，而未能无无也；及为无无矣，何以至此哉！"

庄子在此处提出的"有""无有""有无""无无"，其境界是不一样的，最高的境界是"窅然空然"的一片虚无的自在，无所依凭，超越万有而又涵纳万有，它不是纯粹的"无"，而是"无无"，是一个以自我为根据"自本自根"，亘古永存的绝对的自在。"无无"是对"无"的否定，是否定之否定，以断人们在有无之上的执着。《金刚经》中说："诸众生无复我相、人相、众生相、寿者相，无法相，亦无非法相。""无法相"，就是"无有"，"无非法相"，就是"无无"。执着于法相是一种病，执着于非法相，亦是一种病。前者是"有病"，后者是"空病"。要打破"空有"，打碎一切执着，即是"无非法相"，即"无无"。

最后，老子认为道体是可以被认识的，它虽幽深，但圣人仍可以利用大道来驾驭万有，这就将道体的形而上的玄妙又拉回到切实功用上来，使"道"有落脚处，而不是悬空虚置。认识到大道的深远周遍，洞察古今之变、天地之化，从而驾驭现实世界的万有，这是老子哲学质实的地方，这一点与庄子有微妙不同。庄子诚然玄妙高深，哲思邃密幽远，然而其于治道却所涉甚少，故而荀子批评庄子"蔽于天而不知人"，不是没有道理。而老子哲学上达宇宙观，中通生命观，下达政治论即治道，最终有个坚实的落脚处。故而两千年来，老子学说绵延不绝，治邦者莫不重视其中的智慧，其中的奥秘即在于老子既上达天道，又能教人执古御今之道，乃不悬空也。

十五章　敦朴旷澹

古之善为道者，微妙玄通，深不可识。夫唯不可识，故强为之容：

豫兮，若冬涉川；犹兮，若畏四邻；俨兮，其若客；涣兮，其若凌释；敦兮，其若朴；旷兮，其若谷；混兮，其若浊；澹兮，其若海；飂兮，若无止。[1]

孰能浊以静之徐清？孰能安以动之徐生？保此道者，不欲盈。夫唯不盈，故能蔽而新成。

[大意] 古时道行高深之人，微妙通达，深不可测。正因为我们难以看清这些高人，就勉强来描述一下：他谨慎犹疑，像冬天过江河；他警惕小心，像害怕四周的进攻；他恭敬严肃，像是在做宾客；他圆融可亲，像冰凌消融；他敦厚质朴，像未被雕琢的木头；他空旷开阔，像是山里的幽谷；他深厚如同浊水；他恬淡如同大海；他飘逸如同永无止境。

---

[1] "澹兮，其若海；飂兮，若无止。"此二句原在第二十章，疑为错简，依严灵峰、陈鼓应说移至本章。

谁能使浊水不再动荡而慢慢澄清？

谁能在安宁中逐渐启动生命？

能够持此大道的人，不会自满。正因为他不自满，故他能不断去旧图新。

在国人心目中老子的形象与孔子的形象有很大不同。老子像往往被画为长须飘然、骑牛西去的样子，像一个老仙翁，其姿态颇具仙风道骨。老子的状态，是看透世事、勘破世态炎凉的一种睿智与超然，这是尘世之上的一种智慧，不可测度，难以揣摩。而孔子的形象以《行教图》为代表，身子微向前倾，谦卑恭谨，双手合十置于胸前，面容仁厚而安详。孔子《行教图》传达出一个对自身心灵锤炼极端严格的君子形象，他刻苦自砺，修身慎独，不断地提升自我道德境界，努力成为一个尘世间的道德表率。他对尘世间的伦常秩序采取认同、适应的态度，恪守规则，履行自己的社会角色与责任。老子更多的是出世的超越性格，而孔子更多的是入世的保守性格。《史记》与《庄子》都记载了孔子问礼于老子的故事，在这些不同版本中，孔子都是恭谨的求教者，而老子则居高临下，以一种极严厉又极超然的姿态对孔子进行批评和开示。但奇怪的是，儒家经典亦从不避讳这段看起来并不靠谱，没有多少历史真实性且对孔子形象有所贬抑的描写，足以看出这段陈述确实描述出了儒道两家的本质相异之处。而儒家传承者也坦然承认。儒家的基点非常明确：儒者的最高理想，是做一个尘世间具有完美人格的人，他坚定地站在大地上，站在自己的使命与本分之上，终其一生追求道德的自我完善。这是一种非常务实、非常坚定且非常伟大的人格。他的理论并不高远，他的立身并不虚渺，他把自己还原成一个"人"。

孔子问礼于老子之后，学生问他的感受。孔子回答说，老子的气象，就像一条龙一般，见首不见尾，幽玄缥缈，深不可测。这是一个世外高人的形象。老子在本章中亦说：古代善为道的高士，都是"微妙玄通，深不可识"。这种神秘性正是老子哲学中所特别推崇的。从人格的角度来说，有一类非常卓异的人，深藏不露，引而不发，道行高深而又不轻易展示自己，终生保持了一种神秘感，倒使人产生一种强烈的想去了解他的愿望。这样的高人，因其神秘而愈加高大，因其深藏而更加声誉卓著。他在别人眼中是一个谜，是一个神话，这样的人始终散发着一种特殊的朦胧的人格之美。与那些通身坦诚、敞亮，令人一眼即看穿的人相比，这种神秘主义人格更具有美感，更耐人寻味。

老子崇尚行为上的敛藏与持守。他说："豫兮，若冬涉川；犹兮，若畏四邻。""犹"和"豫"，本来是古代两种善疑的动物，此处来形容一个人行为的谨慎、敬畏与内敛。这种状态，不是儒士的处世时所表现的恭敬，以换取社会人群的尊重与认同，更不是乡愿式的谦恭。老子所说的"犹"和"豫"，更多的是形容一个人的引而不发，不张扬，不外露，敛藏培蓄，与尘世保持谨慎的距离，是一种自觉的避居、深藏，是一种无为式的处世之道。他不轻易参与世界的秩序，而是极为小心谨慎，对周遭保持敬畏。这仍是一种隐士的风范，而不是一个恭敬的儒士的风范。

老子心目中的"善为道者"，是一个将自我与外界的张力完全消弭的人。他用他高度的智慧与内心的力量，消融了自我与外界的矛盾冲突，他既是他自己，同时又融入世界。换句话说，他自己就是一个圆满的世界。他时而"俨然若客"、庄严肃穆，时而"涣若冰释"、圆融可亲。他与世界浑然一体，可谓"和光同尘"。他的行动，无论何时都是适宜的，他似乎完全融化于尘世之中，就像身体柔软的婴儿融化于母亲的怀抱。这种人格，实际上与庄子有极大的不同。与老子所崇尚的深藏、收敛、谨慎、圆融不同，庄子让人更感到一种张扬自我，飘逸而傲世、极有棱角的叛世者人格。

老子与庄子相比，老子更敦厚、朴质，所谓大智若愚、大巧若拙的状态，而庄子更飘逸洒脱，更放纵不羁，更张扬外露。因而老子与庄子的精神气质是差别很大的。老子的气象似乎更浑厚，更磅礴，其包容度更大；而庄子则更浪漫，更凌利，更斩截，有时甚至有一些峻急与尖刻。老子崇尚的是敦朴旷远、混沌似浊，不可被人一眼看透，将自己与世界混同起来，同时又保留自己高贵的独立性。他不峻急，不叛逆，不刻薄；他圆滑，淡泊，海纳百川，胸怀大到没有止境。他亦清亦浊，动静相生，使自己永远处于一种游刃有余的从容状态，时时更新，时时成长，与世浮沉。他以这种开阔而圆融的心态生存，保身安命，得以长生。

十六章　归根复命

致虚极，守静笃。万物并作，吾以观复。夫物芸芸，各复归其根。归根曰静，静曰复命。复命曰常，知常曰明。不知常，妄作凶。

知常容，容乃公，公乃全，全乃天，天乃道，道乃久，没身不殆。

[大意] 使自己的心灵达到虚静的极点，坚守生命的清静安宁。万物共同生长繁荣，我从中洞察宇宙循环往复之运动。万物纷纭，每一个生命都回复到它的根本。返回到生命的根本就叫作清静，也就是要回归到生命的本真状态。复归生命的本真乃守常不变之道，洞察这个守常不变之道就叫作明智。不认识恒常之道而轻举妄动，就会招致灾患。如果一个人能洞察事物的永恒规律，就会有包容的襟怀；有了包容一切的襟怀，就会使人廓然大公；能够廓然大公，则能做到周遍而不偏执；周遍才是符合天道，符合天道才能长久，终生不会遭遇祸患。

中国人观察万物变化与人类发展，有其特别的眼光。西方人往往将人类及万物之演变规律，概括为一种"波浪式前进"的图式，或者叫作"螺旋式上升"。这是一种典型的黑格尔式的历史图式，近代以来受到西方科学思维熏陶训练的学者都无一例外地持这种观念。他们相信，人类虽在某些阶段会有反复，但总体上是一种上升的、前进的趋势，因此人类总体（甚至万物演进之总体）是一个上升的曲线的形状；这种哲学思想支配着西方的历史学与社会学，也支配着西方的艺术观念。西方人单线条的思维方式所决定的机械的"螺旋式上升"史观，一方面表现出近代以来他们对人类能力的自信，另一方面也暴露出他们观察现象世界的思维局限性。人类是在不断"前进"吗？再进一步追问，人类"前进"的意义何在？归宿何在？这些问题很难有一个确切的答案。

中国人的史观展现出一种完全不同的历史哲学。中国古典哲学中崇尚"圆"，而不是"直线"，因此中国人对历史的描述与抽象也是"圆"的，而非"直线"。中国人倾向于认为人类历史循环往复，人类以及万物的发展，像一个圆，从一个点出发，经过一个轮回的圆，又回到原点。当然这个"回归"不是一个简单的重复，不是形式上的返回，而是更高意义上的回归。老子说："万物并作，吾以观复"，就是其循环往复的"圆圈史观"的形象描述。人类与万物虽表面上日新月异、演进嬗递，似乎在不断前行，但是其本质仍旧是循环往复的，遵循一种不变的规律。智者就是通过观其复而察其道。在中国人看来，天下确实无新鲜之事，后世之事只不过是前代之事的映像而已。每一种生命，都要在个体上经历这样一个循环，最后仍要回归到它的本真状态，返回到它的生命的本初状态，这就是归根复命。

若撇开人类历史演变的大命题，回到我们自身的生命成长，则更容易理解"归根复命"的意义。我们的生命轨迹也如同一个圆圈，从起点出发，开始成长壮大，心灵经历诸多磨砺、锤炼与挣扎，由单纯、朴质而逐渐变得复杂、坚毅、多谋、隐忍，以适应外面的纷纭的世界。我们的心灵日益壮大，眼界日益开阔，处世更加圆融，越来越能够驾驭这个充满不确定性与挑战性的世界。到了生命的一定阶段，我们的心灵臻至一种纯熟的境界，达到了生命的适应力的顶峰、权力的顶峰、掌控力的顶峰。但是我们的代价也是非常巨大的：我们因适应外界而变得非常圆滑世故，在纯熟的同时也抛弃了自己身上宝贵的质朴；我们自诩可以掌握世界，可是恰恰丧失了自己；我们丧失了自己的精神家园、心灵的归依。此时我们唯一的使命就是回归。回归本真，回归自我，回归家园。人到了一定年龄，到了一定的境界，一定要有这样一种深刻的省悟，一定要有一种回归意识的觉醒，而不能永远逐鹜下去而不知回返。

"归根复命"的意义在于，我们（无论从自身生命个体还是从人类全体）需要在长途的跋涉与经年的外逐之后，学会观照自身，返回内心，学会寻找我们久已忘记、丧失的真正的家园。我们需要回到一种心灵的宁静状态，歇歇脚步，回望曾经拥有的安宁、纯净、简单、从容、澄明的生活。这就是"归根曰静"。而这种生命的本初状态，才是我们应该皈依的最终状态、恒久状态，即老子所说的"复命曰常"。当我们的生命在外边满载了浮躁、机巧、世故、焦虑、不安而逐渐失去活力之后，需要安静下来，反省、感悟、休憩、调整，知道自己生命的真正使命，知道自己应该如何生存，如何守望。人类作为一个整体不也如此吗？人类在一种看似高度发达然而却高度异化的状态下生存，在看似极端丰足的背后却面临着前所未有的危机。人类走得太快了，科技走得太快了，欲望走得太快了，但灵魂却没有跟上。人类需要静下来，归其根，复其命，找到真正的幸福所在；如果再在物欲的驱赶下走得过远，妄作妄行，就会自取灭亡。战争，种族冲突，贫困，环境恶化，其背后是人类在邪恶物欲上的无休止的追求与畸形的发展。归根复命，乃人类之大道，人类之常道。

　　如果我们回归到宁静、淳朴、诚挚、从容的人类常道，就会变得更淡泊，我们的生命就会变得虚空而澄明，我们的内心会变得更具备涵容气象。这种涵容气象，是对自我生命与大千世界更加笃定与从容的把握，名利是非成败荣辱在我们面前泯灭了界限，所有的对立在我们面前释然，这就是"知常容"。了悟天地恒道的智者一定更加平和淡定，更加具有包容性，更有海纳百川的胸怀。有了这份宽容，则日日内心天朗气清，时时心怀坦荡无私，达到廓然大公的境界，这就是"容乃公"。此时我们心无窒碍，无所不包，无所不容，与天地同流，与万物同化，周流不殆，不凝不滞，达到生命与心灵的自由。达到这个"容乃公，公乃全，全乃天，天乃道"的境界，我们似乎又回到生命的起点，回到人类的起点，完成了一个"圆"的轨迹。

十七章　治道贵言

太上，不知有之；其次，亲而誉之；其次，畏之；其次，侮之。信不足焉，有不信焉。

悠兮其贵言。功成事遂，百姓皆谓："我自然。"

[大意]最高明的治理者，老百姓感觉不到他的存在；低一个层次的治理者，老百姓亲近他而且赞誉他；再低一个层次的治理者，老百姓敬畏他；更低一个层次的治理者，老百姓蔑视他。治理者若没有诚信，则老百姓就不会信任他。最好的治理者悠然自得，慎于发号施令。等到事情成功，功业成就，老百姓都说："我们本来就是这样的。"

老子的政治哲学实质是领袖之学。读老子书，须切身体悟。切身者，从自我阅历出发呼应老子，才觉得处处受用。领袖之学，非仅谓国家领袖也。作为一个家长，一个校长，一个行长，一个企业家，只要你在领导一个团队，都必须学习领袖之学，其中至理，皆是相通的。老子哲学之精华

在其领袖学，上可治国安邦，下可齐家立业，关键是吸收老子政治哲学之精髓。老子论治国安邦之道，崇尚"无为"，以"无为"治天下，注重顺民之心，强调"以百姓心为心"，"处无为之事，行不言之教"，于无形中使民"自化"，从而达到天下大治之目的。

十七章是老子政治哲学之集中体现。他提出治理者的四个境界。第一个境界也是最高境界即"不知有之"。老百姓各自安其居，乐其业，顺从天道（自然之规律）而生活，他们的天性得到舒展，自我得到极大的实现。他们感受不到治理者的存在，而是"自得""自化""自生""自成"。天地不言而万物各自荣发繁盛，君王不言而百姓自然淳朴成长。治理者不随意滋扰百姓，不妄行，不压迫老百姓的意志，既不用所谓高尚品德去鼓励老百姓无私奉献，也不会以暴戾贪婪剥削百姓压榨百姓，治理者只是虚静无为、潜移默化地影响，如春风化雨一般施以无形的感召，带动并引领百姓，而不驱赶和压迫百姓。他们以百姓的意志为意志，但并不纵容百姓的消极面，而是施以无声的熏陶。这是最高的领袖艺术。领袖在那里，很安静，似乎什么事也没有做，他只是成为自己，但是整个团队都笼罩在一种无形的风气下，每一个人都被这种风气所感召、感染、同化，最终整个团队都向着领袖预期的方向发展。这是黄老之学的精髓。历代治国者，凡得此旨者，则国泰民安。当其功业成就，百姓"皆谓我自然"。百姓并没有感到领袖在潜移默化地影响他，而是觉得他的成长都是自我选择的结果。他并不对领袖感恩戴德，而认为事情本来应该如此。这就是"我无为，而民自化；我好静，而民自正；我无事，而民自富；我无欲，而民自朴"《道德经》。好的家长，不必每天约束孩子，呵斥孩子，孩子在家长营造的氛围中得到良好的熏陶与感染，自然会模仿家长，向好的方向成长。一个好的团队，领导者不必每日疾言厉色督管教导下属，而是所有的人在领袖精神的感召下各守本分，各自发挥自己的天赋，从而使团队自然形成一种风气，形成一种无坚不摧的凝聚力。

第二个境界是"亲而誉之"。人民或属下对君王或领袖亲爱之，赞誉之，是因为领袖以德治国，以德带领团队。这样的领袖德操高尚，以身作则，与人民和部属同甘共苦，得到百姓之爱戴与仰慕。儒家"以德治国"的政治哲学，最为崇尚的就是这样的圣德之王，它要求领袖奋发有为，并且有严格的自律精神，能够在各方面充当老百姓的表率。领袖要约束自我的欲望，标榜自己的道德操守，让老百姓效仿之崇仰之，把自己当作道德的标杆。要做到这一点，他必然强有力地倡导高尚的道德，并鼓励老百姓也有高尚的道德。这种有为的倡导，比起黄老哲学中的"无为之治"来，其境界要差一些，但仍不失为好的治理，但其流弊也会逐渐滋生，各种虚伪矫饰之行也会产生。

第三个境界是"畏之"，老百姓敬畏领袖，团队敬畏领导者。领袖与老百姓不是"相忘于江湖"的关系（即"为百姓皆谓我自然"），也不是"相濡以沫"的关系（即"亲而誉之"），而是严明的上下高低贵贱的关系。老百姓或部属不是敬爱领袖，而是畏惧领袖、害怕领袖。先秦法家提倡严刑峻法，以严密而繁苛的法令制度来规范百姓之行为，百姓一旦触犯法律，则被施以严酷的刑罚。法家思想对我国政治哲学和政治实践影响甚大，很多帝王以"外儒内法"为准则来治理国家，外用儒家思想治百姓之心，内用法家之严刑峻法约束百姓之身。但法家思想虽然在政治制度、法律建树方面有贡献，能矫正儒家悬空谈论道德之弊端，但是其流弊所及，领袖往往自恃法制，专弄强权，从而使百姓意志受到压抑扭曲，表面上看似乎是富国强兵之捷径，但却往往导致国家败亡甚速，如秦之迷恋法家，就是一个极好的教训。"民不畏死，奈何以死惧之？"法家思想是有局限性的。有些团队领袖，偏执地认为权威可以解决一切，重罚可以调动一切，使团队人人惧怕他，避之唯恐不及。这样的团队领袖陶醉于威权主义带来的满足感，殊不知此时团队离心离德，外表的畏惧并非内心的崇敬，团队毫无战斗力可言。

这样的领袖一旦丧失地位，其下场往往极为悲惨。

最为低下的第四个境界是治理者既无崇高德操被百姓敬仰，又无威权使百姓顺服畏惧，而是无信、无能、无德、无威，被百姓所蔑视。这样的人实际上难堪领袖之大任。

老子认为好的领袖应以"无事"为原则，要悠然自得，而不是疲于奔命、殚精竭虑去做事。他"贵言"，不轻易发号施令，不轻易驱使百姓、强迫百姓。他淡泊无争，站在中立的立场，使社会遵循天道，自发成长。这是一个很难企及的境界。真实世界的领导者，往往融汇道家、法家、儒家政治哲学中的精华，不走极端，将无为之治、制度主义与德性主义治理完美地结合。

十八章　大道不仁

大道废，有仁义；智慧出，有大伪；六亲不和，有孝慈；国家昏乱，有忠臣。

[大意]　天地大道废弃消亡了，治理者才提倡仁义道德；人类出现了智慧巧诈，才会产生虚伪欺骗；父子兄弟夫妇不和睦，才显出孝敬慈爱的重要；国家昏暗混乱，才显出忠臣的重要。

儒家强调"仁，义，礼，智，信，温，良，恭，俭，让"等道德伦理规范的重要性。一个人若能达到这些伦理规范的要求，则堪称完美人格。这些伦理规范的实现，需要一个人有极强的自律精神，有极为清晰的社会角色认知与责任意识。它要求一个人把家国天下置于自己的私欲前面，置于自我前面，这种要求很高。同时，这种伦理规范还有赖于一个强大的社会舆论氛围，从而形成一种外在压力。从儒家作为中国主流意识形态的功能来讲，它可算是部分地获得了成功。它一方面塑造了儒家知识分子的慎独人格与强烈的家国天下意识，另一方面又在社会中营造了一种强大的伦理

压力网络与评价机制，使每一个普通人都被置于一个巨大的社会监督网络之中。前者塑造了儒者的精英阶层，这种以家国天下为重，先天下之忧而忧的道德英雄代不乏人，为国民道德提供表率；后者则形成百姓牢固、稳定且具有极强传承性的伦理信念，一旦你越雷池一步，则必被排斥在社会共同体之外。在儒者的信念中，何谓"得道"？"得道"不过是完整地履行你被赋予的一切社会角色，完成你在社会秩序中的使命。你努力地做一个好丈夫，好父亲，好儿子，好臣子，终生不殆地履行自己的义务，这就是"得道"。因此，宋代的理学家与道学家们一致认为，礼教中有至乐，遵循礼教就是最大的幸福。同时，能在礼教中行为自如，便是"得道"，便是"成圣"，如此无论精英还是大众，都各循其礼，各修其身，各安其命，世界太平无事，人类则可跻入羲皇盛世。

以老庄为代表的道家哲学对儒家倡导的一整套伦理道德体系持蔑视、排斥与否定态度。道家认为，仁义道德这些伦理范畴与教条的出现，都是"大道废"的结果，人类只有在大道废弃的时代才会产生对仁义道德的需求；反过来说，当人类需要呼吁仁义道德，需要仁义道德来维系社会秩序的时候，人类就已经败坏不堪了。此时人类出现了奸巧欺诈，出现了人与人之间的争斗，出现了对名誉物质的抢夺，出现了礼崩乐坏、家破国乱的状况。在这样的状况下，人类必须发明各种伦理规范与制度，来限制其无休止的争斗与无穷的欲望，约束人的奸巧欺诈的行为。老子非常深刻地洞察人类社会这一巨变，并在这种伦理悖乱中看到了人类面临的困境。他深刻地指出所有仁义道德产生的根源，并深刻地认识到仁义道德的提倡也许正是人类所有罪恶的新的渊薮。老子是深刻的，又是困惑的；他是睿智的，又是绝望的。正如尼采宣称苏格拉底是欧洲文明最大的罪人一样，老子和庄子也把倡导仁义道德的儒家视为罪恶的根源，虚伪的源泉，人类败坏的源头。他们对儒家苦心孤诣的伦理建构持完全否定态度，然而，这并无助于解决道家对现实的困惑与绝望。道家对人类的败坏未提出什么具体疗救之法，他们的主张仍旧是理想主义的：回归到人类的童年时代。

十九章　绝圣弃智

绝圣弃智，民利百倍；绝仁弃义，民复孝慈；绝巧弃利，盗贼无有。此三者以为文，不足。故令有所属：见素抱朴，少私寡欲，绝学无忧。

[大意]弃绝聪明与智巧，则人民会得到百倍利益；弃绝仁义礼教，则人民自然会恢复父慈子孝的天性；弃绝巧诈与逐利之心，则盗贼自然消失。聪明智巧，仁义礼教，巧诈逐利，这三样东西矫饰太过，不足以作为文治法度来治国。因此在治国时要另有所属意，那就是要使人民保持纯朴，减少私欲，抛弃世俗那些所谓圣智礼教之学，这样就没有任何忧患了。

面对社会剧烈动荡、伦理秩序混乱的状况，道家提出的方案就是绝圣弃智，绝仁弃义，绝巧弃利，他们希望人类重新回到一个淳朴、安详、简单的世界，没有欺诈，没有仁义礼教的说教，没有统治者的贪婪无度，没有名利束缚。老子希望人类回归童年时代，这个梦想，两千年以来无数

圣哲都曾提出过，乌托邦的理想吸引着人类中最睿智的一群，他们渴望人类的复归，对现实的绝望更把他们推向乌托邦、大同世界、理想国的构建上。柏拉图的理想国，莫尔的乌托邦，欧文的空想社会主义实践，这是西方的理想主义脉络；《礼记·礼运篇》的"大同"世界、陶渊明的"桃花源"、康有为的《大同书》，这是东方的理想主义脉络。东西方都在做着一个梦，就是一个没有欺诈、相互信任，没有压迫、彼此平等的世界，在这个世界中，人类恢复了他们纯真而幸福的生活，回归了淳朴的本性。1857年8月马克思在《政治经济学批判导言》中说过这样一段话：

> 一个成人不能再变成儿童，否则就变得稚气了。但是，儿童的天真不使他感到愉快吗？他自己不该努力在一个更高的阶梯上把自己的真实再现出来吗？在每一个时代，它的固有的性格不是在儿童的天性中纯真地复活着吗？为什么历史上的人类童年时代，在它发展得最完美的地方，不该作为永不复返的阶段而显示出永久的魅力呢？有粗野的儿童，有早熟的儿童。古代民族中有许多是属于这一类的。希腊人是正常的儿童。他们的艺术对我们所产生的魅力，同它在其中生长的那个不发达的社会并不矛盾。它倒是这个社会阶段的结果，并且是同它在其中产生而且只能在其中产生的那些未成熟的社会条件永远不能复返这一点分不开的。(《马克思恩格斯全集》第12卷，第733—762页)

马克思这一段对人类童年时代与希腊艺术精神的论述是极为深刻的，也是发人深省的，对于我们理解老子"复归于婴儿""见素抱朴""绝圣弃智"的命题是极有启发意义的。成年人诚然不可能再回到童年时代，但成年人在内心深处实际上是羡慕和欣赏儿童的天真、纯洁，羡慕他们身上所洋溢的不加矫饰、没有伪装的一派天然气象。成年人有了智慧，就有了奸诈机巧，于是《旧约》中的亚当与夏娃吃了象征智慧的果子之后，就被上帝永久地逐出了伊甸园。实质上，是人类自己把自己放逐出了伊甸园，因为他们有了智慧，有了人类一整套的复杂的道德、礼教、秩序并从中衍生出了大量虚伪、罪恶、悖逆。人类在这种扭曲的道德世界增添了圆滑与世故，但他们永久性地丧失了内心的天国、灵魂的伊甸园。人类的儿童时代结束了。所以耶稣才说："我实在告诉你们，你们若不回转，变成小孩子的样式，断不得进天国。"（《新约·马太福音》第十八章3-4节）。这与老子所说的"复归于婴儿"难道不是具有同样的深意吗？每一个成人虽然难以真正复归于儿童，但是他应该努力在更高的阶段恢复自己的天性，从而在一个更高的高度上再现自己的真实。这就需要成年人痛切地反省自己，摒除自己身上的世俗、圆滑、机巧、奸诈，向儿童学习，在儿童身上汲取营养与灵感。

从人类整体的历史演进的大视野而言，也是如此。人类童年时代，如古希腊时代，如中国人心目中的羲皇盛世，作为"永不复返的阶段而显出永久的魅力"。人类童年时代之所以显示出永恒不衰的魅力，并不是因为那个时代的物质文化发达，而恰恰是因为那个时代的"不发达"。那个时代人类的嗜欲不多，物质生活简单，社会结构单纯，人与人争斗少而相互信任，社会因其"不成熟"反而培育了人的纯朴天性，保护了人类童年时代的那份质朴。然而正如成人回不到儿童一样，人类整体上也不可能再回到其童年时代，我们只能遥望、回顾那个时代，陶醉于回想与缅怀之中，并把人类的儿童时代作为永久的理想的参照物，来观照我们所处的时代，反省、批判、抨击、改善。老子说"大道废"，孔子感叹礼崩乐坏，他们的参照物其实是一个。老子希望人类回归天然淳朴，少私寡欲，去掉一切矫饰，把人从那些人为创制的繁琐的礼教秩序中解脱出来，从而回到人类的儿童时代。这自然是一个难以实现的梦想,但在每一个时代,圣哲们不都是无休止地、前赴后继地怀揣着这样的梦想吗?

二十章　淡泊混沌

唯之与阿,相去几何?美之与恶,相去若何?人之所畏,不可不畏。

荒兮,其未央哉!

众人熙熙,如享太牢,如登春台。

我独泊兮,其未兆;

沌沌兮,如婴儿之未孩;

儽儽兮,若无所归。

众人皆有余,而我独若遗。我愚人之心也哉!

俗人昭昭,我独昏昏。

俗人察察,我独闷闷。

[澹兮,其若海;飂兮,若无止。]*

众人皆有以,而我独顽且鄙。

我独异于人,而贵食母。

---

* 　[ ]中文字疑为错简,应移至第十五章,不译。详参严灵峰、陈鼓应。

[大意]　恭谨的应诺与怠慢的应答声，相差有多少呢？美好与丑恶，相差有多少呢？人们所畏惧的，我也不可不畏惧。我的精神啊，茫茫而没有边际。众人都喜乐，如吃太牢的丰盛宴席，如春日登上高台眺望美景。而我却独自淡泊，不显露自己；我混混沌沌，好似尚不会笑的婴儿；闲闲散散，好像没有归宿。众人都才华有余，而唯独我好像很贫乏的样子。我真是拥有一颗愚人之心啊！世人都有智慧，而唯独我昏昏昧昧；世人都精明得很，而唯独我混沌糊涂；众人都有为有用，而我却愚陋而笨拙。我与世人不同，重视依靠天道而生活。

老子谙熟生存的艺术。老子的生活是一种诗意的生活，超越的生活，独立的生活，均衡的生活。

老子的生活充满着一种淳厚清明的诗意。他向往儿童的境界，那种境界，混混沌沌，不谙机巧，就像婴儿一般，安详而从容地躺在天地的怀抱中间，没有忧愁，也没有扰攘逐骛。但老子的诗意与庄子有着不同的味道：庄子的诗意里含着自由意志的张扬，蕴藏着诗人一样的哀愁与忧伤，尽管他表面上放浪形骸，对尘事不屑一顾；而老子的诗意更意味淳厚、恬淡质朴。庄子的诗意使我们想到杜甫描写李白的"飘然思不群"，而老子的诗意使我们想到陶渊明的"复得返自然"。李白与庄子带着仙人的气质，而老子与陶渊明更醇和浓郁，宛如参透人事的隐者。静笃、自然、不张扬、不尖刻；大隐隐于市，对一切怀着宽厚而睿智的容忍，对广大的世界既警惕又宽容；生活在大众中，却与婴儿的心灵相通，与山川河谷的精神往来，因而他们的生活总是带着淡淡的诗意。从这个角度来说，陶渊明是中国诗人当中最得道家心法与老子精神的人。这样的诗人，爱好自然，却又安然生存于人群中；厌倦尘世的羁束，却与那些朴质真淳的农人保持着淳厚的情感。老子和陶渊明与广大的世界融在一起，"荒兮，其未央"，既开阔又包容，无涯无际，从容自得。

但老子的生活又是超越的生活，独立的生活。他在尘世中保持一种高贵的疏离态度。"俗人昭昭，我独昏昏；俗人察察，我独闷闷"，他自觉地把自己与俗世区别开，将俗世中所崇尚的聪明世故抛得一干二净，而保持自己混沌静笃的天真之态。他故意做出一副愚人之态，被人误以为是笨拙愚陋、不谙机巧，可他真的是昏聩粗鄙的蠢人吗？老子只不过在向俗世表达他的疏离的态度而已。他俯视芸芸众生追名逐利的所谓智慧，装作看不懂的样子；他悠闲自得，闲散萧然，不汲汲于名利，似乎无所归属，可是这种表面上的"若无所归"，实质上正表明老子自有他固守的精神家园。道家的隐者讥讽孔子"累累若丧家之犬"，实质上是在批评世人的追逐尘世名利，而不单单是贬斥孔子。那"有所归"的尘世之人是真正的"丧家者"，而老子认为那些返璞归真者才是真正的"有所归"，是找到了自己的精神家园。老子在《道德经》中处处都在彰显他的独立、他的清醒、他的超越的生活态度。他"独泊""独若遗""独昏昏""独察察""独顽且鄙"，他处处与众不同，"独异乎人"，绝不为俗世所诱惑，绝不为声色名利所捆绑。正是这种超越，使其能够既生活在尘世之中，又能够得着自己的独立的生命，得着真正丰盛而恬静的生命。这种生命是自主的，而非被迫、身不由己的；是顺从自然的，而不是被俗世扭曲的；它在自我与外物之间保持了一种均衡，不偏执，不走极端，看起来和光同尘，而内心又保持着高贵的独立，坚守着自己的精神家园。这个"家"，就是"食母"，就是天道，就是永恒之自然。

二十一章　孔德从道

孔德之容，唯道是从。

道之为物，惟恍惟惚。惚兮恍兮，其中有象；恍兮惚兮，其中有物。窈兮冥兮，其中有精；其精甚真，其中有信。

自今及古，其名不去，以阅众甫。吾何以知众甫之状哉！以此。

[大意]　大德的样貌动态，遵循道而转移。"道"这个东西，恍恍惚惚，似有似无。但在恍恍惚惚之中，有它的形象与实物。道在深远暗昧之中，有它的精质，而这个精质十分真实，确凿而有规律。从今溯及古代，它的名字永不消除，通过它来认识产生万物的根源。我如何认识到万物的根源的情状呢？就是从"道"中认识的。

老子试图在《道德经》中建立他的形而上学，构建他的本体论。这在中国古代哲学中是最初的尝试，具有开天辟地的意义。无论儒学，墨学，名学，兵学，阴阳家学，以至于诸子百家之学，先秦时代的所有学派都在努力构建自己的理论体系，都在为自己的理论与思想寻找一个更具有终极

意义的、更具有根本性的依据与范畴。但是所有这些学派在这一点上都不成功。儒学关注形而下的道德伦理与社会秩序层面，其对本体论的建构兴趣甚微，直到宋明理学，才在形而上的本体论建构方面作出了巨大贡献，有了长足的进步。然而宋明理学的理论开拓与形而上学努力，也在很大程度上汲取了大量来自儒家以外的道家学派与释家的营养，借鉴了道家、释家的大量思想成果与范畴。墨家的形而上学最终陷入神秘主义的鬼神论与天命论，其哲学上的本体论世界连雏形都不具备，这显示出墨家在思想深度与哲学思辨上的局限性。墨家在后期逐渐与知识阶层疏离，吸引不了知识阶层的兴趣，同时其理想主义伦理又与平民大众的尘世认知大相径庭，因而逐渐消隐湮没不显于世。其他的名学、兵学、阴阳家学等更不足论。只有道家，从老子哲学起就初步建立了自己的形上学，其思辨的高度，哲思的深邃程度，理论抽象的能力，都使人有一种理论获得上的快感，给人以高屋建瓴、澡雪涤尘般的思想愉悦。这可能是老子哲学两千余年以来能够牢固地"俘获"历代知识者的重要原因。它有一种理论的魅力，人格的魅力，思想的魅力，代表着一种极高的思辨能力。中国的哲学、美学、伦理学、政治学、军事学、养生学等均可从这个原点出发，获得延伸与拓展，而事实上也是如此。两千余年的中国知识界，正是靠着时时回望老子哲学，时时获得前进的灵感，得着老子哲学的精神滋养，使这短短五千言的箴言体小书，焕发出永久的魅力。正如德国哲学家尼采所说："（老子哲学）像一个永不枯竭的井泉，满载宝藏，放下汲桶，垂手可得。"

　　本章老子着重描述其哲学中"道"这个核心概念的意蕴，提出了"道—德—物—象—精—信"这样一个有着深刻内在联系的逻辑链条。在老子的观念中，"道"是宇宙万物的最高规定性，是天地运行的最高规律。"道"这个万物之根，万事之源，万有之本，本身是不可以用纯粹的感官去感知的，它隐藏在天地万物之后，要用极高的洞察力才能体悟它，把握它。然而"道"并不是一个绝对虚空的东西,它必定要有所呈现,有所显示,有所附着(并不是被动地依附),它要在万有的运动、存在、变化中呈现自己,标示自己,表达自己。这个表达,用老子的术语来说,就是"德"。这个"德",并不是形而下的道德伦理,而是指称"道"向下落实的那些属性,指称"道"这个本体的功用层面的性质。因而,"德"乃"道"的自我表达与自我呈现,"德"是"道"的"用","道"是"德"的"体"。"体"与"用"原本是不分的,"体"就是"用","体"要落实为"用",而不是脱离"用"而存在;"用"就是"体","用"是"体"的张示,"用"要遵循"体",不悖于"体"。因此老子说"孔德之容,唯道是从","德"的"动容"要遵循"道",但反过来的命题也成立,"道"通过"德"的样态(样貌与动态)来显现。这个"容",既有静态的意义,又有动态的意义;既有存在的意义,又有衍变的意蕴。"德"与"道"这种"体用一体"、互相依存的关系,教导我们在观察与思想任何事物之时,都不能停留在纷纭的表象世界,因其表象世界(即"德")的呈现方式即使再多元,也不过是那个本质规定性(即"道")的体现而已。要学会把握表象世界背后那个永恒而本真的"道",学会抽象与寻找那个规律性,否则你的思想与生命就会仅仅停留在一个肤浅而纷纭的境界。但是另一方面,我们也不要脱离这个表象的实际存在而空谈"道",否则"道"就成了一个悬空的、无可把握的东西,它将失去向下落实的根基,最终使理论变得毫无用处。不能矫正这个偏颇,就极容易陷入虚无缥缈的空谈,不着边际,毫无益处。

　　老子哲学中恰恰做到了两者的均衡:它既捕捉到了表象世界背后的本质规律,不使自己被表象世界所蒙蔽与掩盖;同时又拥有向下落实的根基,重视"道"的实体内容,不使其学说悬空无着。所以老子才说:"道之为物,惟恍惟惚。""道"的呈现尽管深不可测,但它首先是"物",体现为"物",是一个实体的存在。它虽然"窈兮冥兮",既深远,又幽渺,似乎暗昧不可见,幽远不可及,但是它仍然体现为"象",表达为天地宇宙中的诸般万有、诸般形象,我们不可执着于这纷纭万"象",但亦不可蔑视、藐视、漠视、排斥这纷纭万"象"。因为这"象",乃从终极意义上而言是"道"的形象,是"道"的呈现。佛家也说"一花一世界",万象之"花",乃折射天地世界之"本"。这些看似微小的、不值一顾的纷纭表象的存在,乃宇宙之精质,是大"道"的体现,是真实不虚的("其精甚真")。因而老子的哲学,是一个健全的均衡的哲学,它既深远又切近,既高深又具体,既有超拔的气象和超越性,又笃实、务实,丝毫不空,不虚妄。老子还进一步深刻地指出"其中有信"。所谓"有信",是说大"道"在万物中的呈现极为信实,毫不虚妄,它信验实在,恒常不改,体现为一种可信的、真实的、终极的真理。这就是老子认识大道的逻辑顺序:由"道"及"德",由"德"及"物",由"物"及"象"及"精",向下落实,最终揭橥其"信"而不虚。由抽象而具象,由本体及实体,由表征及规律,从而完成了他的认知逻辑体系。

二十二章　不矜不伐

曲则全，枉则直，洼则盈，敝则新，少则得，多则惑。

是以圣人抱一为天下式。不自见，故明；不自是，故彰；不自伐，故有功；不自矜，故长。

夫唯不争，故天下莫能与之争。古之所谓"曲则全"者，岂虚言哉？诚全而归之。

[大意] 处世，能弯曲则可保全，能屈就则可以伸展，能处于低洼之地反而充盈，物敝旧反而能重新，少取则可以多得，贪多反而迷惑。因此圣人守道而为天下的模范。他不自显于众，因此高明；他不自以为是，反而彰显；他不自夸，反而使人认为他有功；他不自矜自傲，反而能长久。正因为他不跟别人争，因而天下人谁都不能与他相争。古人所说的"委曲可以保全"，难道是空话吗？它是实实在在可以达到的结果，而归于那持守这一原则的人。

老子的生命观本于他的宇宙哲学，又从生命观中衍生出他的政治哲学。

因此他的生命观是其沟通形而上之宇宙哲学与形而下之政治哲学的媒介与桥梁。老子的宇宙哲学强调对立统一之规律,他看到我们观念中所有相对立相矛盾的范畴,原来在本质上并不具有绝对的意义,而仅具有相对意义。他进一步发现,那些在表象上对立的范畴,实质上是彼此依存且相互转化的。他的这一发现,颠覆了人们头脑中惯常的二元思维模式,即那种简单的非此即彼的思想方法,从而发明了更为圆融、更为老辣、更接近万物本质的思辨方式。在这种思维方式中,对立的范畴之间交融、渗透、动态转化且循环不息,就像我们看到的太极图,阴中含阳,阳中抱阴,旋转不已,生生不息。由此可见,一种健全的生命智慧,不应该只关注表面的肤浅的真实,而应洞察内里更为深刻的真实。我们不应只追求那些显明的耀眼的目标,而应从其反面获得更深的启示。

本章中老子发挥其相对主义的生命哲学,将"曲—全""枉—直""洼—盈""敝—新""少—多"等对立范畴的内在关系揭露出来,其结论仍是老子固守的贵柔、贵静、谦慎保身、以弱胜强的人生哲学。人处世,宜于低调谦虚,保守自己,宜曲而不宜直,宜潜藏而不宜张扬。能委曲,才能隐忍、克己,在外物压力面前将自己隐藏起来,不与之直接发生冲突,从而保全自己,这就是"曲则全""枉则直"。不能弯曲,不善于潜藏自己,与外物压力直接冲突,过于刚强直率,则很容易折断。这是老子非常老辣的生存哲学。老子并不是教你诈,教你伪,教你乡愿,而是教你懂得保身之道。只有到了可以伸缩自如、能屈能伸的地步,才不会被折断,这是一种做人处世的柔术,也是一种韧性的生存。韧性的生存是有智慧的生存,刚强者易折,古今多少教训可供镜鉴! 一味地刚直勇猛,不懂得韧的生存术,不懂得以柔克刚,就难以完成你生命的使命。

老子教我们低处站立。自甘于低下之位,不汲汲于高处,则能从容自得,伸缩自如。你在低地,才有可能盈满,才有可能进步;你若自处山巅,则高处不胜寒，就离危祸不远了。甘于低处，保此淡泊无争心境，则进可攻，退可守；你无欲无求，则从容来去，周旋自在，游刃有余。相反，你若心存贪欲，有求于人，汲汲于名利，则必然患得患失，行动失措，最终反而失去本真，被外物所惑。你越是想居于高处，反而所获愈少；你越是想拥有更多的名利，反而更加空虚迷乱。因而老子教我们重视事物的内在，而不要追逐事物的表面。世界表面的肤浅的东西不能给我们满足，反而使我们走向反面：你愈进取，则愈丧失；愈贪恋，则愈被剥夺；愈争夺，则愈被抛弃；愈高高在上想获得他人的尊重认可，反而则愈被人唾弃轻蔑。

因此老子认为，在阳刚与阴柔两种对立的范畴中，我们要取那个看起来消极的、负面的、阴柔的部分。你不必自夸、自傲，显耀自己，而要敛藏自己，能惯于处卑处下。你越谦卑自牧，越是在人前显示自己的谦慎，别人越把你举到高处，越将功劳归于你。你不在人前洋洋自得，张扬自矜，恃才傲物，才不招致别人的妒忌与反感，才不会引来祸患，才能保身长久。身处高位者尤其要警惕，时刻告诫自己不要因位高而自鸣得意、盛气凌人，否则极易招致周遭的反对，无形中为自己营造了不利的、不和谐的氛围。老子深谙社会上普遍的心理倾向，深知人们同情弱者、不防备弱者，而厌憎强势者、忌恨卓越者的心理法则，从而教我们在任何位置均应不矜不伐，不骄不傲，坦诚处世，低调为人，懂得强硬则易折的道理。圣人俯瞰这个世界，深谙盈虚消长之道，相反相成之理，就不会为一时一地的顺意狂妄自得，而始终慎独守弱，明哲保身。这不是龟缩的保守哲学，而是处世的大智慧。

二十三章　希言自然

希言自然。

故飘风不终朝,骤雨不终日。孰为此者?天地。天地尚不能久,而况于人乎?故从事于道者,同于道;德者,同于德;失者,同于失。同于道者,道亦乐得之;同于德者,德亦乐得之;同于失者,失亦乐得之。

信不足焉,有不信焉。

[大意] 少言(教令)是顺从自然行为。所以狂风刮不了一个早上,暴雨持续不了一整天。谁使之如此?是天地使然。天地所产生的狂风暴雨尚不能持久,更何况人呢?因而从事于道的人,其行为与道相同;从事于德的人,其行为与德相同;而失道失德的人,其行为就狂暴。行为合于道的人,道也乐于帮助他;行为合于德的人,德也会使之有德;行为失道失德的人,就会得到失道失德应有的后果。统治者诚信不足,人们就会不相信他。

老子的最终结局，被描绘成骑青牛出函谷关而西去，至于去何地，众说纷纭。不管目的地如何，他最终是飘然隐居去了，绝去尘烟，不问世事。这个传说既合乎逻辑，又不合逻辑。从老子哲学的整体思想来看，他对当时所处的社会是持尖锐的批判态度的，他批评当时的苛政与不平等的制度，讽刺当政者的贪婪横暴；同时，他向往一个极为理想的社会形态，人类返朴抱真，过着顺乎天然的生活。因而就这个层面来看，老子很有可能选择一种出世的隐居生活，远离尘嚣，远离纷争，过着悠游自在不受羁束的生活。然而，老子骑青牛出关而做一个隐士，与其哲学思想又有微微的不合与矛盾。老子主张"和光同尘"，他不主张决绝地与现世疏离，而是主张与世浮沉，在尘世之中从容自得地生活，并保持自己的独立性。老子与那些纯粹的不问世事的隐逸之士有着根本的不同。他是"大隐隐于市"，是以出世的精神坚定地生活在尘世中；他批判现实，同情弱者，他并不认为这些与己无关，他并非漠不关心，而是期望以自己的治道来挽救这个世界，疗治这个日渐堕落倾颓的社会。因而从总体上老子并不消极，更不反动。从这个意义上说，我又觉得老子出关做隐士是不可信的，这与老子哲学的宗旨相悖。

老子在总体上是站在平民的、弱者的立场上说话的，这使得老子哲学更具有人民性，更贴近普通大众。孔子也感叹礼崩乐坏，但他所向往的礼乐秩序与礼教规范，正是老子所痛恨的、批判的。老子是当下世界秩序的解构主义者，而孔子是一个建构主义者。孔子的立场，仍是贵族式的，居高临下的，而老子则常常站在统治者的对面。实质上，老子并不飘逸，而是一个伤时忧世的智者，他对这个世界还是有所期待的，否则他写下五千言干什么？

他的抱朴守真的哲学,"复归于婴儿"的主张,"归根曰静"的洞察,实际上都是讲给治国者听的。他希望通过这些哲学,劝诫当政者多敛藏,少苛政;多予,少取;多一点淡泊宁静,少一些教令冗事,省得滋扰百姓;他劝诫治国者以天地大道为参照物,蓄养万有,而不扼杀万物之生机。他的目的,仍在于疗救。

老子屡劝统治者不要恣肆狂暴。他观察到"飘风不终朝,骤雨不终日",天地所制造的这些狂暴的自然现象都不能持续多久,更何况人的狂暴呢?他劝诫当政者要效仿这宇宙间的大道,不要恣行强暴之事,而是要守静致虚。他告诉当政者,暴政不会长久,正如飘风骤雨不会持久一样,因此要止暴安民。当年丘处机自山东出发,1220年带领弟子长途跋涉历经艰险,到了现在阿富汗境内兴都库什大雪山,见到成吉思汗。成吉思汗问他心目中的这个世外高人:"如何治理天下?"丘处机对曰:"敬天爱民。"成吉思汗又问长生之道,丘处机答曰:"清心寡欲。"成吉思汗又问一统天下之道,对曰:"必在乎不嗜杀人。"成吉思汗深悟其言。后来乾隆皇帝赞誉其"一言止杀"。当然,成吉思汗是否真正听从了丘处机的意味深远的话,是另外一回事。丘处机的话,可作为老子哲学的注脚,与本章宗旨正相契合。"敬天",即遵循天道,敬畏天地,正如老子所言:"从事于道者,同于道;德者,同于德。""爱民"即不行暴政,去除苛政,与民休息,不滋扰百姓,让老百姓像树木一样自然生长、枝繁叶茂。"清心寡欲"既是养生之道,又是治国之道。治国者,若贪欲太多(无论这贪欲是为一己之私的贪欲,还是好大喜功的对于世俗名望的贪欲),则必恣意妄行,强迫人民做他们不想做的事。多少统治者为了所谓高尚的目标,任意驱使人民,以权力逼迫人民,来建立自己的功业,结果人民怨情沸腾,内心充满仇恨。这种统治者表面上看虽非为一己私利,然而这种恣肆妄行之治理亦会招致民众反抗,如飘风骤雨不可终日,很快就会被民众所推翻抛弃。秦始皇之暴政,隋炀帝之苛虐，皆是狂暴之治理，都不长久，成为中国历史上最短暂的王朝，因此丘处机所言"止杀"，乃效仿"道"，蓄养万物之生机，顺应人民之自然本性，不扭曲之，不强迫之，不戕害之，如此则"道亦乐得之"，才能得长久之治。

二十四章　企者不立

企者不立。跨者不行。自见者不明。自是者不彰。自伐者无功。自矜者不长。其在道也，曰：余食赘行。物或恶之，故有道者不处。

[大意] 踮起脚后跟的人，不可能长久站立。张开两股大跨步的人，是走不了远路的。善于自我表现的人，人家反而不理会他。自以为是的人，反而得不到彰显。自我夸耀的人，反而不能长久。在"道"的方面而言，这些自夸自炫的做法，都是"剩饭赘肉"，毫无必要，且引起别人的厌憎，因而有"道"的人是不会这样做的。

———&———

任何哲学，倘若最终不能落实在"人"上面，不能对人的生命的进展有所指引与启迪，那么这种哲学仍是空疏的，不切实的。无论道家、儒家、佛家，它们不单是一套对于世界的认知观念体系，更是各有千秋的生命哲学体系。对于我们而言，认识不同思想家派别的"认知观念体系"固然重要，而体悟其"生命哲学体系"更为根本。各家在解决"人如何活着"这一根本性问题时提出不同的方案，其修身（身心修炼）的心法不同，亦即"功夫论"各有不同。身心修炼若没有功夫论作根基，终究是空谈，无益于身心。

儒家的修身功夫强调"敬""诚""静"，即内心的恭敬、诚挚不欺、静定中和。这是一个人身心修养的阶梯，也是一种极高的精神境界。宋儒着重发挥一个"敬"字，言"涵养须用敬，进学在致知"，由"敬"出发，自可以诚而不妄，静而不躁，中而不偏。从内心言，是"敬身"，是心灵的庄敬自牧；从人际言，是"敬人"，即"敬人者人恒敬之"；从宇宙言，是"敬天"，即对不可见之造物者和庄严的宇宙秩序抱有一种敬畏之心；从事功言，是"敬事"，即对自己的职事与使命保持一种肃穆感，如此则敬业守分，忠于职守。由"敬"而至于家国天下，是一个自然的逻辑。这是儒家功夫论的基础。

佛家的功夫论是打破一切执着，尤其是中国化的佛教哲学禅宗，强调"放下"，打破一切固有的概念，追求绝对的精神自由。不执着就是不"住"，不固守在任何概念上、意念上。《金刚经》里面说："应无所住而生其心。"讲"空有不二"，就是打破一切执迷，才能生"般若"（智慧）得涅槃。中国禅的修身功夫，并不在所谓"坐禅"，惠能在《六祖坛经》中即对单纯强调"坐禅"的方法提出尖锐的批评："住心观净，是病非禅，长坐拘身，于理何益？听吾偈曰：'生来坐不卧，死去卧不坐，一具臭骨头，何为立功课？'"禅定不是静坐，而是超越一切执迷，"明心见性"。禅宗的修身功夫是"随缘不变"的"无住修行"，即如惠能，无论贫富难易，无论顺逆荣辱，无论处于何种境地，都能持守"随所住处恒安乐"的心态，于日常生活中，于洒扫应对中，得着无处不在的修炼，不染不杂，不滞不执，得到绝对的精神自在与解脱。一切执迷被打破，一切对立被化解，一切束缚被解除，心中无念，清净无碍，如月映于千江，澄静虚旷，自性毕现，达到"无念""无相""无住"的境界。

道家的修身功夫强调敛藏，而反对那些走向极端的行为。敛藏身心，就是保守自己的生命力，不使之外露，不使之外泄，以柔弱与谦和面对世界。道家最终发展出一套保身、贵身、养身的学说，这套学说的基础仍是老子所倡导的"无为""自然"。"无为"就是"自然"，就是顺应规律，不做过度的事，不执一端。在这方面，"自然"的"中正"性质与儒家的"中庸""中和"的概念达到了同样的高度。而顺其自然，不执着，返璞归真，发现自性，归于自性，又与禅宗倡导的打破执迷、不滞不碍、反观自性有异曲同工之妙。道家认为：顺应自然，虚静无为，什么事都不要过度极端，这就是"天道"；一个人顺从"天道"，慎守自心，知足知止、柔弱谦逊、不争不伐，则可以保身而远离祸患。儒家认为，一个人内心持守敬笃之心，正心诚意，在日常人伦中恪尽己守以达天命，既成己又达人，既入世又出世，达到中和明诚的境界，就可以"赞天地之化育""与天地参"。而在完成这个境界的过程中，不需要伟大的行动，只需在庸常生活中遵循天性而已，即"天命之谓性，率性之谓道，修道之谓教"（《中庸》）。禅宗哲学认为，一个人的修炼，在家与出家没有实质分别，若从平常生命中悟得自心，见得自性，便是成佛，便是见了真如本性。正如《六祖坛经》所说："若欲修行，在家亦得，不由在寺。在家能行，如东方人心善；在寺不修，如西方人心恶。但心清净，即是自性西方。"这种安于庸常生活而能持守清净，去除妄念执着，在行住坐卧中得悟自性，时刻反观自照的修身方法，与儒家心法、道家心法有一脉相通处。我们若要修身，了悟修养身心之功夫，万万不可心存门户学派之成见，而要将不同功夫与心法融会贯通，知道这些门户学派内在相通之处，不要把学问做得隔阂、隔离、僵死了，而要把学问做得贯通。全部打通之后，才能发现，各家修炼身心最高境界是一样的，无论成道、成佛、成圣，原不过要完成一个"人"。

本章宗旨上承二十二章而有所发挥。"自见""自是""自我""自矜"，皆是修身处世之大忌，即执着于自我，迷恋于自我，不能持守中庸之道，而走向张扬自我之极端，结果反而事与愿违。过于自傲与标榜自我，是不能顺从自然的表现，是"余食赘形"，非但毫无用处，反而有损身心之修行。人一旦自矜自伐，居功自傲，自以为是，必然导致心浮气躁，目光短浅，以自我为中心，愚妄盲动，最终天怒人怨，不可长久，"物或恶之"，天亦厌之。何也？因其有违自然，悖于天道。何谓天道？天道乃生养万物而不居功，善利万物而不争，这就是自然之道。人若自恃己能，即是违背自然。老子认为，一个人遵循天道，就是遵循生命成长之规律，不可急躁，不可勉强，不可执着于求速，否则欲速则不达。踮起脚后跟去够东西，你能站得住吗？你越想高处而立，越立不住，反会招致祸患。你若坚定地立在那里，不匆不忙，不急不躁，从从容容，安安静静，你的生命自然壮大，你的事功自然展开，你的期待必有所获，这是水到渠成的生命成长过程。生命之成长，一曰敛藏，一曰守常，敛藏者忌矜伐也，守常者忌极端也。

二十五章　道法自然

有物混成,先天地生。寂兮寥兮,独立而不改,周行而不殆,可以为天地母。吾不知其名,强字之曰"道",强为之名曰"大"。大曰逝,逝曰远,远曰反。

故"道"大,天大,地大,人亦大。域中有四大,而人居其一焉。人法地,地法天,天法"道","道"法自然。

[大意] 有一种东西浑然一体,先于天地而存在。它寂然无声,寥然无形;独立无凭地存在,永恒而不息;它循环运行,而不衰竭。它可以是天地万物的母体。我不知道它叫何名,勉强给它起名叫"道",或者叫作"大"。这个"道"广大无边,且不断周衍伸展;它逐渐循环运行,延伸至越来越远的地方;然而它运行衍进至遥远的极致之后,又回归到它的本原。所以说,"道"大,天大,地大,人也大。宇宙之间存在这四大,而人是四大之一。人效法地,地效法天,天效法道,道则一任自然,以自身为法则。

"道法自然"这句话,几乎成为每个中国人都会讲的口头禅。它的影响是如此广泛,几乎任何思想与行动的最高境界都可以用这四个字来概括。然而对于这四个字的真正的意蕴,却存在纷纭的说法,有些解释足以误导人,不能不进行深入的辨析。

"道"作为老子哲学中最高的范畴,其含义是多元的,比较复杂。因为"道"在老子哲学中具有统领性的作用,所以它必然具有无穷可解释性。作为一个哲学范畴,如果它的边界与内涵太清晰,就不足以承担如此重大的使命。老子发明并系统阐述了"道"的性质与功用,这是哲学史上一个伟大创造,也表明了中国先哲极为出色的哲学抽象能力与概括能力,这就是"以一驭万"的能力,可以说它达到古典哲学的最高峰。"道"既作为一个实体而存在,而不仅是一个空洞的无所依凭的哲学概念(如老子说道"其中有物""其中有精""其精甚真"),同时"道"又代表这个世界的本体,是万物的本原,是宇宙天地之母;而且,"道"还是宇宙运行之总规律,代表宇宙生成与运行的客观规律。"道"既是一个形而上的范畴,代表宇宙的最高原则,同时它又能落实到人生层面,成为我们处世的生活准则。因而总结来说,道一身而数任:(一)道是一种实在。(二)道是宇宙本体。(三)道是万物之本源。(四)道是宇宙之总规律。(五)道兼具形而上与形而下之万物之准则。它时而统摄万物,时而隐匿(表现)于万物与我们的生活之中。

老子对"道体"的描述是带有虚无缥缈的神秘主义色彩的:它浑朴,浑然一体,无声无迹,不可把捉,而又具有永恒性;它不受任何事物的局限,"独立而不改",它的依据就是它自身;它超越于具体事物,超越于万象。唯有将"道体"描绘成恍惚幽纱、寂寥深远、不可名状的样貌,才能使它超脱尘俗万物，成为一种超越性的存在。然而"道"又是"行健不息"的，它循环往复，运行不息，其生机永不衰竭，因而"道"是没有终极，没有止息的"常道"，是无条件的永恒真理。老子言"道"是"周行而不殆"，这个"周行"，是周而复始，是循环往复，是永无止竭。

老子在十六章讲"复"与"归"："万物并作，吾以观复。夫物芸芸，各复归其根。归根曰静，静曰复命。复命曰常，知常曰明。""复"与"归"，是"道"的运行规律，即"周行"。大自然历经春夏秋冬，四季循环往复，周而复始，恒久保持生机。春来万物萌动，生机蓬勃，到冬季万物潜藏，似乎肃杀一片，一切生物皆处于静寂之中。但这并非意味着死寂，反而意味着重生的力量。老子从大自然的循环往复看到这种永恒不改的规律：万物从原点出发，经过长久的孕育、萌发、壮大，渐行渐远，渐长渐大，渐流渐逝。然而这种发展并不是永远不返，而是在渐行渐远之后，在达到一定的极致之后，又产生了一种回返的力量，最终使万物又返本复根，回到原来出发的地方。这就是"大曰逝，逝曰远，远曰反"，从而完成了一个自然循环。这既是宇宙论、自然论，也是人生论。人的生命也应遵循这个循环的规律，从生长、壮大，到返璞归真，从而使生命进入一个新的境界。尼采讲生命的历程是三段式："本我—自我—超我"。"超我"又须回到本真的自我（本我），才完成了自己的生命历程。冯友兰先生讲人生的四个境界，即自然境界、功利境界、道德境界、天地境界。实际上，这四个境界也具有时间上的生命成长特征：初期的生命是自然浑朴的，没有雕琢，没有功利之心，无欲无求，这是生命早期的幼稚状态；人长大之后，欲望逐渐增多，功利主义的追求既使人的生命成长，也使人的生命扭曲，使人陷入功利追求而扭曲了真正的人性；等到人更加成长壮大之后，就进入了更高的道德追求境界，他的人格逐渐圆满，心灵逐渐丰富圆融，道德层面的追求使其逐渐成为一个道德人格上的完人；然而这并不是他生命的最高境界，他最终要忘记他的道德追求，超越他在尘世间完善人格的努力，从而臻至一种更高的境界，与天地万物同流，与天地精神往来。此时，他超越功利，超越道德，返璞归真，似乎又回到自然境界，但这是更高的"自然"。

　　生命就是经过这样的循环往复，又回到了它的本真。本真也就是"自然"状态。这是"道"的运行规律，最终归于自然。人法地，地法天，天法道，而道无可法，道的法则就是它自身，就是那独立不改、周行不殆的自然规律。"道法自然"，不是道效法自然，而是"道本如此，无可效法"，它以自己为法则，为依据。正如河上公注云："道性自然，无所法也。"又如吴澄所言："道之所以大，以其自然，故曰'法自然'。非'道'之外别有自然也。"（《道德真经注》）

二十六章　厚重笃静

重为轻根,静为躁君。

是以君子终日行不离辎重。虽有荣观,燕处超然。奈何万乘之主,而以身轻天下?

轻则失根,躁则失君。

[大意] 持重是轻浮的根本,沉静是躁动的主宰。因此君子整天行走不离开载重的车辆。虽然拥有华美的宫观,然而处之泰然,并不沉溺其中。为什么身为大国君主,却以轻率躁动的姿态去治理天下?轻率则失去根本,躁动则丧失主宰。

人的禀赋不同,则格调迥异。有的人禀赋聪颖,才华横溢,这样的人往往性格外露而张扬,因而有轻率、轻浮之弊。有些人禀赋虽不是聪颖超绝,却对事物有深悟,行动持重,为人厚重,有敦厚气象。这两种性格各有利弊,从为人处世的智慧而言,禀赋聪颖超绝而气质张扬者,其弊更大,也更不容易在人格上达到完善的境地。禀赋聪颖者往往主于动,行动迅捷,

却时常失之于躁动，不能持重；禀赋愚钝者往往主于静，行动虽迟缓，却善积蓄、培蓄，有渐进深入之功，因而久之必有大成。因此儒道两家都在人格修养上主张"重""静"兼修，重则能静，静者显重；不重则轻浮，不静则躁动，此乃修身养性之大忌。

孔子说："君子不重则不威，学则不固。"一个君子，应该为人厚重敦朴，行动持重而戒轻浮。德行不厚重则自然失去威严，易使人生怠慢、轻蔑之心，其从事于圣学则往往不能坚固而深入。身心性命之学，其最大敌人，是我们内心的浮躁之气；不能戒浮躁，不能进入沉潜渊静之境，则身心永远处于低等境界，悟不到圣学之根本。老子说："重为轻根，静为躁君。"说的是以重驭轻，以重去轻，以静制躁，以静摒躁。一个人厚重、持重，不轻浮、轻率、轻慢，则自然更易入静定之境。《庄子》的"心斋""坐忘"，都是主静，这是老庄相同处。但是老庄给人的气象仍略有差异。老子给人呈现的气象更厚重，更笃定，更沉静，而庄子则更飞扬一些，恣肆，傲物，张扬，轻飘，这是庄子的气象。《庄子·外篇》言静处颇多，比如《天道》曰："圣人之心静乎，天地之鉴也，万物之镜也。夫虚静恬淡寂漠无为者，天地之平而道德之至。"但庄子不太说"重"，这是老庄不同处。

轻重动静之辨，是修身功夫之根本要害。老子从总体上贵"重"，主"静"，而摒弃轻妄之举、躁动之举。因此圣人教我们养气象，要养得敦厚持重气象，养得笃静沉潜气象，而摒弃轻浮妄动、自以为是、恃才傲物、张扬浅薄之气象。主静是儒道两家修养之根本，然而主静却不能单纯理解为"不动"，须动静相生，静中存养，动中省察，动静合一，而不是舍动求静、喜静厌动。此理朱子与王阳明已说得极明白。朱子说："夫人心活物，当动而动，当静而静，动静不失其时，则其道光明。是乃本心全体大用；如何须要栖之淡泊，然后为得？"（《答许顺之书》）朱子主张以静为本，动静相宜:"若以天理观之,则动之不能无静,犹静之不能无动也。静之不可不养,犹动之不可不察也。……然敬字功夫,通贯动静而必以静为本。"(《答张钦夫》)王阳明亦主动静合一:"心,无动静者也。其静也者,以言其体也;其动也者,以言其用也。故君子之学,无间于动静。其静也,常觉而未尝无也,故常应。其动也,常定而未尝有也,故常寂。常应常寂,动静皆有事焉,是之谓集义。集义故能无祗悔,所谓动亦定,静亦定者也。心一而已,静其体也,而复求静根焉,是挠其体也;动其用也,而惧其易动焉,是废其用也。故求静之心即动也,恶动之心非静也,是之谓动亦静,静亦动,将迎起伏,相寻于无穷矣。"(《答伦彦式书》)王阳明以动静为用与体之关系,静为体为本,而动为用,体用不二,动静应合一。

老子在本章讲"重为轻根,静为躁君",不唯有修养身心层面的意义,其更深层的用意在于引申出他的政治哲学。治国者亦应持重而摒轻浮,亦应虚静而摒躁动。"圣人终日行不离辎重",是一种比喻的说法;辎重者,行军之本也,胜战之基也,无辎重则军队失其根本。不离辎重,就是处处不离根本,时时保守其根本。"以重为本",即不以轻浮、轻率、轻妄治国,"以静为本",即是不乱行、不妄作、不冒进、不折腾。君子修身须以持重厚重为本,圣人治国也要以贵"重"尚"静"为要务。历史上那些看似聪明而有为的"万乘之主",因为自恃其能、自以为是、好大喜功而显得浮躁冒进,或大兴土木以自炫豪贵,纵欲奢靡,以至天怒人怨;或者因好大喜功而四处征伐,百姓不胜其扰,最终揭竿而起,终至王朝覆灭。老子说"虽有荣观,燕处超然",主张治国者看轻那些外在的豪贵奢华,虽在华美宫殿之中,而无骄奢淫逸之志,不沉醉堕落于优越生活,而是仍持守厚重之德,摒浮华之气,守虚静之心,不使之放纵沉沦,始终不忘治国之本。"万乘之主"不可以"以身轻天下",因为"人主以身任天下,而轻其身,则不足以任天下"(苏辙《老子解》)。要治理天下,必不能"轻忽慢易",亦不能

"躁动多欲","不可须臾而离于重静也"(范应元语)。老子说"轻则失根,躁则失君",是总结了历史上很多惨痛教训而发出的针砭时弊之语。

二十七章　容融无滞

善行无辙迹；善言无瑕谪；善数不用筹策；善闭无关楗而不可开；善结无绳约而不可解。

是以圣人常善救人，故无弃人；常善救物，故无弃物。是谓袭明。

故善人者，不善人之师；不善人者，善人之资。不贵其师，不爱其资，虽智大迷，是谓要妙。

[大意] 善于行走的，不留下任何痕迹；善于言谈的，没有任何缺陷过失；善于计算的，根本不必运用筹码；善于关闭的，不用门闩却使人无法打开；善于捆东西的，不用绳索而让人解不开结。因此圣人总是善于利用每个人的才华，做到人尽其才，因而没有被遗弃不用的人；有道之人总是善于利用万物，做到物尽其用，所以没有什么东西能被遗弃不用而成为废物。这是内在的潜藏着的大聪明。因此，善人可以做不善之人的老师，而不善之人却是善人的借鉴。不尊重宝贵的老师，不珍惜其借鉴的人，则虽表面看起来聪明却仍然是极为迷惑的。这是精要深妙的道理。

思维有高下之分。高者圆融无碍，贯通不滞，像一个人一样，四肢百骸关节经络都打通了，则不障不滞，思想无处不及，无细不至。下者往往执着于一端，思想方法极为偏执，不能在各个方面融会贯通，只顾一点而不计其余，看问题喜欢钻牛角尖。这是学问不通之故。有大智慧者，兼备圆、融、中、通四德。圆，即不偏执，不执着。融，即善融汇，善包容，有海纳百川之气象。中，即中和之德。《中庸》曰："喜怒哀乐之未发，谓之中；发而皆中节，谓之和。中也者，天下之大本也；和也者，天下之达道也。致中和，天地位焉，万物育焉。"通，就是贯通无滞，天地窒碍不通则万物死，人若窒碍不通则心死，于尘世事务亦难有成。

老子的思维方式极强调圆、融、中、通。这既是他的思想方法，也是他的生命观，亦构成他的政治哲学的基础。他强调人在考虑任何问题时都不要执着于一端，不要固守于一个概念，而是要打破思维之局限，善于融会贯通，在对立中看到统一和谐。因而老子在思维方法上遵循了辩证法的"正－反－合"，从正到反，再到扬弃正与反，达到更高的"合"的境界；正如禅宗里面的思维逻辑"有－无－无无"，"是－非－非非"，最终达到"否定之否定"。一个人的思维若达不到这样的高度，则学问越大，越是阻滞淤塞，最终无法至圆、融、中、通的境地。

在老子看来，何谓"善"，何谓"不善"？"善"与"不善"实际上是没有绝对的界限的，这两个范畴虽彼此对立，但实质上彼此依存。天下都说这个人是"善人"，则这个人实有可能是"大恶"；天下都说此人是"恶人"，然而此人也自有其"善处"。所以老子看待"善"与"不善"，不是绝对地去区分这两个概念，而是看到这两个范畴的相对性，是"你中有我，我中有你"。"善人"与"不善人"也不是截然对立的关系，而是相互依存的关系。

"善人"一方面是"不善人"之师,是值得"不善人"效仿和学习的对象,但同时"不善人"也是"善人"的某种借鉴。"不善人者,善人之资"中的"资"颇堪玩味。咀嚼再三,"资"约略有三义。一曰镜鉴。"善人"见到"不善人",要以"不善人"为参照,返照自己,反躬自省,检讨自己是不是也有"不善人"身上的缺点?"以人为鉴,可以知得失","不善人"之失,正是"善人"的镜鉴。我们要勇于自省,敢于检视自己、反思自己,而不是"自以为是",永远把自己放在道德的制高点来俯视别人。如果我们丧失了反省精神,自以为是,永远以"道德正义之代表"而自居,则极可能遭唾弃,极可能犯更大的错误。二曰取资之义。取资就是利用,但这个利用不是功利主义意义上的利用,而是任用、使用之意。"不善人"亦有其"是处",有其"善处",足供"善人"所取资。如果一个人有博大的胸怀,有包容别人的气象,则他就能充分利用那些"不善人"身上所特有的长处与才华,从而对自己的事业产生助益。三曰迁过救人之意。世人有"善人"亦有"不善人",从更深的层次来说,"善人"不仅应当以"不善人"为镜鉴而自我反省,而且应该认识到"不善人"之存在,正是因为"善人"之"过"而导致的,因而"善人"不应仅以自己的道德而自傲自居,孤芳自赏,应从更高的境界出发,迁过救人,使"不善人"皆成为"善人"。

这个最高的境界,正是老子所说的"圣人常善救人,故无弃人;常善救物,故无弃物"。在圣人眼里,是没有所谓"废人""废物"这种说法的。这是因为圣人胸怀博大,有海纳百川之襟怀,所谓"泰山不却微尘,故能成其高;江海不拒细流,故能成其深"。在圣人眼中,人各有其长处,亦各有其短处,"善人"有"不善"处,"不善人"也有"善处",不应绝对地看待,而应辩证地看待。因而治国者若能慧眼识珠,则"不善人"亦堪任用,发挥其所长;相反,若治国者不善包容,不善用人识人,则"善人"也将被弃置不用。最高境界是无弃人无弃物,人尽其才,物尽其用,人人各得其所，顺其自然，发挥其天性，则天下自定。高明的治国者并不在内心划定一个僵死的、刻板的"善"与"不善"的标准，而是因材施任，善于发掘人的潜能与长处；他不固执己见，不拘泥成见，而是从每个人的自然天赋出发，去利用其长处。以这种方法来治理，天下哪还有什么废弃不用之人呢？圣人看起来并没有刻意提倡什么、扬弃什么，但是他通过发掘并运用每个人的自然天赋，以一种不露声色的方式容人、用人，兼容并包，发挥人之所长，则天下自然达到大治。这就是"善行无辙迹""善言无瑕谪"的境界。这里的奥秘在于圣人所具备的海纳百川的胸襟气度，以此可以调动一切积极力量，发挥所有人之潜能，使每个人都可以在团队中作出贡献，获得成就感与尊严。《尹文子》中说："所贵圣人之治，不贵其独治，贵其能与众共治。""是以圣人任道以夷其险，立法以理其差，使贤愚不相弃，能鄙不相遗。能鄙不相遗，则能鄙齐功；贤愚不相弃，则贤愚等虑，此至治之术也。"圣人的至治之术，是包容所有人，发挥所有人之长，如此则能力强的人与能力弱的人都能努力作出贡献，贤者与愚者都能发挥其才智，做到"不遗不弃"，此乃治国之要妙也。

二十八章　知雄守雌

知其雄，守其雌，为天下溪。为天下溪，常德不离，复归于婴儿。知其白，[守其黑，为天下式。为天下式，常德不忒，复归于无极。知其荣，]¹守其辱，为天下谷。为天下谷，常德乃足，复归于朴。朴散则为器，圣人用之，则为官长，故大制不割。

[大意] 知道什么是雄强，而安居于雌弱，甘心做天下的沟溪。能做天下的沟溪，则不会离失永恒之道，重新回归到婴儿淳朴的状态。知道什么是光明，而安居于暗昧的地位，作为天下人的山谷。能做天下人的山谷，则永恒之道就会充盈自足，重新回到质朴的状态。质朴原始之道融散之后，则成为天下万物之具体形态。圣人驾驭天下万物，成为天下之统治者，因而最高明的治理是顺其自然而不人为割裂。

1　【守其黑，为天下式。为天下式，常德不忒，复归于无极。知其荣，】为后人窜入之内容。易顺鼎《读老札记》、马叙伦《老子校诂》、高亨《老子正诂》、张松如《老子校读》等均持此观点。按：辱，即垢黑之意，与白相对。第四十一章"大白若辱"可证。

历来中国治国者，无不从老子的治术中汲取营养。传统中国的国家治理，往往外儒而内法，而法家则与道家有精神上的内在关联，或者说法家从一个方向上发展了道家的治国哲学。因而这种治理实质上是外儒内道。儒家讲究人伦教化，运用宗法体系建立起一套严整有序的伦理秩序，这是孔子"仁义礼智信"等儒家伦理思想的外化。历来统治者喜欢倡导儒家伦常，来维系一种稳定的治理结构，收拾人心。但是实际用这套理念去治理国家，则嫌空洞而不足。治国者既需要外在的道德合法性，又需要内在的制度可操作性；既需要儒家的万古不易的冠冕堂皇的伦理说教，又需要真正强有力的国家治理手段与国家机器。儒道两家就是承担了这两个不同的功能，而且分工合理，各司其职，从而维系了中国二十多个世纪的封建秩序，中国超稳定的国家治理结构与超稳定的社会伦理结构极其完美地耦合在一起。

道家在自身修养上强调内敛，强调柔弱，强调谦下，但老子并不是真的要自己变得"柔弱"，而是要"柔弱胜刚强"。柔弱的东西比刚强的东西更长久，更有生命力。老子常以婴儿的柔弱来作譬喻，比如本章中老子说"复归于婴儿"。婴儿柔弱，似乎处于人类强弱秩序链条的最下端，他看起来极为脆弱，处于一片混沌之中，淳朴无知，不争不求，但老子认为，婴儿这种表面上看起来极其柔弱淳朴的状态恰恰最合于"道"的要求。婴儿自甘于柔弱，但他蕴含着无穷的生命力；婴儿淳朴，没有机巧欺诈，这正是社会治理之至高目标；婴儿自甘于低下的地位，然而他的未来包含着无穷的可能性，他越甘于卑下，越有被高举的可能。老子喜欢以婴儿作譬喻，是他深刻地看到了婴儿在柔弱的外表下所蕴含的巨大的内在力量。因为他以"柔"而蓄刚，以"弱"而胜强，以"朴"而化一切外在力量。

把婴儿的这种特性推而及于修身，进而及于治国，老子将这种贵柔尚朴的生命哲学上升到了国家政治哲学的高度。这就是"知雄守雌""知白守黑""知荣守辱"。一个人才华横溢，能力极强，这就是"雄"；一个国家治理者有雄才大略，有文治武功之谋，这就是"雄"；一个国家比其他国家有更强的国力，经济军事能力极强，这也是"雄"。"雄"是一个优秀的、强有力的人，一个文韬武略皆备的领袖，一个富强壮大的国家的客观状态；"知雄"就是一个人、一个领袖、一个国家能够做到"雄"，能够充分知晓洞察"雄"的境界。"知雄"说白了就是心里有本，有底气，他有雄强的能力，有制胜的潜能，有强大的内在力量，但是他又不张扬，不外露，不把内在的强大力量随便展示给别人，也不以这种雄强之势凌驾于他人之上。这就是"守雌"。"守雌"并不是真正的"柔弱"、不堪一击，而是明明非常之雄强却固守其柔弱，以退为进，以柔弱保守来蕴蓄力量，从而使自己处于主动。在人际的竞争、国家的治理、国际政治的斗争中都可以彰显这种"知雄守雌""以弱胜强"的智慧。人有才能自然好，但不可以恃才而自傲，否则必招致妒忌，甚至招致大祸患。所以一个有才能的人反而更应谦卑，更应不事张扬而保守自我，这不是矫饰虚伪，而是自我保护的一种智慧。国家的治理者也要"知雄守雌"，虽有文韬武略，但不要轻易自以为是地运用这些韬略，更不宜自恃己能，把自己的意愿强加于人民之上；不要妄为恣行，滋扰百姓，而要固守柔弱，不轻易以自己的"文韬武略"来治理国家，这就是"治大国若烹小鲜"的智慧。历史上那些自以为有雄才大略的统治者，往往是祸国殃民最烈的。国际政治斗争中强国亦应"知雄守雌"，不可恃己强而凌驾于弱国之上，欺凌小国，到处逞强示威，这样的大国必有衰相，必走下坡路。

老子的结论是：强者要"知雄守雌"，要示弱，做天下最低的溪谷，要保持自我心灵的浑朴、虚静、幽深，将此原则上升为治国之道，则应顺应自然，摒弃人为，以柔术治国，如此才能不离永恒之大道。

二十九章　无执去甚

将欲取天下而为之，吾见其不得已。天下神器，不可为也，不可执也。为者败之，执者失之。是以圣人无为，故无败；无执，故无失。

夫物或行或随；或歔或吹；或强或羸；或载或隳。

是以圣人去甚、去奢、去泰。

[大意] 想要得到天下用强力去有意作为，我看他是不可能获得成功的。天下是神圣奥妙的东西，不能勉强作为，不能有意把持。勉强作为的必然失败，有意把持的却往往丧失。因而圣人不恣意妄为，所以不会失败；不有意把持，所以不会丧失。世间万物各有不同，有的前行有的追随，有的嘘寒有的呴暖，有的强健有的软弱，有的安定有的毁灭。因而圣人要去除那些过分的、奢侈的、极端的行为与措施。

我们手里攥着一捧沙子，手攥得越紧，沙子却漏得越厉害；我们越是想用力掌握它，结果失去的更多。其实，只要顺应沙子的天性，轻轻地捧

住它，沙子就不会漏了。这个小小的生活事例，折射出生命的大智慧，政治的大智慧。事情的逻辑往往是这样：你越是执着，越是想掌握对方、把持局势，往往越是达不到目的；你越是努着劲儿强力作为，勉强控制住一切，最终恰恰会丧失一切，一切都控制不住。这就是老子所说的"执者失之"。这种逻辑在生活中屡试不爽，因为物极而必返，这是一个真理。比如说有些人特别希望自己的婚姻稳固，因而特别执着地要去控制对方，强制对方按照自己的意愿和价值观去做，严密监视其一切行动与思想，想用一条缰绳牢牢地捆缚住对方，不给对方一点点行动与思想的自由空间。他原本从爱对方的初衷出发去做这一切，但他没有想到这一切都事与愿违：他钳制得越厉害，对方越想挣脱逃走；他监视得越严密，对方越想呼吸到属于自己的新鲜空气；他越想将自我意志与价值观强加于对方，对方愈是产生逆反心理而发出抵抗。其结果是对方必将挣脱他的缰索而另有选择。这是很多婚姻悲剧的真正根源。这个根源不是不爱，而是太爱；不是不想要对方，而是太想永久得到对方。他不懂得对方是一个独特的人，有着独特的禀赋与价值观，双方应给予对方必要的生命空间，在尊重的前提下爱护，在承认差异的前提下施以自然的引导，而不是强制、压迫，使双方的关系扭曲，使爱的空间窒闷以致窒息而死。除了婚姻，其他诸如儿童教育等，无不彰显执着必失、物极必反的真理，同时也反映出尊重差异、尊重天然、尊重多元性、尊重每个个体禀赋的重要性。

　　老子在政治哲学中"自然无为"的主张，正是基于这样一种生活的体验与观察。圣人为什么要"自然无为"，正是因为这世间万物宝贵的差异性、丰富的多元性、禀赋不同的必然性。天下万物既然"不齐"，你就不能用整齐划一的同一个标准去强求他们，不能强迫万物去按照你的主观意愿行事。薛蕙《老子集解》说："天下之物，各有自然之性，或行而先，或随而后；或呴而温，或吹而寒，或强而刚，或羸而弱，或载而动，或隳而止。其相反而不齐如此,行者不可使之随,响者不可使之吹,是故因其势而导之者,易简而理自得也。违其性而为之者,烦劳而物愈扰也。"治国者贵在知晓万物之差异性,不妄将"不齐"而为"齐",不恣以己意强加于万民,而是顺物之性,不执无为,因势利导,如此则得到无为而为、四两拨千斤的效果。

有些治理者自以为自己的智慧越过万民,自己的知识超过一切人,因此执拗地以个人之意志加于万民,让老百姓都去按他的思想去行动,百姓稍越雷池,即遭祸患。这样的治理者往往出于高尚的动机,其个人品质也许无可指摘,甚至还极为崇高,但是他的恣意妄为却最终滋扰百姓,使百姓都违逆个性去按一个人的标准行动,结果其治绩往往适得其反,甚至身败名裂。这类历史教训不胜枚举。在这样的治理当中,治国者似乎鞠躬尽瘁,日理万机,劳碌不堪,而人民却不胜其烦,不胜其扰,最终逆反心理上升,并起而反抗苛政。治国者越是在知识与智慧上持有"致命的自负",愈是在行动中碰壁,他期望万民一致的想法往往事与愿违,因为人的本性千差万别,如何能以一种看似高尚的理由而强求一律?哈耶克的《致命的自负》与老子所言"执者必失,为者必败"有其内在相通之处。司马迁所讲的"善者因之"的道理也相仿。"因"就是因循,就是顺其自然,就是因势利导。

老子在此章中提出"天下神器"的命题。何谓"神器"?"神器"者,神妙莫测之物也。王弼曰:"神,无形无方也,器,合成也,无形以合,故谓之神器也。"河上公曰:"器,物也。人乃天下之神物也,神物好安静,不可以有为治。""天下神器"的深刻用意在于,"天下"是一个极其多元、极其复杂的总体概念,它是很难用一种理念、一种思想去概括和理解的,因而"天下"极为神妙,极为高深,不可以我们简单的智慧臆断之。正因如此,我们对"天下"应怀着敬畏而慎重的态度,不可自恃我们的聪明智慧而轻易地扰动"天下",不可妄恣施行我们的意愿去控制"天下",而是应小心行事，顺应万物之多元性，尊重人民的宝贵差异性，使人民各安其命，各遂其性。这就要求治国者不过分滋扰百姓，不过度相信自己的智慧，不在制度措施方面有极端行为，也就是老子所说的"去甚、去奢、去泰"。"去甚、去奢、去泰"不仅指治国者在物质生活中要摒弃过度奢靡浮华之享乐，还从更深的层次告诫治国者要摒弃一切自恃己能而扰乱人民的政举，避免过度极端的强制性行动，敬畏"天下之神器"，敬畏民意，尊重天然，如此才能"顺物之性"，以极为高明的不露形迹的无为之术，达到天下大治之效。

三十章　果而勿强

以道佐人主者，不以兵强天下。其事好还。师之所处，荆棘生焉。大军之后，必有凶年。

善有果而已，不敢以取强。果而勿矜，果而勿伐，果而勿骄，果而不得已，果而勿强。

物壮则老，是谓不道，不道早已。

[大意] 以大道来辅佐国君的人，不恃武力逞强于天下，滥用武力一定会得到报应的。军队所到之处，荆棘丛生。一场大的战争之后，必然伴随着大的饥荒之年。善用兵之人，只求达到解危难之目的就行了，绝不敢凭借武力逞强称雄。一旦达到目的就歇手，不自夸自炫，不骄傲居功，他用兵是不得已而为之，绝非为了逞强。任何东西到了极端强壮盛大之时，必然走向衰亡，逞强称雄是不符合大道的行为，而这种不符合大道的行为必招致迅速败亡。

老子所处之时代，乃春秋晚期，此时周王室威严日堕，旧有之秩序处

于崩溃状态，诸侯纷争，兼并之风渐炽，因而战事频仍，百姓不堪其苦。处在这样一个秩序混乱、礼崩乐坏而又战争频繁的时代，忧时伤世的知识阶层不能不在思想上有所反映。先秦诸家，无不反对战争。老子抨击战争，谓之乃"不祥之器"，儆诫治国者要极为谨慎地对待兵事，不可轻易发动战争。墨子更是极端厌恶战争，提出"非攻"的口号，奔走呼吁各国之间停止争战，并为此提出他的极为理想主义的"兼爱"思想，试图以这种"爱无差等"的信仰来消灭战争的根源。孟子斥责那些嗜战者的贪婪残暴，"争地以战，杀人盈野；争城以战，杀人盈城"，他与孔子一样，认为国君应倡行仁义之道，爱民惜民保民。兵家如孙武者，虽研究兵法，却认为最高明的是"不战而屈人之兵"，不主张擅起兵事，荼毒生灵；孙膑更是认为战争胜利并不值得高兴，"然夫乐兵者亡，而利胜者辱，兵非所乐也，而胜非所利也"。告诫国君不要以战争为乐事，不要以杀戮为乐事，而关键的是要国泰民安。先秦时代知识阶层，无论道、儒、墨、兵，诸家对于战争的态度是一致的。然而从哲学层面将反战理论建立在坚实的哲学基础之上，是老子的贡献。老子的反战理论是与他的生命哲学联系在一起的。

这种生命哲学就是"物壮则老"的哲学。一样东西，到了最成熟、最壮大、最兴盛、最有力量的时候，也是其行将衰败、将要走下坡路的时候。这是万物的普遍规律，极盛而衰、极壮而弱，事物到了最高的拐点之后，必将进入一个衰败的阶段。儿童从幼稚开始成长，到了青年时身体与智慧开始迅速增长壮大，到中年时则达到一生的巅峰。人在青壮年时期，很容易产生一种幻觉，以为这种能力超强、智慧饱满、体力精力丰沛、事业顺遂、整个生命显得蓬勃有力的状态可以永久持续下去，可以保持很久很久。人在极盛时期的这种错觉，很容易使人产生一种狂妄、骄傲、自得的心理，他认为自己的精力时间可以随意消耗而不竭不衰；他认为他的智慧足以应付一切复杂事物，他对自己的智力过于自信，以至于看轻世人，尤其看轻比他年老昏聩的人，他不知道总有一天他也会昏聩糊涂；他在权力上，在世俗的功业上，在事业成就上达到了顶峰，似乎可以呼风唤雨，掌握宇宙，因此他自然会恃其强权而为所欲为，并享受这种权力带来的支配一切的快乐。人在壮年时期这种狂妄、自大、贪婪而不知道自我反省、自我约束、自我保守、自我儆戒的状态，正是走下坡路的开始，甚至是崩溃的开始，衰败的开始。而最危险之处恰在于，他又不懂得"物壮则老"的道理，不知道危机即将临近，衰败即将临近，而对这一切，他没有任何思想准备。因此孔子告诫中年人"戒之在得"，不要过于贪婪自大。老子告诫一个人在极端成功之时要"勿矜勿伐"，要保持恬淡、虚静，而不要狂妄自大、骄矜自夸。庄子也借谈长生而告诫道："慎守汝身，物将自壮"，"必静必清，无劳汝形，无摇汝精，乃可以长生。"要清静自守，要慎守其身，不可在壮年时贪功利而过劳其形，如此则可以长生。因此，"物壮则老"的命题，包含着生命的大智慧，我们应时刻警醒悚惕，时时怀着敬畏谨慎之心，时时自我反省检讨，以避免在极盛之时忘乎所以、狂妄贪婪，以免衰败之命运。

老子的反战思想正是基于这种"物壮则老"的生命观。以战争之暴强而获得天下，是不长久的，是不合乎大道的，因此其果报也十分悲惨：战争造成人口减少，生产停滞，经济凋敝，灾荒频仍，也就是老子所说的"师之所处，荆棘生焉；大军之后，必有凶年"。因此老子认为，战争实在是不祥之物，禀肃杀之气，而大道则具备"生生之德"，是要保养万物的，故战争天然地不合于大道（"不道"）。圣人不爱用战争来解决问题，因为杀伐有违天道，只有在不得已的时候才用军事来解决，但也是以战争暂时纾解危难而已；只要达到救危纾难的目的，便果断停止杀伐。圣人不狂妄，不骄矜，不自满，不逞强，不得已而用兵，但决不耽溺于兵力强大而嗜杀。"果而勿矜，果而勿伐，果而勿骄，果而不得已，果而勿强"，这就是成功之后点到为止，见好就收，于极盛之时保守柔弱之志，力避傲慢狂妄自得之心；

于极壮之时不恃己能,如此方能持守虚静。这不但是用兵治国之道,更是保身心性命之道。

三十一章　恬淡为上

夫兵者，不祥之器，物或恶之，故有道者不处。

君子居则贵左，用兵则贵右。兵者，不祥之器，非君子之器，不得已而用之，恬淡为上。胜而不美，而美之者，是乐杀人。夫乐杀人者，则不可得志于天下矣。

吉事尚左，凶事尚右。偏将军居左，上将军居右，言以丧礼处之。杀人之众，以悲哀泣之，战胜以丧礼处之。

[大意] 战争是不祥的东西，人们都厌恶它，因而有道的人不使用它。君子平日以左方为贵，而用兵时以右方为贵。战争是不祥之物，不是君子之物，君子不得已才用战争来解决问题，用兵时要采取淡漠态度。胜利了也不要自鸣得意，而那些视杀人为快乐的人，是不能赢得天下人之心的。吉利的事以左方为上，凶丧之事以右方为上；偏将军在左，上将军居右。这就是以丧礼来对待出兵打仗之事。战争残害生命众多，对于战争要怀着哀痛的心情，打了胜仗也要以丧礼来处理，不可欣喜自得。

老子既然在其生命哲学中倡导淡泊无为,强调虚静寡欲,那么他在战争问题上必然持消极抵触态度。发动战争者,尤其是发动侵略战争者,必是好动恶静之人,这样性格的人好斗,乐于征战,以战胜敌手为最大快乐。那些战争狂人,一旦以国家机器为手段发动战争,便每时每刻沉浸在那种可以纵横捭阖、指挥千军万马、扭转乾坤的快感之中。这些战争指挥者、发动者认为自己可以置百姓生命于股掌之上,一声令下便驱使千万人格杀于疆场,"运筹帷幄之中,决胜千里之外",他们往往为自己的雄才大略而自鸣得意。老子认为这样的人发动战争,是嗜杀,是以杀人为乐("乐杀人"),这样的人以杀伐来夺取天下,必被天下人所弃,"不可得志于天下"。

也有些人发动战争是不得已而为之,或为抵抗外敌入侵,或为反抗苛重的压迫,比如中国历史上贫苦农民不堪统治者压迫而进行的反抗战争。老子是个现实主义者,他清醒地认识到,并非所有战争都应该从道义上去遏制,有些战争乃"不得已而用之",不打不行。但是即使是在"不得已而用之"的情况下,得胜者也应该采取"胜而不美"的态度,虽在战争中得胜,战争虽不可避免,但是取胜之后却不"自美",而要采取不骄、不狂、不居功、不得意的态度,老子甚至认为要以居丧的态度来对待胜战。在老子看来,无论以何种名义发动战争,战争毕竟是杀伐之事,毕竟是"不祥之器",它毕竟会造成大量无辜生命的死亡。因此战胜者与战败者一样,从人类整体而言,都戕害了人类自身的生命,对此都应该怀着悲哀的心情来对待战争,像对待丧事一样。取胜也不该以快乐心情敲锣打鼓地去庆祝,不该以杀伐之功自夸自傲。一个征战者戴的勋章越多,他的杀伐也就越多,他的罪孽也就越大,所谓"一将功成万骨枯",这是很多身经百战的老将不愿谈及以往的辉煌战绩的原因。"以悲哀泣之","以丧礼处之",是"胜而不美"，是一种珍惜生命的表现，是一种沉重而肃穆的人道主义姿态。这样的战胜者，本身不乐于杀人，只是"不得已而用之"，在战胜时心怀哀痛，惋惜生灵涂炭；这样的战胜者，有大仁之心，有大义之怀，有民胞物与的情怀，因而是可以赢得天下的人。

有的人以非常高尚的名义去发动战争，打着仁义道德的旗号把人民送上战场。《庄子·杂篇》中记载了这样一则故事：有一天，隐者徐无鬼去见魏武侯。武侯对徐无鬼说："我想见先生很久了。我爱民为义而去制止战争，可以吗？"徐无鬼一下就看穿了武侯的"爱民为义偃兵"的虚伪性。他回答说："不行啊。爱民，乃害民的开始；为义而制止战争，乃兴兵的本原，你从这里着手，大概不会有成效。凡是成就美名的，就是作恶的工具，你虽然行仁义，却近于虚伪！……你不要悖理去贪求，不要用巧诈去胜人，不要用谋略去胜人，不要用战争去胜人。要是屠杀其人民，兼并他国土地，而奉养一己之私欲，满足一己之心，这样的战争有何好处？所谓胜利在何处？你若不得不有所作为，那就去修养内心的真诚，以顺应天地自然之情而不搅扰他物。人民都能免于死亡威胁，你还有何必要谈偃兵呢！"（"爱民，害民之始也；为义偃兵，造兵之本也；君自此为之，则殆不成。凡成美，恶器也；君虽为仁义，几且伪哉！……夫杀人之士民，兼人之土地，以养吾私与吾神者，其战不知孰善，胜之恶乎在？君若勿已矣，修胸中之诚，以应天地之情而勿撄。夫民死已脱矣，君将恶乎用夫偃兵哉！"）庄子对这种以仁义爱民为理由发动战争的虚伪行为的揭露与批判尖刻而且深刻，一针见血，这是战国时期知识阶层对战争频仍而导致生灵涂炭现象的批判。

读此章之重点，对于我们而言，却不仅仅是了解老子的反战思想，这是比较显明但肤浅的层次！此章对于个人身心修养亦极为重要。老子的政治哲学落实到人生层面，对我们有几方面的启示：第一，不以强力去征服别人。以战争胜他国，固不宜；以强力胜他人，亦不宜。以强力压服别人，如同战争一样，亦属"不祥之器"，不可当作好东西随便用。以强力压制他人，必遭他人厌弃，不可能真正征服他人之内心，即使表面上征服了，让对方噤声沉默，但是他内心仍然抗拒排斥。以力服人不如以理服人、以情感人，以自己之人格魅力去教化人。第二，要记住"胜人不美"的道理。即使胜了他人，也不要沾沾自喜，更不可自炫自夸，而要永久保持谦逊谨慎的姿态，胜利时尤其要低调做人。第三，处世以"恬淡为上"，不要因贪婪或虚荣而好斗好争，而要淡泊处之不争不抢，在利益名禄前保持淡定，不与他人争执；要超脱恬淡，不可汲汲争取，汲汲争取，就使自己常处于战争之中，不知不觉中为自己树敌，反使自己丧失主动。"胜而不美""恬淡为上"，实乃处世为人之要妙。

三十二章　知止不殆

"道"常无名，朴。虽小，天下莫能臣。侯王若能守之，万物将自宾。

天地相合，以降甘露，民莫之令而自均。

始制有名，名亦既有，夫亦将知止，知止可以不殆。

譬"道"之在天下，犹川谷之于江海。

[大意]道，永远处于无名的浑朴的状态。它虽然幽微不可见，但是天下却无人能征服它。侯王若能持大道，万物将自然归服。天地阴阳相合，降下甘露，人民不需命令，它自是和谐均匀。万物创始，就出现了各种名称；名称既已制定，就应知有所限制停止，知道有所限制停止就可以避免危险。道存在于天下，如同百川流入江海一般，天下都归于道。

在老子心目中，"道"既"小"又"大"。从"大"的方面来说，"道"涵纳天地万物，古往今来，四方上下，宇宙之内，概莫能外乎。因而就"道"

的统御力、包容力而言,"道"为"大",周流天下,渗透于万物之中,贯穿于天地万物之始终。而从"小"的角度来说,"道"又极其幽微,它暗藏在事物深处,不可名状,不可捉摸,浑朴无方。"道"的"小"是指"道"的微妙、幽深而不显明的情状。它虽然幽微,似乎没有什么力量,可是却能征服一切,使"万物自宾",服从于"道"的驾驭。人世间,其生命形态千差万别,其从事的事业也各不相同,但是生命达到一个较高的境界,事业达到一定的高度者,寥寥无几。何故?关键在于对"道"的体悟,而不在于职业与地位的高低贵贱。下至贩夫走卒、引车卖浆者流,上至达官贵人、公卿皇室,都有得道之人,也有终生浑浑噩噩而难以体悟"道"的人,这与地位无关,而与体悟有关。庄子讲的那些庖丁、木匠,皆是下层人民,却在其生命体验中悟得"深道",达到"与天地万物同游"的生命境界;而有些人贵为天子,却糊涂昏庸之极,离"道"甚远,其境界可谓低下不堪!同样是受过高等教育的博士或教授,其境界之别也相去万里,有的人直入堂奥,有很深的生命感悟,学术、人生皆达到相当高的境界;有的人却只是一个"知道分子",一个得到学位的庸人而已,其境界甚至远在普通引车卖浆者流之下。同样是书法家,有的书家仅是"书匠"而已,看似中规中矩,实则照猫画虎,毫无感悟,终生做"抄字员",生命境界却上不去,不可谓"得道"。因此,老子所说之"道",不是谋生之技巧,不是世俗地位之阶梯,而是人生之智慧、生命之境界,是各行各业之"大道",是生命百态之总依归。无论你做什么,到了最高的境界,这个"道"几乎都是极为简单、极为朴实、极为平淡的,这就是老子说的"大道至简"。这个至简至朴的"道",你如果感悟到了,则无往而不胜。天下之学问,天下之志业,其最高的境界皆相通,而非相隔;虽表面上形态各异,但其对于生命境界的锤炼与超拔,则是一致的。

　　老子此章的重点在于"治道"。治理天下,乃至治理任何团体,其道理都是一样的。从这个角度来说,一个优秀的企业领袖,一个优秀的大学校长,一个优秀的将领……他们中拥有最高境界者,其遵循的"大道"一定是一致的。在老子看来,在这治理天下的"大道"中,首要的是循自然之道,就像天上降下甘露,普润大地,人民不需强加于"天地"什么指令,但天地甘露,将自然均衡和谐。领袖不是在"自然"之外另立一套秩序、一套规则,另加一堆指令,不是替代"自然"去发号施令,不是以自己的聪明自以为是地去安排万事万物,而是循万事万物之"本性",透彻了解万事万物之"本然",尊重万事万物之"本意"。你不用非要拧着劲儿干,非要按自己的意志来,只相信自己的智慧而不相信百姓的智慧,你要知道百姓的智慧往往比领导者强,他们了解自己的欲求,了解自己的禀赋,也了解自己面临的约束,他们会做出最好的最恰当的决策。在这方面,治理天下的领袖切不可乱操心,不要瞎折腾,要学会虚静,学会倾听,学会柔顺,学会因势利导,学会"四两拨千斤"之道。如果拂逆民意去乱折腾,一意孤行,初期似乎能靠强权推行你的意志,可是时间一长,民意最终将颠覆你的强权,使领袖的自以为是彻底破产。这样的历史教训实在太多了,真正深谙治理天下"大道"的领袖,往往不刻意作为,更不拂逆民意而强为,而是洞察民意,深恤民心,因民之所利而利之。

  老子在本章提出了一个重要命题"知止不殆"。什么是"止"?"止"就是事物发展至恰到好处的状态时所确定的"度"。把握这个"度",不偏离这个恰到好处的点,就是"知止"。这要求我们在处理和掌握任何事物时都不能走极端,要在适宜的地方停止作为,因为"过犹不及","知止"才能免除祸患。动与静、行与止都是相对的概念,只知动而不能静,动到极致了还在乱动,就会招致灾难;要恰到好处,动静结合。老子尤其强调这对矛盾中"守静"的一面;只知道一味地"行",甚至一意孤行,努着劲儿推进某件事,执拗地去追寻某样东西,却不知道适可而止,不能在适当的时候明智地停止，这是很多灾患的根源所在。那些治理失败者，关键是没有把握"行"与"止"、"动"与"静"的辩证法，不知道事物的"度"在什么地方。老子认为，百川归于江海，万物归于"大道"，而"大道"既立，万物名分已定，治国者应遵循这个由"大道"确立的名分秩序，不扰动这个秩序，不轻易以己意僭越扭曲这个秩序，任何作为均要慎重，心胸要常葆恬淡旷静，要知止守静，如此则"无危""不殆"。

三十三章　不失其所

知人者智，自知者明。胜人者有力，自胜者强。知足者富。强行者有志。不失其所者久。死而不亡者寿。

［大意］认识别人的人，是机智的人；而认识自己的人，才称得上高明洞察者。战胜别人的人，可以称得上是有力量，而战胜自己的人，才真正称得上强大。知足的人，才是真正的富有。勤行不懈的人，才真正称得上有志气。行动不离开其根本的人，才能保持长久生命力。身体死去而不被遗忘的人，才是真正的长寿。

老子书处处皆是格言隽语，言约而意丰。冯友兰先生曾谈到中国哲学特有的话语方式："与西方哲学著作相比，它们（指中国哲学）还是不够明晰。这是由于中国哲学家惯于用名言隽语、比喻例证的形式表达自己的思想。……它们明晰不足而暗示有余，前者从后者得到补偿。当然，明晰与暗示是不可得兼的。一种表达，越是明晰，就越少暗示；正如一种表达，越是散文化，就越少诗意。正因为中国哲学家的言论、文章不很明晰，所以它们所暗示的几乎是无穷的。富于暗示，而不是明晰得一览无遗，是一切中国艺术的理想，诗歌、绘画以及其他无不如此。"老子的五千言，意蕴幽深，含义深远，富有暗示，也富有诗味（尽管庄子的诗味更强烈），其中的格言隽语如满天星斗，似乎触手可掇。本章即是如此，充满简朴而有力的格言，令人有目不暇接之感。

"知人者智，自知者明"，就是我们平素说的"人贵有自知之明"。希腊先哲有格言曰："认识你自己！"这是我们生命成长的必要前提，但是"自知"是一件非常难的事。如果我们真正地了解了自己，深刻地洞察自己的内心，知道自己是谁，我们的禀赋是什么，毕生使命在哪里，来到此世是为了什么，生命应该朝哪个方向去努力，我们的缺陷是什么，不能做什么和必须舍弃什么……如果真正能知道这些，那你不是圣人也是贤人了。但问题是，我们有可能终生想不清楚这些问题，回答不了这些问题。归根结底，我们并不了解我们自己，根本做不到"自知"。"自知"需要极强的自我反省、自我检讨、自我拷问的能力。苏格拉底说："不会反省的人生没有价值。"如果你不会反省、不会检讨、不会省视自我、不会观照自己的内心，你就必定是一个随波逐流、人云亦云的人，你就必定不可能坚守自己的内心，也就完成不了你自己独特的生命。一个人不会反省人生，与蝼蚁的一生有什么区别呢？那将是没有自主、没有自我意识，更不可能超越自我的人生。做到"自知"，才能知道自己到底是谁，才能深刻洞察自己的独特性，从而知道自己到世界转一遭的使命与目的。做到"自知"，我们才能深刻地批判自己，省视内心，知道自己的局限性，知道自己不能做什么，从而在关键时刻勇于舍弃，也勇于自我鞭挞。做到"自知"，才能在处世的过程中学会豁达与宽容，学会一种特别的旷达与幽默，那些不旷达、不宽容、不幽默的行为，归根结底是因为我们不认识自己，因而就不能"容物"。

"胜人者有力，自胜者强"。任何竞赛，都是我们同自己内心的竞赛；

任何战争，不过是一个人的战争。我们唯一的敌人，就是我们自身。你征服了自己，也就征服了世界。最难的是"自胜"。一个人要战胜自己，首先要"自知"，要学会反观自我，从而把自我放在一个合适的位置上。你为自己定好位，知道可以做什么，不可以做什么，你才知道进退，知道行藏，知道取舍。如果你不知道自己的定位，就如同一个运动员不知道赛场在哪里，就必然不能得胜。你本来是长跑运动员，却走到了举重赛场，比赛结果可想而知。除了定位以外，"自胜"主要是战胜自身的局限性，战胜内心的劣根性。我们如果能够战胜内心的贪婪，克服虚荣，抛却自以为是，赶走内心的怯懦与散漫，则必将成为最强大的人，将会战胜任何对手。在政坛上，往往是贪婪与不自律打败了你；在运动场上，往往是不自信打败了你；在战场上，往往是怯懦打败了你；在学坛上，骄傲、虚荣可能毁掉你。如果我们谨守内心，坚守质朴与自然之心，淡泊处世，超脱名利，如此则会达到"无欲则刚"的境界，就能"自胜"。

"知足者富"，即知足常乐，不知足则无论拥有多少财富，都仍是内心的贫穷之人。"知足"一方面是对纯粹物质财富的超脱与淡然，如颜回"一箪食，一瓢饮，在陋巷，人不堪其忧，回也不改其乐"。后来的儒家提出一个命题，叫作"孔颜乐处"。"孔颜乐处"究竟乐在何处？孔颜之乐，不是乐于那个表面上的"穷"，居陋巷，喝凉水，盖破被，穿破衣，吃糙饭，这些都是表面的东西，孔子颜回与我们一样，不会不知道什么是"舒适"。孔颜之乐，是乐在对当下境遇的知足，是乐在对自我生命状态的自得，是乐在对自我生命定位的笃定，是乐在不被世俗名利所扰动所捆缚所羁绊的一份从容自在与精神自由。这是孔颜之乐的本质所在。因此"知足"不是表面上的安于贫困，更不是以穷为乐，而是对自我生命与内心的笃定与坚守。这也来源于"自知"，这样的人自然不可战胜，因为他对自己的生命追寻是如此笃定，面对世界的诱惑是如此淡泊和坚守，这是真正的内心强大，无所屈从，无所畏惧，因此不可摇撼，"独立而不改"。

这种笃定和坚守关键还是要落实到"不失其所"。什么是"所"？"所"者，"位"也，"根"也，"本"也，"基"也，它是我们生命的根本与依据，是心灵的"家"，是生命的安顿与栖息之所。不守住这个"家"，我们就会流离失所，惊慌失措，不知所终，一生漂泊不定、无依无靠。每个人都要深刻地洞察自我生命的根基在何处，生命的本源与归宿在何处，你要在何处安顿你的心灵与生命。如果你丧失了这个所在，就是没有了自己的栖息地与根据地，"绕树三匝，无枝可依"，生命就失去归宿与安顿之所。这个"所"，从浅的一面来说，是每个人在生命中之"本分"，你要坚守这个命中被赋予和确立的"本分"，履行你的本分，完成你的职事，如此则安身立命，"得其所"哉！从深的一面来说，我们要从信仰层面知晓我们的使命，这个使命与生俱来，是神圣之所，是天命之所，是关乎人生价值之所，是"身心性命之所立"之所。你要"诗意地栖居在大地上"，就要找到这个生命安顿之所，不可须臾离之；你笃定地坚守这个"所"，就如同安泰站在坚实的大地上，生命才会迸发出力量，才会恒久；如果离开了这个"所"，因为不能战胜诱惑，不能自律，因为自己的怯懦与游移而丧失了这个心灵安顿的地方，你就会像巨人安泰离开脚下坚实的大地，就会丧失根基，丧失家园，丧失栖息之地，最终丧失自己。

三十四章　不辞不有

大道泛兮，其可左右。万物恃之以生而不辞，功成而不有。衣养万物而不为主，可名于小；万物归焉而不为主，可名为大。以其终不自为大，故能成其大。

[大意]大道广泛地流行，存在于一切地方。万物依靠它生存成长，它也不推辞，但是它在完成这一切之后却不占有功劳。它养育万物但不主动支配控制它们，可以称为"小"；万物都归附它，但它不主动主宰占有它们，可以称为"大"。因为"道"最终不自以为伟大，所以它才能成就其伟大。

儒、道、法，三家均在治道的探讨上非常深入，而理路却各不相同。儒家倡仁义，重德治，提倡一种保守主义与理想主义的治国哲学。道家则主虚静，倡无为，主张因势利导，尊重自然，提倡一种自由放任主义与自然主义的治理哲学。法家重法制，主张以刑法而非道德来治理国家，提倡一种制度主义与现实主义的治国之道。儒家从人伦角度构建社会秩序，道家

从自然角度树立君王驭天下之道，法家从制度角度建立法治标准，三家看起来虽然各执己见，实际上都可以融会贯通。我们读古典哲学，不要越读越隔，而要越读越通；不要越读越死，而要越读越活。这些学说，都是治世、处世的方法论，不可取此而弃彼，不可褒此而贬彼，而要辩证地看待其利弊，取其长而用之，圆融贯通，灵活运用，方为高妙。

老子往往站在圣王领袖的高度来讨论问题，这是最高的治理哲学，乃驾驭天下的治理哲学。但不要认为这种驾驭天下的最高治道与我们匹夫无关。这些治天下之道，与我们切身相关，我们要落到自己身上来检讨、反思，落到我们的生命中来切实用功，否则毫无用处。老子所说的"大道"，周遍万物，无所不在，就像庄子所说的，"道"既在天地宇宙之间，亦在屎溺。儒家的思想家们，尤其那些贴近平民的思想家，如明代泰州学派的开创者王艮，就说过"百姓日用即道"，圣贤之道就连匹夫匹妇也能领悟；反过来说，即如王阳明所说："人人皆可成圣贤。"禅宗亦说："洒扫应对，担水砍柴，无不是佛。"因此，老子最高的哲学范畴"道"与儒家最高的人格理想"圣贤"，与佛家的"佛"的境界，既极其"高大"，又极其"渺小"。就其"大"的一面来说，这种最高的范畴与至高境界存在于天地之间，包纳万物，可谓汪洋恣肆、无所不容，万事万物皆可归于这一最高范畴，以之为最终依归，宇宙之大，亦概莫能外；就其"小"的一面来说，这种最高的哲学范畴与至高的境界，又总是落实并隐匿于世间最微小、最琐屑、最幽细、最不引人注目的事物与行动之中。它不是高高在上，而是体现在寻常事物之中，虽幽微渺小，似乎不可觉察，却实实在在地存在于芸芸众生、大千世界之中，在卑微的事物之中显示出大道。这就是老子所说的"小"与"大"的辩证法。"小"与"大"之辩证法，对于我们的人格要求各有不同，但又相互贯通，相互结合。从"大"的一面来说，要培养如庄子所说的"与天地精神往来"的伟岸气魄，亦如孟子所说"上下与天地同流""万物皆备于我",或如陆王心学所说:"吾心即是宇宙,宇宙即是吾心。"心怀天地之想,胸容宇宙之大,无论是外在的宇宙大道还是我们内心的世界,皆可以放到无限广阔的天地之间任其遨游,此种内心与外物相融、包纳天下之"大"的生命体验,乃我们生命体验中不可或缺的部分,缺了这样的体验,我们便养不成一种大气象,无法体悟大丈夫之浩然气质,无法体验佛家的"无我无人""应无所住"之广大悲怀,也无法会通道家思想中的"心斋""坐忘""逍遥之游"所蕴含的心灵大美。所以前贤说,心要"期乎大",所谓"心期乎大",就是养成一种伟岸气象,涵成一腔大丈夫浩然之气,造成一种大格局,"自信人生二百年,会当水击三千里",无所羁绊,无所挂碍,天地上下,皆可游住我心。有如此襟抱,一个人的精神就可以振拔起来,气象就可以大起来,就不易堕入琐细卑微狭仄软弱之弊,就可以使生命有一种超越感。而从"小"的一面来看,"道"既隐匿潜藏于寻常事物,我们就要从普通、寻常、微小的事物与人生之中体验妙道,这也是任何修行、任何身心修炼的正确入手处。禅宗的修炼强调于寻常日用中悟去,喝茶烧水,洒扫应对,当下的烦琐而庸常的生命行为,正是体悟大道的最好入口。赵州和尚的"吃茶去!"一声断喝,惊醒多少苦苦寻道之人!到哪里寻道?道不在"高大上"之去处,乃在于最琐细、最卑微、最幽昧的不起眼的寻常事物上。儒家讲"圣贤之道",往往不在庙堂,而是在寻常的百姓人伦之中,"人人皆可以成圣成贤"这个命题的革命性意义在于,它使贩夫走卒引车卖浆者流都可以在其看似平庸的生命状态中体验圣贤之道。所谓仁义之道,孝悌之道,友爱之道,所谓行健不息,厚德载物,不都体现于我们看似凡庸的日常生活吗?我们平凡琐屑的每一天的生命行为,不都是体验大道,体验圣贤之道,体验佛理的最好的途径吗?

老子在此章中重申了"功成而弗居"的理念。"万物恃之以生而不辞,功成而不有",其中的"不辞""不有",值得玩味。"不辞"是胸怀廓大,涵容万物；"不有"是心思恬淡，超越万物。"不辞"是担当，"不有"是超脱。"不辞"是勇锐，"不有"是坦然。"不辞"是动，是以动应天下之求；"不有"是静，以静为万物之归。"不辞"是身居庙堂之上，畜养万民，衣养万物；"不有"是心居江湖之远不以名利为缰索。"不辞"是精进，是把握；"不有"是谦退，是勇于舍弃。"不辞"是拿得起，"不有"是放得下。"不辞"是主动的有为，以天下生息为己任；"不有"是消极的无为，功成而不居，守虚静，甘寂寞。"不辞"是成其大，"不有"是不自以为大。能达到"不辞"与"不有"兼而任之，则动静结合、有为与无为相生，便可达到庄子所说的"天乐"的境界。庄子说："其动也天，其静也地，一心定而王天下；其鬼不祟，其魂不疲，一心定而万物服。言以虚静推于天地，通于万物，此之谓天乐。天乐者，圣人之心以畜天下也。""不辞""不有"，这是圣人"衣养万物""功成不居"的境界，也是庄子"天乐"的境界。

三十五章　执象而往

执大象，天下往。往而不害，安平泰。

乐与饵，过客止。"道"之出口，淡乎其无味，视之不足见，听之不足闻，用之不足既。

[大意] 遵循大道的人，天下人都来归附。天下归附而不带来伤害，达到安宁、平静、太平之境。音乐与美食，诱使过路人停下来。而"道"的表达，平淡无味，看也看不见，听也听不到，但用它却永不枯竭。

------※------

老子治道所倡导的"虚静无为"，是对当时君王过于有为而导致人民不堪其扰的现实的一种反抗与抨击。老子认为，君王只要顺应人民的天性，掌握遵循"衣养万物"之大道，则自然达到"我无为而民自化"的境界。君王"执大象"，不偏离虚静无为的大道，顺应自然，则天下人必然归附并认同之。"天下往"，就是天下一心，一致认同，则自然太平无事。当天下归附之，君王自可一呼百应，但是真正成功的君王并不驱使百姓做他们不愿做

的事，也不单凭己意来逼迫百姓执行自己的意志，而是柔顺无为，"往而不害"，做到不戕害人民，使其过上安宁幸福的生活。帝王有一呼百应之位，但如果他滥用这个权力，视人民生命如游戏，随意驱使百姓，则必将招致灾难性的后果。领袖随意驱使并折腾百姓，自以为是，不尊重人民的意愿，使百姓遵从他一个人的意志，这样的领袖必然要遭到反抗，其威望也将丧失。因此，处于领袖之位，不可忘乎所以，尤其是在"天下往"的时刻，更要保持谦敬自守，更要对民意有一种敬畏的心态，不随意发号施令，更不能强暴民意，一意孤行。历史上这种教训极多，值得镜鉴！《管子·法禁》中说："《泰誓》曰：'纣有臣亿万人，亦有亿万之心；武王有臣三千而一心'。故纣以亿万之心亡，武王以一心存。"商纣王有号令亿万人的权力与地位，但他滥用这个权力，随意驱使百姓，为所欲为，对民意毫无敬畏之心，甚至与人民为敌，戕害人民，最终不但丧失民众之支持，而且丧国丧身。而周武王圣德昭昭，臣民顺服，故三千大臣同心同德。一个是离心离德，一个是同心同德；一个是强暴民意，一个是敬畏并顺从民意，因此虽都是有"天下归往"之权力与地位的人，其结果迥异。能做到"往而不害，安平泰"的君王，寥若晨星。可见，真正的"天下往"是人心之归附，而非权力与地位所带来的虚假的顺从。

老子的治道虽然高深，但如果没有一种可操作的治术作为手段，再高深的治道也将被架空，就像司马迁批评孟子时所说的那样："迂远而阔于事情。"用我们现代的话来说，就是"书呆子气""理想主义"。老子思想的继承者(有些是部分地继承并发挥)，从"虚静无为""无为而无不为"的哲学出发，发展出一套真正具有操作性的治国之术，其中韩非子的法家思想、管子的帝王术，都与老子思想有千丝万缕的内在渊源关系。就法家思想而言，他们也提倡"无为"，君主应该具备一种顺随无为的大德，遵循天道，自己"无为"而让臣民替他"无不为"。《韩非子·大体》中说："日月所照，四时所行，云布风动。不以智累心，不以私累己。寄治乱于法术，托是非于赏罚，属轻重于权衡。"这是韩非子心目中的圣王之道。圣王不必自己聪明，也不必是道德上的完人，他只要掌握好"赏"与"罚"这两个权柄，用法用势来治理即可。《韩非子·二柄》说："为人臣者陈而言，君以其言授之事，专以其事责其功。功当其事，事当其言，则赏；功不当其事，事不当其言，则罚。"君王只要掌握了这个诀窍，就可以"无为"，而让臣下去"无不为"；君王便可轻松治理、垂拱而治。法家将老子"无为无不为"的治道落实到"法术势"的治国术与帝王术，使老子高深的哲学有了落脚处。历代帝王，无不暗中从法家汲取治术与霸术，当然其中利弊兼有，需要深察。除韩非外，齐国的稷下学派的学者们及其后来者，将老子治道发展为一套可以操作的黄老之学；黄老之学的核心思想，正是"君主无为而臣下有为"的思想，与韩非的思想有血缘上的相通之处，因为他们的母体都是老子。从《管子·内业》一篇就可以看出老子道家思想向黄老之学的转向与发展："彼道之情，恶音与声，修心静音，道乃可得。道也者，口之所不能言也，目之所不能视也，耳之所不能听也，所以修心而正形也。人之所失以死，所得以生也；事之所失以败，所得以成也。"其表达与老子三十五章何其相似！《管子·内业》又说：

  凡道无根无茎，无叶无荣，万物以生，万物以成，命之曰道。天主正，地主平，人主安静。春秋冬夏，天之时也。山陵川谷，地之枝也；喜怒取予，人之谋也。是故圣人与时变而不化，从物而不移。能正能静，然后能定。定心在中，耳目聪明，四肢坚固，可以为精舍。精也者，气之精者也。气，道乃生，生乃思，思乃知，知乃止矣。凡心之形，过知失生。一物能化谓之神，一事能变谓之智。化不易气，变不易智，唯执一之君子能为此乎！执一不失，能君万物。君子使物，不为物使，得一之理。治心在于中，治言出于口，治事加于人，然则天下治矣。一言得而天下服，一言定而天下听，公之谓也。

　　这一段颇合老子之旨。"执一不失，能君万物"，与老子"执大象，天下往"的思想是一致的。"道"是静的，不以声色诱人，它虽无声无色淡而无味，却使"万物以生，万物以成"。君王圣人"执一不失"，静定不移，才能驾驭天下变化。"执一"而御万物，就是老子所说的"执大象，天下往"。圣人君王要善于驾驭外物，而不要使用心智，劳心劳力地被万物所驱使，这就是"君子使物，不为物使"。他不用多言，不用多动，更不会乱来，只是虚静，自然顺化，万物即随之而变化。管子的帝王霸术极好地融合了道家、法家与儒家，其形而上学的基础还是老子的无为哲学。

三十六章　守弱胜刚

将欲歙之，必固张之；将欲弱之，必固强之；将欲废之，必固兴之；将欲取之，必固与之。是谓微明。

柔弱胜刚强。鱼不可脱于渊，国之利器不可以示人。

[大意] 将要收敛合上的，必定先极度扩张；将要被削弱的，必定先极度强大；将要被废弃的，必定先极度兴盛；将要夺取的，必定先给予。这就是幽微的征兆。柔弱最终胜过刚强。鱼不能离开深渊，国家权势裁治之道，不可轻易显示于人。

中国的哲学是早熟的哲学，中国的政治也是早熟的政治。春秋战国时期，诸侯纷争，列国之间的政治军事关系比今天的国际关系还要复杂，这使得中国人在两千五百年前就总结了非常系统、深入而全面的治国之术与国际争霸之术。诸子百家之政治哲学，帝王将相之政治权谋，合纵连横游说谈判之智慧，当时已灿然大备。比起当时之错综复杂的国际政治局势，今天的小小寰球的风云变幻也许并不难对付。一个民族早熟，就会过早地发展出一套老辣精明而实用的斗争哲学，既用以防身自卫，也用于纵横捭阖诸侯争霸。这种老辣的哲学，可以称之为老谋深算，也可以贬之为老奸巨猾，总之是深藏不露，以弱示人，以"柔弱胜刚强"，最终克敌制胜。这类带有权谋性质的道术，君子用之，则谓之阳谋；小人用之，则为阴谋。道术只是一个方法论，这个方法论既可用于高尚的目的，也可以用于卑下的愿望，它本身并不含有褒贬之意。

后起的思想家和政治家们从老子的极富辩证法意味的哲学中汲取了大量的政治智慧，并把这些智慧发展成为治人治世或王或霸的权谋思想体系。殊不知，这一思想体系或被用于阴谋或阳谋，实际上可能并非老子著书的本意，所以应为老子正名、辩诬。但是从另一面来说，一种原创性的思想一旦产生，后人如何解读和发展，原创者是不可能左右的，只能任由后来者根据己意去发挥，去拓展，甚至去扭曲，去故意误解，以此来建立后来者自己的哲学。《韩非子》《鬼谷子》《管子》，这些战国乃至战国以后的著作，都从老子书中汲取了营养，稷下学派也是如此，尽管他们的思想已经与它的源头有了很多不同。后来权谋思想大行其道，许多人就把账算到老子头上，认为老子书中宣扬阴谋思想，他是最早的、最老辣的阴谋家，实则殊非老子初衷。所以后世也有很多学者出来鸣不平，为老子喊冤叫屈，可以说聚讼千年而不绝。《韩非子·喻老篇》将春秋战国时代的诈术与霸术联系到老子哲学上面，因而开启了"认老子为阴谋家"的先河。"越王入宦于吴，而观之伐齐以弊吴，吴兵既胜齐人于艾陵，张之于江济，强之于黄池，故可制于五湖，故曰：'将欲歙之，必固张之；将欲弱之，必固强之'。晋献公将欲袭虞，遗之以璧马；知伯将欲袭仇由，遗之以广车，故曰：'将欲取之，必固与之'。"韩非的这句解读，是故意借对老子哲学的误读，来阐发他对霸术与谋略的理解。在春秋战国诸侯争霸的时代，这种哲学极为流行，且极具合法性。越王勾践卧薪尝胆，甘为吴王夫差尝粪，并献西施，这就是越王的"与"的谋略，以增吴王之骄气、傲气、自得之气、狂妄之气，使其增加对越王的信任，放松对越王的警惕，最终放虎归山。后经励精图治，发奋图强，越王终于击败吴国，报仇雪耻。韩非子将这个历史故事与老子的"将欲弱之，必固强之；将欲取之，必固与之"结合起来，认为要削弱敌人，就要先养敌人之骄气、强横之气，使其志得意满，放松警惕，自以为是，就可乘机击溃之；要想从别人那里取得东西，必须先给他东西，使他自以为很强大，使其狂妄得不知所以，然后乘机夺取。韩非所说的这种权谋之术，这种伪装自己以迷惑敌人的诈术，实际上并不高明，但在战场与官场上却大行其道。这些诈术，与老子何干？韩非不过是借老子以发挥，"六经注我"而已。

宋代的理学家批评老子更厉害。朱熹说："老子便杨氏。"指老子如同杨朱一样，"拔一毛利天下而不为"；又说："紧要处发出来，教人支吾不住。"如何"支吾不住？"可能是他认为老子的权诈之术过于露骨地把这种伪装与权谋表达出来，已经超越了儒家道德人格的底线要求。二程的批评也很激烈。《二程全书遗书·七》说："老子之言，窃弄阖阖者也。"这是批评老子耍阴谋。又说："问老子书若何，曰：老子书，其言自不相入处如冰炭。其初意欲谈道之极玄妙处，后来却入做权诈看上去，如'将欲取之，必固与之'之类。然老子之后有申韩，看申韩与老子道甚悬绝，然其原乃自老子来。"二程的评价，有一部分是客观合理的，因韩非子的法家思想确与老子之学有内在的渊源关系，逻辑上有相通处，但是并不能由此认为老子书就自相矛盾，一边谈玄妙高远、虚静自然，一边却教人玩阴谋诡计，这种理解就过于皮相了。后人对老子的思想有不同方向的发挥，有法家之"法术势"，有孙武之兵法，有管仲之霸术，有河上公的养生术，更有后期道教的仙道之学，这些学派或见解虽出自老子之母体，却与老子思想有了很大的区别，可以说基因出现了变异。这些后来的思想，与老子思想是"二而一""一而二"的关系,既有渊源血脉之继承关系,又有各学派的自我发挥自我创造,可谓自说自话,很多思想已与源头殊异。二程之刻意批判,有不够圆融处。

  实际上,老子书三十六章的文意甚明,无须多做辩驳。"将欲歙之,必固张之;将欲弱之,必固强之;将欲废之,必固兴之;将欲取之,必固与之。"谈的无非是老子哲学中"物壮则老""物极必反"之理。"固"字有"已经达到某种极点"之意,宋代的理学家把"固"的"已然"之意理解为"故"字的"故意"之意,因而把老子所探讨的万事万物"势强必弱"的客观真理,误解为一个人主观上装作很弱并暗中蓄强以最终击败对手的权谋,一字之差,谬之千里。任何事物,达到了极盛、极强、极高、极佳、极多的时刻,也就意味着它要走下坡路,意味着它在这个极点之后,必将由盛转衰,由强转弱,由高而落,由佳而败,由多而损,这是任何事物发展演变之内在规律。老子揭示出这个规律,并最终把这个洞见落实到他的生命哲学与政治哲学上。

  从老子的生命哲学来说,他是要告诫人们,在我们的生命到达极盛、权力到达极点、威望达到最高、事业达到顶峰的时刻,要深知"物极必反"之理,要时刻保持危惧之心、儆醒之心、戒惕之心。越是在事业顺遂、生命鼎盛、财富满溢、权力大到无所不能的时候,越是要谨慎、淡定、低调,而不要张狂、自大、任性妄为、眼空无物。曾国藩在晚年名望功业达到巅峰的时候,反而更加戒惧谨慎,他将自己的书房命名为"求缺斋",就是要摒弃自满自得自傲心态,秉持平常心,要"求缺",而不是求"圆满"。太圆满了,就要受损;太鼎盛了,就要衰败;太无所不能了,就离崩溃不远了。当你得到太多而且得到得太容易的时候,就要格外警惕,不要被这些轻易得来的东西冲昏头脑。当你的威权太大,所有人都要对你点头哈腰、唯唯诺诺、敬之如神的时候,你就要格外保持一份清醒与戒备,不要被赞扬与奉承冲昏头脑，而要更加收敛，保持一种"弱"的心态。极盛之时不挥霍、不张狂、不迷信权力、不颐指气使、不忘乎所以，而是始终守弱、虚静、淡泊、内敛，这样的人才能保身，才能立得长久。这就是老子所言"柔弱胜刚强"。

  从老子政治哲学来说，他是用"物壮则老"这个普世真理，来告诫当政者始终要保持自然无为的心态，不要滥用威权，更不要凭借自己的强权欺压、苛待百姓。在国力最强大、兵马最强盛的时候，也不要忘乎所以，对外滥施扩张战争，对内强暴百姓意志。中国的很多王朝由盛转衰，正是由于极盛时帝王骄狂，或恣意开边、对外发动战事，或穷奢极欲、对内疏于治理，结果帝业到顶峰之后就急转直下，迅速衰败。始皇灭六国而一统天下，何等才智，何等胸襟！但因过于苛暴而速亡。玄宗开元盛世，何等煊赫，何等繁华，却因后期过于享乐，疏于治国而遭安史之乱，国势倾颓，晚景亦极为凄惨。老子观察他以前的时代政治得失，深刻地认识到帝王滥用强权对外频开战事，对内苛暴人民的灾难性后果，因此告诫治国者要保持谦虚、柔弱，要恬淡自然，要虚静无为，不要逞强妄作。他认为，帝王号令万民之权、裁治惩罚之权、操弄兵戈之权等，都属于"国之利器"，要谨守之，慎用之，轻易不要展示出来给别人看。治国者要戒惧慎重，行动要柔和，思虑要朴拙，不擅用权，不滥用施威，因为"威权"是"国之利器"，不可以轻易示人，就像"鱼不可脱于渊"一样。这哪里是"阴谋论"？

三十七章　朴静自正

道常无为，而无不为。侯王若能守之，万物将自化。化而欲作，吾将镇之以无名之朴。镇之以无名之朴，夫将不欲。不欲以静，天下将自正。

［大意］道永远是自然无为的，但又无所不为。治国者若能遵循大道，万物将自然化育。万物化育，则其欲望也将萌动生长，我将用道的不可名状的真朴去镇住这种欲望。以不可名状的真朴之道镇住欲望，则欲望就不再生长。欲望不再萌生，人心归于安静，天下自然就按照正确的方式运作。

老子在《道德经》中屡论"无为而无不为"这个命题。此论几乎成为中国人的口头禅，其深刻意蕴反而被掩盖了。从治理天下的政治哲学的视角来说，"无为而无不为"是作为天下领袖的最高境界，但如何理解这个境界，见解纷纭。"无为"并不是什么事也不做，很显然，古往今来尚没有一个天下领袖可以真正无所作为而达到天下大治。"无为"，是不刻意作为，是顺

其自然而为,是顺势而为。天下领袖往往引领时代之风潮,深刻洞察人性与人民之意愿,因而他能够利用这个"大势",顺应这个"大势",登高一呼,而天下景从,由此塑造一个时代,扭转一个时代。但是这样的天下领袖能"塑造"一个时代,"扭转"一个时代,并非因他刻意要按照自己的理想来"塑造",也不是因他凭借一己强力去"扭转"。他要深谙天下之大势,并能够借势而为,看似不费力气、悠然自得,并不努着劲儿去改变什么,可是由于他利用了这个"大势",顺应了这个大潮,因而其力量就不可阻挡。圣人的"无为",正是借势而为,如同庄子所说的大鹏,之所以能"抟扶摇而上者九万里",是因为它能够"培风"(乘风),能借天地间巨大无匹的气息,从容驾驭这充沛宇宙的风力,因而可以翱翔于九天。大鹏看似在九万里长空悠然翱翔,甚至连翅膀也不动一下,就是因为它善于借力,善于培风,善于驾驭潮流,善于造势。所以大鹏看似"无为",实则可以"无不为",可以达到蓬间雀难以企及的高度。反之,那些蓬间雀因为不能"培风",不能借势、驭势,所以只能在墙瓦之间腾跃数尺,飞不过数丈,尽管它拼命拍打翅膀,拼命折腾,也不过在一个很低的屋顶上飞行,不可能达到"抟扶摇而上者九万里"的生命高度。作为天下领袖,要学大鹏之培风,而不能学蓬间雀之目光短浅。

战国以来形成的黄老之学,倡导"贵柔守雌",提倡"无为而治",告诫统治者要"虚静谨听",要"省苛事、薄赋敛、毋夺民时""恭俭朴素",其哲学基础是老子的"无为"哲学。黄老之术,"培植于齐、发育于齐,而昌盛于齐"(郭沫若语),稷下学派的一些主要代表人物都是主黄老之学,如慎到、田骈、环渊等,皆主无为而治、虚静自然。但是黄老之学的"无为而治",不是消极的无为,不是无所不为,而是积极的无为,强调要"因时而动"。司马迁在总结黄老道家思想时说:"道家无为,又曰无不为。其实易行,其辞难知。其术以虚无为本,以因循为用。无成势,无常形,故能究万物之情。不为物先，不为物后，故能为万物主。""因阴阳之大顺，采儒墨之善，撮名法之要，与时迁移，应物变化，立俗施事，无所不宜；指约而易操，事少而功多。"司马谈论黄老之学当然受到了汉初当时学术思想主流的影响，黄老之学崇尚"无为无不为"思想的直接后果是"文景之治"，定汉代三百年之基业。

"无为"告诫治国者要虚静，不要妄为，不要朝令夕改、整天折腾，不要一天一个新主意，扰乱人民。治国者要"静"，这就是老子所说的"不欲以静，天下将自正"。领袖清静无为，天下自安，百姓自定，国家自正。1981年，邓小平接见金庸先生时的一段对话颇耐人寻味。小平询问金庸先生对当时的中国政府有何建议？金庸说："希望目前的政策能长期推行，不要改变。大家有些担心，不要目前的政策执行了一段时期，将来忽然又变了。因为过去的变动实在太多，令人不能放心。"邓小平说："那是对的。国内人民的主要意见也是这样。要保证我国政策的连续性。……老干部有经验，有见解，还是宝贵的，但实际工作就可以少做或不做。我们担任领导的人，也不能太忙，往往越忙越坏事。"金庸说："中国的传统政治哲学，是盼望国家领导人'清静无为'。共产党人当然不能'无为'，要'有为'。但领导人心境清静一些，动作清静一些，还是好的。"邓小平说："担任领导的人，不能出太多的主意。如果考虑没有成熟，不断有新的主意出来，往往要全国大乱。政治家主意太多是要坏事的。领导人宁静和平，对国家有好处，对人民有好处。"（1981年8月25日《明报》及《明报月刊》9月号载《中共中央副主席邓小平的谈话记录》）这段对话非常精彩，既体现了邓小平的政治智慧，也非常深刻地诠释了中国古典政治哲学，其中主要是主张清静无为的黄老政治哲学。邓小平当然是针对"拨乱反正"之后的国家政治战略来立论的。"拨乱"，就是要恢复国家的政治经济秩序，领导人要尊重人民意愿，少折腾，少出主意，少运动，而要以百姓心为心，否则若妄以己意来扰动人民，必致天下大乱。"反正"，就是领袖宁静和平，人民自然返回其本来的状态，遵照其本性来生活，这也就是老子在本章中所说的"不欲以静，天下将自正"。高明的治国者尊重人民意愿，顺应时代之潮流，让经济和社会的自发力量更多地起作用，而不是根据领袖的意志与理想强力推行某项政策。掌握巨大权力的领导者，必须时时克制自己的欲望，要以一种浑然真朴的状态来观照天下，以一种恬淡清静的眼光来把握天下，顺势而立，不拂逆民意，如此国家自然就走上正轨。老子所谓"化而欲作，吾将镇之以无名之朴"，主要是针对治理天下的人来说的。治理天下的人往往有遏制不住的欲望要料理天下事，但是治国者越是每天宵衣旰食、鞠躬尽瘁地做事，做决策，天下可能越是糟糕；治国者越是觉得自己有智慧，越是自以为是，以为自己军事、政治、社会、经济无所不通，则他给国家带来的灾难也许越大，其治国效率越是低下。原因何在？是因为他欲望太盛，"化而欲作"，要"镇之以无名之朴"。诸葛亮鞠躬尽瘁，事必躬亲，就做不了领袖，因为他净忙于琐事，不能清静无为。治天下者，应以天下人之心为重，而以"己欲"为轻，正如《吕氏春秋》所言："天下乃天下人之天下。"只有尊重并顺应天下人之意志，才能"无为而无不为"，才能如大鹏抟天地之气而扶摇直上九万里。

三十八章　处厚居实

上德不德，是以有德；下德不失德，是以无德。

上德无为而无以为；下德无为而有以为。

上仁为之而无以为；上义为之而有以为。

上礼为之而莫之应，则攘臂而扔之。

故失道而后德，失德而后仁，失仁而后义，失义而后礼。

夫礼者，忠信之薄，而乱之首。

前识者，道之华，而愚之始。

是以大丈夫处其厚，不居其薄；处其实，不居其华。

故去彼取此。

[大意] 上德之人，因任自然，不刻意表现德，因而实际上是"有德"；下德之人，刻意执守德而使之不离失，实际上还没有达到"德"的境界，这就叫"无德"。上德之人，处事顺应自然，达到无为之境，而其居心也处于无为状态，不刻意作为；下德之人，虽处事看起来也顺应自然，似乎是无为的，然而推究其居心，仍是有心作为的。上仁之人，处事有所作为，而其居心却出于无意为之；上

义之人，处事也有所作为，但其居心却出于有意为之。上礼之人，处事有所作为，却得不到人民回应，于是他就扬起胳膊强迫人民去遵从他的意愿。因此，失去了道，而后才有德，失去了德而后才有仁，失去了仁而后才有义，失去了义而后才有礼。所谓礼，是因为人们的忠诚信任日益浅薄之后才出现的，因此它是祸乱的开始与源头。那些所谓远见卓识的人，乃"道"的虚浮的外在表现，是愚蠢的开始。因此大丈夫应该处世敦厚朴质，而不要居于刻薄奸诈；用心要笃实诚恳，而不要居于浮华伪饰。所以要舍弃浮华刻薄，而使人心重归敦朴。

人类的发展史，据历史学家、社会学家和人类学家的研究，是一部由野蛮走向文明的历史。这个结论，不仅是从生产方式的演进方面而言的，更多的是从人类制度变化的演进方面来说的。弗洛伊德《一个幻觉的未来》中，就将文明的演进延伸到这两个方面。他说："人类文明，我的意思是指人类生命将自己提升到其动物状态之上的有别于野兽生命的所有那些方面……向观察者展示两个方面：一方面，它包括人类为了控制自然力量并攫取其财富以满足人类需要而获得的全部知识和能力；另一方面，它还包括调节人与人之间关系的，尤其是调节可用财富的分配所必需的规章制度。人类所创造的所有制度与文化，所有习俗与法律，都是为了同一个目的：它们界定人与人之间的财产和社会关系，界定其社会角色及其责任义务，并防范任何人因为自己的个人冲动而破坏社会既定的秩序。"弗洛伊德将人类文明的这一本质看得很清楚：尽管文明被认为是一个利于人类普遍利益的目标，但每个个体实质上都是文明的敌人。显然，既然人不可以单独存在，

人们就应当感到，那些为了使共同生活成为可能而由文明期望于人们的牺牲是一种沉重的负担。因此，必须保卫文明，防范个人，文明的规章、风俗和命令都是为完成这一任务而产生的。文明是对人性中具有破坏性的一面进行遏制和调整，以此来保障整个人类社会的和谐。

中国的古典哲学家们在两千五百年前即已认识到这一点，也洞察到人类社会由原初淳朴的社会形态走出来之后所形成的内部倾轧与掠夺，以及由此造成的混乱与灾难。为疗救这个已经面临崩溃的人类社会，中国的古典哲学家们提出了种种方法。儒家强调用"礼乐"治国，呼吁要恢复远古时期的礼乐秩序，重构一套行之有效的道德伦理观念，并配合以民间的习俗礼节系统，使之贯彻到整个社会。他们期待，从帝王到庶民，从贵族到贩夫走卒，都各自遵循自己的社会角色所赋予的权利义务，人人尽其本分，社会自然和谐。相比之下，儒家更强调"软约束"，强调伦理的感召与制约，强调人类对自身责任担当的觉醒。法家借鉴庄子的理论，则更强调人类的法律制度的重要性，他们不再以人性善为前提，而是认为人性本来就是恶的（这与弗洛伊德的人普遍内在地具有破坏倾向的假说很类似），要遏制人类的恶，就要有系统、明晰且严格执行的法律体系与制度安排，而且法律制度必须体现公平，要"刑过不避大臣，赏善不遗匹夫"。实际上，儒家的以德治国与法家的以法治国并不矛盾，"德"乃非制度化的法律，是法律背后的心理认同与价值依归，而"法"乃德的制度化，是伦理关系的正规化表达而已。

从老子的政治哲学来说，他既不可能赞同法家的制度主义，也不能赞同儒家的道德至上。因为无论是法家的法治，还是儒家的德治，都是人类社会人为制订的一套制度体系，这套制度体系或表现为正规化的法律，或表现为非正规化的礼乐秩序与道德伦理（儒家有些礼乐制度也具有法律效应），它们的实质都是一样的，都是刻意为之，强加于人类之上的制度安排。老子倾向于认为，这些矫饰人性、强制人去遵守的制度伦理，不但解决不了人类面临的礼崩乐坏的危机，而且可能恰恰是人类祸乱的根源。那些制度伦理越是繁密，越是规定得细致无遗，人类偏离真正的和谐与纯朴就越远，人类就越是滑向贪婪、伪饰、功利、欺诈，人类之间就越是陷于相互的争抢、倾轧、斗争与仇恨。这些所谓的体现人类文明的法律与伦理，不是把人类从罪恶与功利中解脱出来，不是让人类远离贪婪与倾轧，而只是加重了人类的罪恶，加剧了人类之间的矛盾。真正的和谐社会是不用法治与"礼"来维系的，真正的和谐家庭也不是用婚姻法与长幼尊卑的礼制来维系的，人们只是发乎天性，尊亲爱人，内心处于一片淳朴自然状态，社会自然和谐，家庭自然和睦。老子希望人们摒弃那种浮华的功利主义，使内心回归到笃实淳朴的状态（即"处其实，不居其华"）；他希望造就一个大丈夫的人格：他的心目中没有争竞，没有利害得失；他不贪恋世俗的名利，不虚伪，不奸诈，内心诚挚无伪，行动坦然光明；他处世敦厚，为人朴质无华，处处顺其自然而行动，心里并没有什么崇高的道德目标但事事都符合天则人情；他身外没有任何礼制与法律的羁束，却在每一样行动中都贯穿着天性中的自然纯朴，超脱于仁义礼法而保存了最纯真的"本我"。

这就是老子心目中的"上德"，这是一个处世的最高境界，也是一个理想的人类社会的模型。在这个"上德"的世界模型中，每一个人都不标榜道德，不刻意体现和维护道德，都在实际的生命践履中彰显出真纯朴质之美，这是最高的道德，是真正的"有德"。然而有些人执着于道德说教，处处倡导道德，事事拘检于道德，时时以道德为准绳来约束自己，实际上都失去了内在的天真，斫丧了真正的淳朴自然，这其实是"无德"。老子从处世之实（"用"的层面，即行动的层面）与居心之体（"体"的层面，即发心或初衷的层面）两个层面，将人类的行为分为几个不同层次的境界。最高境界是从"处世之实"讲是"无为"，而从"居心之体"讲也是"无为"的，此一境界乃"上德"。其次是从"处世之实"来讲似乎也是"无为",而从"居心之体"来讲是想"有为"的,这是"下德"之境界。而后又从"居心之体"之"有为"的这一维度出发,再分为三个层次:第一个层次,行动层面乃"有为",而其发心乃"无为",此为"上仁"之境界;第二个层次,行动层面是"有为",而其发心亦是"有为",此为"上义"之境界;第三个层次,行动层面是有为,而其初衷(发心)是消极的,不能为民众所响应和认同,而治国者却强制民众来遵守,此为"上礼"之境界,也是最为低下的境界,实际上是治国者滥施权柄,滥用礼法,来压迫人民。老子所说的这几个境界,不可拘泥地去理解,而要认识到老子此章的实质。前人的理解拘泥于"有为""无为"的辩论,又因版本不同而争议不休。老子所论"上仁""上义""上礼"均为"下德"之境界,都是治国者表面上提倡仁义礼制,但都离真正的人心之真淳质朴敦厚相去甚远。老子沉痛而深刻地反省人类社会之弊,抨击"礼"乃"乱之首",他寄望于人类实现内心的革命,实现生命内在的升华,抛弃那些虚伪而愚蠢的伪道德说教,而培植其厚重敦朴的大丈夫人格,使人类重归简朴与自然、天真与诚挚。

三十九章　和实生物

　　昔之得一者：天得一以清，地得一以宁，神得一以灵，谷得一以盈，万物得一以生，侯王得一以为天下正。

　　其致之也，谓天无以清，将恐裂；地无以宁，将恐废；神无以灵，将恐歇；谷无以盈，将恐竭；万物无以生，将恐灭；侯王无以正，将恐蹶。

　　故贵以贱为本，高以下为基。是以侯王自称孤、寡、不毂。此非以贱为本邪？非乎？故至誉无誉。是故不欲琭琭如玉，珞珞如石。

　　[大意]从前凡是得到"一"之精华，达到"一"之境界的：天得到"一"而清朗；地得到"一"而宁静；神得到"一"而灵验；山谷得到"一"而充盈；万物得到"一"而蓬勃生长；君王得到"一"而使天下安定。

　　从此推论，我们可以说：如果没有"一"，天下不能保持清朗，恐怕就要溃裂；地无法保持宁静，恐怕就要废弃；神不能保持灵验，恐怕就要停歇；山谷不能保持充盈，恐怕就要枯竭；万物不能保持生机，恐怕就要毁灭；君王不能使天下安定，恐怕就要被推翻。

所以富贵以贫贱为根本，高位者以下位者为基础。因此君王总是自称"孤""寡""不穀"来表示谦虚。这难道不是贵以贱为根本吗？不是吗？因此，最高的荣誉是没有荣誉。因此我们不要像美玉那样华美，而要像石头那样朴质坚实。

———※———

"一"是中国哲学中之重要范畴。在老子哲学中，"一"是"道"的体现与表达："一"是浑然一体，不可分割；"一"是宇宙之不同力量相互激荡相互融汇而成就的一种均衡状态；"一"代表着各种对立面的统一，意味着万物之相反相生；"一"是宇宙的一种和谐状态、圆满状态、恒定状态，也是最高的境界。只有在这种和谐、圆满、恒定、均衡、浑然一体的状态中，方能万物生发，宇宙清朗，天地万物皆归于一种静谧而安定的秩序。所以老子说："天得一以清，地得一以宁，神得一以灵，谷得一以盈，万物得一以生，侯王得一以为天下正。"如果把这里的"一"解释为"道"，在学理上当然是可以的，因为"一"与"道"皆是无所不包，周遍万物的宇宙原则，因此"一"即是"道"，"道"亦可名为"一"。然而老子此句特别提出"一"的范畴，而不是仅以"道"来阐发涵盖，是有其特别意蕴的。因此对于我国传统古典哲学中的"一"，不能不有更深的探讨。

古典哲学中，与"一"相类似的概念有"和""合""同"。张岱年先生在《中国哲学大纲》中说："和"或谐和，谓两个或两个以上之相异者之汇聚而得其均衡；"同"或同一，谓相等或全无区别；"合"或合一，谓两个相对待者之不相离。张岱年先生此处讲的"对待"，即是我们现在所说的矛盾。古典哲学中有"和同之辨"，讲的就是宇宙中差异性与统一性的问题。"和"是不同力量的相互融汇与相互激荡而达到和谐均衡状态，而"同"则意味着彻底的同一，没有差异性，消弭多元性。"和"是宇宙中具有差异性与多样性的万物既矛盾又统一而形成的均衡状态，在这宇宙生成与演化的进程中间，万物之宝贵的差异性与多元性恰恰是其生成与演化的基础。因此"和"绝不是纯一的"同"，绝不是以强力所迫而形成的差异性的消失，而恰恰是多元统一的结果。这种"和"而不"同"的宇宙论，其中包含着非常深刻的政治智慧。

"和"能容纳多样性，并加以有机地融合与调和，而"同"是摒弃多样性，强求万物之无差异。因此，"和"乃万物生之理，而"同"是万物死之途。《国语》中载西周末年史伯的一段话即说此理："夫和实生物，同则不继。以他平他谓之和，故能丰长而物生之。若以同裨同，尽乃弃矣。故先王以土与金木水火杂，以成百物。……于是乎先王聘后于异性，求财于有方，择臣取谏工，而讲以多物，务和同也。声一无听，物一无文，味一无果，物一不讲。"（《国语·郑语》）"他"此处指"相异之事物"，"以他平他"是相异之事物相杂相生，因此能丰长万物而天地繁荣。而"以同裨同"是将宇宙视为"同一"而无差异性，万物皆同，则生机尽弃。因此古圣先王特别重视差异性，并在差异性中创造和谐与生机；先王与异姓通婚以求人种之差异性与多样性，从而使族群强大；与其他地方的人通财物，开展贸易，互通有无，使财富得以增长；选择那些有不同意见的人为谏臣，来给君王提出富有启发的建议，指摘批评其过错，从而使政治清明。所有这些，都是尊重和鼓励差异性，扶持多样性的发展，如此才能万物兴盛、政通人和。"和实生物，同则不继"，其政治智慧令人钦佩。《春秋左氏传·昭公二十年》中载晏子也有类似的一段话："先王之济五味，和五声也，以平其心，成其政也。声亦如味，一气，二体，三类，四物，五声，六律，七音，八风，九歌，以相成也；清浊，小大，短长，疾徐，哀乐，刚柔，迟速，高下，出入，周疏，以相济也。君子听之，以平其心，心平德和。

……若以水济水，谁能食之？若琴瑟之专一，谁能听之？同之不可也如是。"治国者若以一己之判断，强求国民一律，不允许有差异性，不允许有差异化、多样化的创新观点，难以包容涵纳不同的见解与建议，则这种"同"最终将使国家衰落。

老子在三十九章讲"一"的重要作用，绝不是强调"同"，而恰恰是强调"和"，强调宇宙中的多样性与差异性带来的和谐统一。天地之中万物萌动、蓬勃生长，是因为其中宝贵的多样性，这些不同的物种共同繁荣，才带来天地万物之生生不息。而治国者亦应重视这种极为宝贵的多样性与差异性，在政治行动中不可强求一律，要允许不同的人依其自然之性而发展，而只有治国者顺应万众之自然，最终才能达到天下安定。所以，老子说"侯王得一为天下正"，不是说治国者凭借其权力，硬要天下人按照同一规则行动，不允许任何自然存在的差异性与多样性，而恰恰相反，他是要治国者明了，"一"乃多样性之融汇激荡，是差异性之相生相成，"一"要求治国者有极其广大的包容力，有博大之心，有倾听不同意见、容纳不同潮流的胸怀，如此才能使不同力量相互交融而达到和谐。中国在改革开放之前强调政治与经济上的统一性，相对来说就使得中国社会缺少了生机与活力。改革开放后，治国者以更大的胸怀，鼓励并包容多种不同的声音，经济方面允许多元化的所有制并行不悖，政治上更加具有宽容度与自信心，从而营造了一种民众和谐舒畅、各种经济体活跃成长、社会经济蓬勃发展的格局。"万物并育而不相害，道并行而不相悖"，只有在这种充分尊重个体差异性、鼓励多元化发展的原则下产生的"一"，才是一个真正和谐均衡的"一"。这个"一"是和而不同，而不是强令一致；是更高意义上的对立统一，而不是人为地以治国者的意志为转移而强制形成的表面上的整齐划一。如果生物界只有一个物种，表面上看是极为一致了，可是生物界也就崩溃了，这个道理可以推及于社会经济领域，人为泯除和摒弃差异与多元，社会经济之生机也将窒息。

然而要达到这样一个建立在充分尊重差异性与多元性基础上的"一"的境界，需要很多的条件。老子认为，首要的条件是要求治国者要懂得谦逊自牧，要守拙贵柔。治国者要清楚"贵以贱为本，高以下为基"，天下大治的前提是治国者要懂得天下百姓之安危是国之根本和基础。失去了百姓这个根本，这个基础，治理就无从谈起，因此任何政治经济决策与行动的最初出发点与最终落脚点都是百姓，而不是治国者自身的偏好、兴趣、理想甚至私欲的满足。在礼崩乐坏、统治者对民众日益苛刻的时代，老子的这一呼声是极具民主性的，是一种民本思想，不啻是对残暴统治者的一声愤怒的抗议。老子强调治理国家的君王一定要谦卑，而不是高高在上，这也是为什么"侯王自称孤、寡、不榖"的原因。君王谦冲自牧，不自以为是，就能时刻约束自己的行为，不轻易把自己的主观愿望强加于人民之上，不以扼杀活力为代价刻意强求人民的整齐划一，他会更加尊重人民的自主性与多元性，因势利导，顺其自然，从而使经济社会保持生机与活力。第二个条件是治国者要抛弃个人名利的诱惑，懂得"至誉无誉"之理。一旦治国者好名好利，私欲太盛，则必然会以一己之私欲强加于国民，任意驱使人民、逼迫人民，以实现他一己之名、一己之利、一己之欲。治国者要明白，只有不刻意追求名誉，才会带来最高的荣誉，此即老子所说的"圣人无名"，也就是"后其身而身先，外其身而身存"。第三个条件是要求治国者保持质朴之心，"抱朴守真"，要"珞珞如石"，质朴得像一块坚实的石头，而不要"碌碌如玉"，华丽似美玉。老子的政治哲学所崇尚的是治国者质朴无华，不追求外在的华美，不务虚浮之名，由此则可以"致虚极，守静笃"，可以"不欲而静"，则可期实现"无为而治"。如果治国者失却质朴真纯之心，逐鹜外在的浮华奢靡，则必乱为、妄为，必酿成丧国之殃。

四十章　返本复初

反者"道"之动,弱者"道"之用。

天下万物生于"有","有"生于"无"。

[大意] 返本复初、循环往复是"道"运动的基本规律,而幽弱微妙是"道"作用于万物的基本方式。

天下万物从"有"中发育,而"有"是从"无"中创生的。

事物的发展变化均有规律可循,广至宇宙演化,微至人事代谢,都有内在的恒定路径,虽然其表现形式缤纷多样。西方辩证法哲学将事物发展之内在逻辑抽象为"肯定—否定—否定之否定"之规律,以反映事物之辩证发展的曲折过程。事物由肯定出发,经过创生、发育、繁盛的过程,达到顶点之后,乃衍变为对原有性质的否定,使其发生内在的质变;然而这内在的否定再经过同样的演变进程,达到巅峰之后,又发生对"否定"的"否定"。这"否定之否定"是经历"正""反"两个阶段之后的"合"的作用,是使事物从表面上看回到其初始之点。然而从内核上观察,这个"否

定之否定"并不是简单地回归到"肯定"的原点,而是一种更高层次的回归,进入了新的境界。于是这新的境界的"肯定"又开启了新的一轮"创生、发育、繁荣、衰落、回归"的过程。西方人描述这个过程,谓之"螺旋式上升"或"波浪式"前进,用以解释宇宙万物乃至人类社会之演化。

中国先哲从对经验世界的观察中,早已深刻体悟出事物发展过程中这种盛极而衰、剥极而复、循环往复的规律。《周易》中《剥卦》乃讲事物在极危困、极衰落之时所处的状态,而《剥卦》之后是《复卦》。"复"是事物在极衰极困之后再生,是物极必反之象,是事物转化之象,是衰极而转机之象。"复"就是"反",即"返"之意,也就是回归。"复"是否定之否定,是事物进入更高境界的转化与回返。中国人观察时序,看到"一元复始,万象更新",一个终了之点,同时又是新的开始之点;同样,一个开始之点,也意味着事物必有终了之时,如此循环往复,以至于无穷。中国人观察山川自然,看到"无平不陂,无往不复"(《泰卦》),人们从富有辩证意味的自然现象中自然悟出宇宙之道,这个"道"就是"反复其道"(《复卦》),是任何事物逃脱不了的规律。《易传》于是把这种宇宙万物"反复其道"称之为"天道",称之为"天地之心"。中国人认识自然与人类世界,都是从这个"反复其道"出发,来构建其"圆圈运动"的模型。在中国人看来,一切事物发展都是一个"圆"的循环往复过程,自然界寒暑更替,人类社会的人事代谢,都是此理。中国人认识人类社会的演化,也是基于这种循环发展观,无始无终,无所谓进退,不是一条直线。

老子在四十章中提出"反者'道'之动"的命题,来概括宇宙发展之规律,这里的"反",有两个含义。其一是正反之"反"。事物总有正反两面,两个矛盾的方面既相互对立,又包含着内在的统一。在这方面,老子极为强调,看得极为透彻。福与祸是一对矛盾,互相倚伏而存在;弱与强,柔与刚,美与丑,善与恶,白与黑,都是相互对应相互矛盾的两面,然而都内在地相互依赖，相互映照，并在适当的条件下相互朝对方转化。因而所谓"反者'道'之动"，从两种对立的矛盾面相互斗争又相互依存的角度来说，任何事物均符合"相反相成"之理。任何事物一出现，即包含着自身的对立面。一个人从出生的那一天起，就包含着"生"的对立面"死"，人的生命进程也就是内在的这对矛盾"生"与"死"相互斗争、相互转化的过程，用庄子的话来说，是"亦生亦死，亦死亦生"。老子的命题"反者'道'之动"，就意味着事物的发展演变乃事物自身蕴含的内在矛盾既对立又统一的结果。正是由于事物内部相反相成的矛盾面的相互作用，才促进其由创生到兴盛，由兴盛到衰落，再由衰落之极转为"复始"的过程。在老子看来，泰与否，剥与复，福与祸，这些对立的范畴都是时刻在转变的，只有把握转变之机，掌控转变之规律，才会使事物向积极一面发展。

　　第二种含义是反复之"反"，即"返"。"返"就是事物发展到极点之后再回归到原初之点。老子曰："大曰逝，逝曰远，远曰反。"一个事物不断发展壮大，在自己的道路上不断前行，不断演进，前行演进得越来越远；但是最终，事物在达到极点之后又会回返，从而完成自我生命的一个圆的循环。因而老子的"反者'道'之动"，从物极必反、无往不复的角度来说，揭示了宇宙万物循环往复的发展规律，当然这种循环往复并不是简单的回归，不是纯粹的循环论。人老了之后，"复归于婴儿"，重新回归到儿童的纯朴与天真状态，这是一种生命的理想状态；但是这种复归，绝不是也不可能是简单地从肉体到精神回到儿童状态，而是更高层次的回归。这是一种经历了人世沧桑，遍阅人世艰辛之后的回归，是认识了生命之悲喜、人世的善恶后的回归，是生命在走了一圈之后的彻悟与升华，是生命的另一种崭新的境界，而非简单的回归。因此，绝不能说老子的"反者'道'之动"里的"反"是简单的循环论。庄子说："穷则反，终则始，此物之所有。"（《庄子·杂篇·则阳》）说的也是"大曰逝，逝曰远，远曰反"的哲理，不穷则不返，不远则不返，只有到"穷""远"，才能"返"，才能回归，才能终而复始，开启一个崭新的循环。这里包含的意思是，"反者'道'之动"之"反"，乃必须经历量的积累，必须经历长时期的渐变，才能实现最终的"返回"。这个过程非常微妙，事物的渐变过程看似很慢，很微弱，但是"道"的运行都蕴含其中；"道"表面上看来柔弱幽潜，但积累到一定程度，便发生质变，使物极而返，这就是老子所言"弱者道之用"。此处"弱"，不宜理解为"柔弱胜刚强"之弱，而是"微弱"的弱，是形容"道"在作用运行时所呈现的幽潜、幽微、微妙而不显、微弱而不可见的状态。

老子的"反者'道'之动"，在生命哲学上，体现为谦卑、慎微的处世智慧。深知祸福相倚相伏之理，则处于富贵而不骄，处于困厄而不馁；深知盛衰相互消长之理，则盛时谨慎而恬淡，衰时从容而镇定。如此，则处处安然，时时自定，致虚观复，顺应自然，在生命与宇宙之循环往复中静悟盛衰荣辱之理、兴废成败之机，穷达祸福之变，从而使自己的生命在天地盈虚之变动中永葆笃定宁静。

四十一章　道隐无名

上士闻道，勤而行之；中士闻道，若存若亡；下士闻道，大笑之。不笑不足以为道。故建言有之：

明道若昧；进道若退；夷道若颣；上德若谷；广德若不足；建德若偷；质真若渝；大白若辱；大方无隅；大器晚成；大音希声；大象无形；道隐无名。夫唯道，善贷且成。

[大意] 上等之人听"道"，十分勤勉地去实践；中等之人听"道"，若有若无，半信半疑；下等之人听"道"，则大笑着讥讽。如果"道"不被下等之人嘲笑，则不足以称为"道"。所以古代立言之人说：光明的路反而显得暗昧，前进的路反而好像后退，平坦的路反而显得崎岖不平，最高尚的道路却好似低低的山谷，最广阔的德行却好像有什么欠缺不足，刚健的道德反而显得有些懈怠，质朴而纯洁的人反而让人觉得有些浑浊，最洁白的东西看起来却像是含着黑污垢，最方正的东西看起来反而像是没有棱角，最贵重的器物却总是很迟才完成，最大的声音反而让人似乎听不见声响，最大的形体反而让人看不到形状。"道"往往是隐藏不显，没有名字。

而只有"道",善于施与万物,造就万物。

当诸侯纷争、开疆拓土之时,老子却教治国者要虚静无为、恬淡为上;当世人都逐骛外物、忘却自身生命、汲汲于名利之时,老子却教世人返璞归真、抱朴守真,要"复归于婴儿",要黜其聪明、保守拙愚;当所有人都以刚强、华美、富贵为上,眩于世俗的享乐之时,老子却教人柔弱、谦卑、朴质。看来,老子似乎处处与世俗的标准与世人的欲望反着来,世人越追求什么,他就越不屑于什么;世人越崇拜什么,他就越贬斥和摒弃什么。老子所追寻的,是生命的价值,是心灵内在的价值,是以灵魂的安定与生命之丰盈为坐标的人生轨迹,而不是以世俗标准来衡量的幸福。他固执己见,一意孤行,独来独往,不改其志。他不理会社会的标准,而以自我为标准审视一切。他关注内在生命的圆满,自主,独立,从容,而不肯被羁束,被强迫,被伪装,被胁持。老子是秉持最强烈、最强大的自然观念的哲人,而这一点,也就注定了他终究是一个寂寞的人。从某种意义上来说,所有独树一帜、坚持自我的哲人都是寂寞的。"古来圣贤皆寂寞",这是圣哲特立独行的代价。孔子"累累若丧家之犬",当他暮年之时,感叹"梁木其朽,哲人其萎",喟息于"凤鸟不至",悲哀于"获麟"之痛,他的心境何等寂寞!因此圣贤之心必须足够强大,要有"虽千万人吾往矣"的勇气与担当,要有"独与天地精神往来"的气魄,要有抵御世人讥讽蔑视的内心力量。

好在老子并不在意世人之贬讥。他清醒地看到,只有那些有极高境界的人才会理解他的思想,并努力实践,只不过这样的闻道后"勤而行之"的"上士"实在是太少了,大部分人是"中士"或"下士"。中士听到老子的道,将信将疑，你姑妄言之，他姑妄听之，听后就算了，仍然我行我素，"依然故我"，仍旧追逐世俗之名利地位，不以老子的道为然。更有一些境界非常低下之人，"大笑之"，听了老子的道不屑一顾，发出贬斥鄙夷的狂笑。而老子则对世人的这种反应十分淡然，他并不追求自己的道得到普遍的理解与同情，甚至非常清楚他的道一定会被俗人庸人鄙夷不屑的，因此他也不会介意。他甚至说："不笑不足以为道。"也就是说，我的道要是不被俗人鄙弃和嘲笑，它也不配称其为"道"了! 何等洒脱的胸怀! 你要在俗世中卓然不群，独立不倚，一意孤行，就要有这样强大的内心力量，就要有不被理解甚至被人鄙弃的思想准备，就要有此等旷达洒脱无所不容的气度!

老子观照人生，洞察生命，不是从生命表面的浮华来看问题，而是关注生命真正的成长与收获，关注人生内在的丰盛充盈。因此他所选择的道路也是极其独特的。在他看来，那些世人眼中通往名利地位的"康庄大道"并不值得羡慕，他宁可选择那些往往被人所鄙视、所忽略的道路。那些在俗人眼中暗昧不通的道路，在老子看来反而是通往真正的生命的光明大道；那些在世人看来是标志着人生退步的道路，在他看来反而意味着生命的长进；在俗世看来极为崎岖不平、充满艰辛的道路，老子反而认为那是通往真正充盈的人生的平坦大道。正像耶稣所说的，通往天堂的门是窄的，而通往地狱的门是宽的。老子的特立独行、返璞归真、柔弱无为，在世人眼中使他与名利无缘，似乎走上了一条充满暗昧、艰辛、崎岖的小路，但在老子心目中，这样的人生选择使他真正获得了生命的光明与开阔，那种表面上浮华炫目的生命道路，却正是通往地狱的道路；而那种表面上艰辛崎岖的不同寻常的道路，却恰恰通往生命的天堂。

老子教我们透过虚假的表象，来洞察生命的实质，表象与实质之间，存在着巨大的鸿沟，甚至截然相反，而我们却往往被表象所蒙蔽、所诱惑。老子认为，那些拥有最高道德境界的圣人，都虚怀若谷，谦卑得像山谷，那些道德卑下之人，反而盛气凌人自视甚高；那些德行广远、内心极为丰盈、胸襟极为宽广之人，表面上看都十分淳朴、质实，总感觉不很完美，因为他不装腔作势，也不虚伪地展示自己的华丽不凡。在那种至高的境界中，你看不到自我表现，看不到喧嚷与浮躁，看不到声嘶力竭的炫耀，圣人只是在谦卑与宁静中完成自己的生命之旅，在寂寞与潜藏中锻造自己的广大开阔的人生。所以老子说："大器晚成，大音希声，大象无形。"这样的生命，正是效仿了"道"的运行：隐幽、无形、寂静、无名，但是又善于施与，善于造就，在不声不响中塑造真实的生命。这个生命的完成，不是为了博得世俗的赞美与认同，而只是为了自我的圆满，为了自身价值的确立。

四十二章　阴阳冲和

道生一，一生二，二生三，三生万物。万物负阴而抱阳，冲气以为和。

人之所恶，唯孤、寡、不穀，而王公以为称。故物或损之而益，或益之而损。人之所教，我亦教之。强梁者不得其死，吾将以为教父。

[大意] 作为天地万物源头的"道"，乃混沌一体；由混沌一体的"道"生出阴与阳两种精气；阴阳两种精气相交而开始创生新物，新物不断创生以至于生成宇宙间的万物。万物都包含阴阳，由阴阳两极相互作用、相互激荡而产生一种均衡和谐的状态。

"孤""寡""不穀"等等，都是普通人所憎恶的，可是王公们却以此称呼自己。因此，有时候减损一样东西反而是对它的增益，而增益反而是减损。别人教给我的东西，我也用来教导别人。强暴者的结局都非常悲惨，我把此理作为教人的准则。

对于老子的宇宙论，学者历来争议颇多，从事自然科学的人亦以近代科学为视角参与这场辩论，使意见更为纷纭。以机械的观点，简单地拿近代科学的概念、范畴和逻辑，来解释老子的宇宙观，实是南辕北辙之举。有的学者，用近代宇宙生成学说来解释和观照老子哲学，甚至因其宇宙论把他险些抬高到"近代物理学之父"的程度，这实际上是贬低老子的贡献，曲解了老子哲学的真正意蕴。不可否认，《周易》《道德经》等中国古代经典，就内在意蕴而言，确实包含了诸多对于现代科学有极大启示意义的思想，令我们对古代先贤的颖悟与直觉充满钦佩与赞叹。但是，用近代科学逻辑来简单地比附或套用老子哲学或周易哲学，这种教条化的理解方式，其实并不妥当，有时甚至显得幼稚可笑。老子的哲学思想体系，其最高层次虽是宇宙论，由宇宙论而落实到政治论与生命论，但是老子的宇宙论实质都是为其政治论与生命论构建形而上之基础。他的根本兴趣或终极关怀并不在宇宙的起源或宇宙的生成这类问题上，而是在政治问题和人生问题上。他提出自己的宇宙观，是用宇宙创生与演变的规律和逻辑来观照人、解释人。也就是说，他要为他的生命哲学与政治哲学找到最高的依据、最后的逻辑，这个依据与逻辑就是他的宇宙论，他的形而上学，他的天道。这与《周易》的思维逻辑是一致的。

老子说："道生一，一生二，二生三，三生万物。"对于这段广为流传的格言，不能拘泥地按照字面去理解。在老子的观念中，"道"代表着万物之本始状态，它是一个大整体，是一个大混沌，是一个不可分的、未雕琢的、无名无为的初始存在。"道"这个初始存在，不是黑格尔的"绝对理念"，也不是希伯来文明中的神祇概念，而是一个浑然一体、真实不虚的混沌存在。因此所谓"道生一"，不应拘泥地理解为"道"中生出了"一"，而是道本然的状态是"混沌为一",是一个真朴未凿的初始之物,是万物之开端。那"混沌为一"的道的运行,是依赖于何种机制?是"一生二"。"一生二"意味着宇宙中这种浑元一气的初始状态,分化出阴阳二气。所谓"阴阳二气",并非实指阴阳两种物质,而是遍指万物中所包含的两种相反相成之禀赋。这阴阳二气实则是万物赖以创生的两种基本力量。《周易》说:"一阴一阳谓之道。""道"的体现就是阴阳两极的相互作用。阴阳互动、互激、互相依存,又互相矛盾,运动不已,于是新的东西即在这阴阳互动中创生。"二生三",指由阴阳两极之互相激荡开始创生出新生事物,"三"并不是一个确指,而是含混地表示创生之始,"三"是异于现存的阴阳二气的崭新事物,是天地生生不息之开端。有的学者,根据后面所说的"冲气以为和"的话,把这里的"三"刻板地理解为"冲气",把"二生三"机械地理解为"阴气与阳气相互作用而生冲气",极为皮相。如果以此来理解"三",则"三生万物"解释起来就极为牵强。"三"是无地创生之新开端,"三生万物"意味着在天地创生之进程开启之后,遂创生万物。

  值得深入探讨的是"万物负阴而抱阳,冲气以为和"。此处"负阴而抱阳",不宜机械地理解为"背着阴而向着阳",此处所说的"负"与"抱",当为互文,指万物都是阴阳两种精气相互作用的结果,是事物内部所包含的内在矛盾相互激荡而形成的结果。"阴"的东西,往往是事物幽隐、消极、柔弱、保守的一面,而"阳"的东西,往往是事物显明、积极、刚健、有为与创造的一面,阴阳相互融合、纠结、矛盾、调和,才使万物创生演化以至无穷。有阴必有阳,有阳必有阴,阴中蕴含阳,阳中蕴含阴。阴极而生阳,阳极而生阴。阴成就阳,阳成就阴。阴阳既互斥,又互融,既对立,又统一。"万物负阴而抱阳"一句,意味着阴与阳以相对的、而不是绝对的对立面,永恒地存在于事物之中,因而任何绝对主义的理解都是片面的,是违背事物发展规律的。一个人的性格,需刚中带柔,柔中有刚。一味地刚、摒弃柔，就会显得刚暴，过于刚暴则易折易亡。一味地柔而摒弃刚，则过于柔靡，无刚健利索之气质，从事于任何事业均将无功。推进任何事情，需刚柔相济，宽猛相济，渐顿相济；思索任何一件事情，都要有辩证思维，既要想到积极、美好、顺遂的一面，也要想到消极、挑战与困扰的一面，如此则思想渐趋于圆融，行动渐趋于老成。你看中国人所画的太极图，阳与阴相互咬合，相互含容，相互转化，阴阳两种力量在运动中相互融合，你中有我，我中有你，阴阳交汇，生成万物。我们读到"万物负阴而抱阳"，就要体悟天地万物中所包含的这种大智慧，这种运动的相对主义的思维境界，这种圆融无碍、超越对立的思想境界，而不是仅仅从字面上去理解。"冲气以为和"，这里的"冲气"，即是虚灵之气，也是指阴阳二气相摩相荡相融相化之意，最终阴阳两种力量相互作用的结果，是达到一种"和"的境界。"和"是什么？"和"是矛盾的消弭，是对立的消解，是相反力量的相成与均衡，是天地间一片清明和谐。阴阳互动，万物生成而后演化，其最高境界乃"和"。

从"万物负阴而抱阳，冲气以为和"的宇宙观出发，老子推导出他的生命观与政治观。四十二章下半段所言，是老子前述宇宙观的合乎逻辑的推论与延伸。高亨、严灵峰、陈鼓应等一些学者认为，前后所言不相连属，因此怀疑后半段是他章错简误移本章。此种见解仅从表面文字上推求，有些武断。两段实则在内在意义上有深刻的逻辑关系，后段的人生哲学与政治哲学是从前段宇宙观推演而来。老子观察到宇宙万物皆是阴阳互动之产物，阴阳互生不可须臾相离，而最终阴阳互动的结果，是达成一种均衡和谐的结果。因此，人也应该效法天地万物，以圆融的心态对待生命，不可执着于一端。从人的生命而言，有高就有下，有尊必有卑，有强必有弱，有顺就有逆，有福就有祸，有得就有失，有益就有损。人的生命中所有这些看似对立的东西，都是相辅相成的，它们共存于我们的生命当中，不可褒此而贬彼，不可单方面地喜此而厌彼。可是老子发现，世俗中的人，总是喜欢高而厌恶下，崇尚尊而讨厌卑，追求强而厌弃弱，寻求顺而躲避逆，趋向福而远避祸，喜欢得而不想失，追求益而期望永远不要损，这是不符合宇宙万物"负阴而抱阳，冲气以为和"的规律的。从这种宇宙观出发，老子认为人应该有一种平衡的、圆融的观念，要懂得生命的艺术。我们既要崇尚尊贵与崇高，也要甘于卑下；既要追求幸福与顺遂，也要坦然接受灾祸与逆境。我们既要看到"益"的好处与"损"的坏处，也要有更高的智慧，深刻地看到"益"的坏处与"损"的好处。要有辩证的思维、圆融的心态，要看到表面上消极的、坏的、"损"的东西，实际上是积极的、好的、"益"的；而那些表面上顺遂的、得意的、"益"的东西，可能是带来灾祸的坏的东西。因此，我们要时刻谦卑，而不要一味逞强；要学会柔弱，深悟"强梁者不得其死"的教训；要时刻抱着阴阳互生互融的思想，处理任何事情、面对任何境遇都不要绝对化，此阴阳冲和之理，乃生命之道，不可须臾离也。

四十三章　不言之教

天下之至柔，驰骋天下之至坚。无有入无间，吾是以知无为之有益。

不言之教，无为之益，天下希及之。

[大意]天下最柔软的东西，却能驾驭天下最坚硬的东西。以无形的力量，才能进入没有间隙的东西。我因此知道无为的好处。不言的教导，无为的好处，天下人很少能达到这种境界。

中华民族历来以坚忍顽强著称于世，历经磨难，艰苦卓绝，以极大的韧性、极强的忍耐力，共克时艰，显示出顽强的生命力。因而在中国的国民性里，崇尚的是长期的韧性，是持久生存的能力，而非竞一时之强弱，争一时之短长。中国人从来就不标榜过于刚硬、刚烈、刚直的东西，而是倾向于坚忍不拔、富有持久战斗的精神，因此总是以极为长远的眼光看待胜负盛衰。刚硬过了头就是脆弱，就是不堪一击，有些壮士虽然可敬可贵，然而却因缺乏持久的韧性与灵活坚忍的战斗精神，使自己的功业毁于一旦。

要完成一项使命，要达成自己的功业，就要有长远的眼光，具备韧的精神。鲁迅先生早就睿智地指出了韧的战斗的必要性。这是一种生命的大智慧。

老子教导我们的，正是这种以柔克刚的韧的精神。"天下之至柔，驰骋天下之至坚"，至柔之物莫如水。水看起来没有什么力量，然而它却以巨大的韧性，以长期持续的坚忍精神，穿石移山，改变一切。水的特性是柔弱趋下，不与人争。人也应该效仿水，谦卑自牧，以柔弱之行动应付世事之变，切不可张扬横暴，过于刚硬。水以至柔之体，驾驭天下至坚之物，靠的不是一时之猛力，而是持久之功。因此，我们亦应像水一样，不急不躁，从容不迫，遭受任何阻力、坎坷、障碍都不着急，以柔韧之心处之，以淡泊之心应之，巧妙地迂绕，灵活地前行；要学会权变，学会在低调的行动中积蓄力量，积攒生命的恒久之力。这样的力量积攒到一定程度，就会以排山倒海之势，摧枯拉朽，冲决一切，改变一切，任何至坚之物都难以阻挡。这是生命之力积蓄到某一点自然而然的爆发，是顺势而为，是无为而为，是水到渠成。在生命成长的过程中，不争一时之短长，不以一时之遭遇险阻而失意，而是时时从容自得，处世灵活，绝不自逞刚强。看似柔弱，实则积蓄实力；看似无为，实则等待时机、顺势而为；看似妥协，实则灵活权变，不以刚制刚，而是以柔克刚。此乃生命成长之要义也。

水以至柔而驰骋至坚，还因为它能以"无有入无间"，具备一种极强的无形的渗透力。水渗入各种看似没有缝隙的东西，它那样巧妙，无声无形，潜移默化，以一种极为幽隐、极为微细、极为柔弱的方式，渗入表面上极为坚实牢固的东西之中，最终改变它。水的秘诀是"无有"，它渗入任何东西似乎都不露形迹，从不大张旗鼓，从不高调张扬，在无形之中渗透进去，改变对方，甚至摧毁对方。"春风化雨，润物无声"，其中蓄含的是一种不露声色的大力量。要改变一个人，要改变一个事物，要达到一项功业，就要学会这种不露形迹的功夫，让人在不知不觉中改变，让事物在不声不响中进展，让功业在无形无迹中壮大成就。有些人要改变别人，总是勉强别人，扭曲别人的意志，拂逆别人的心意，如此硬来，不但改变不了一个人，反而让他心生反感，最终达不到目的。正确的方法是因势利导，"春风化雨"一般，循循善诱，使其在不知不觉中得到改变。若试图以强硬、高压的形式来强迫其接受，结果往往适得其反。庄子讲的"庖丁解牛"的故事，其实质就是庖丁熟谙顺势而为之理，知道如何"以无有入无间"，所以他在分解一头牛时如入神境，并不将这头牛看作一头牛，不是试图用"力量"来析解它，而是深入地把握"无为"之理，看似不费力，实则顺其势而为，做到"游刃有余"。这份"游刃有余"的从容与自适，来自一种淡泊的心态，一种无为的心态，是一种熟谙其势而灵活驾驭的自由境界。有些人做事，刻意"努着劲儿"，在没做之前就弄得风生水起，满城风雨，结果却因过于强势、高调而招致很多压力、阻力、妒忌、拆台，最终使事业受损。"无有入无间"强调的是如同"水"一样的柔和、灵活、低调、顺应，是一种高超的处世做人的艺术。

　　老子认为这种"无有入无间"的处世艺术同样亦可以运用于政治哲学当中。一个治国者，如果知道如何顺应人民的意志，熟谙借势的艺术，懂得驭人之道，就可以在无形中使国家大治，达到"无有入无间"的目的。所以老子说，"不言之教，无为之益"，说的就是治国的君王要以"不言"来施行教化，要以"无为"来治理国家，这才是最高境界。然而治国者真的是"不言""无为"吗？"不言"是不是简单的"不说话"，"无为"是不是简单的"无所事事"呢？当然不是这么简单。老子所说的"不言"是告诫治国者不妄言，不乱施政令。如果统治者整天违背人民意志，胡乱发号施令，把自己的意愿强加于人民，时时强迫人民接受，那么人民就会不堪其扰，反感甚至抵抗其政令，如此统治者不但达不到自己的目的，反而会引发民众反抗、逆反的心理。领袖越是自以为是，天天对人民施加教化，民众越是心生反感，这样强硬地去灌输，勉强民众接受，努着劲儿地去推行政令，其实是一种相当愚蠢的低层次的做法。治国者要懂得水"至柔而驰骋天下之至坚"的治理艺术，要以一种柔和而不露形迹的方式教化人民，润物无声，潜移默化地改变他们，不声不响地向其渗透领袖的价值观，久而久之，则民众自化，国家自治。这种"无为"，不是简单的"无所事事"，而是真正的"以无有入无间"，是高妙的"无为"，是最终的"有为"。

四十四章　知足不辱

名与身孰亲？身与货孰多？得与亡孰病？

甚爱必大费，多藏必厚亡。

故知足不辱，知止不殆，可以长久。

[大意] 名声和生命相比，哪个更亲？生命与财富相比，哪个更重？得到名利与丧失生命相比，哪个更有害？

过分看重名利，必然会付出更大的代价；过分藏储财物，必然招致更大的损失。因此，人知足就不会遭受屈辱，知道适可而止就可以避免危险，就可以使生命保持长久。

老子之旨，首在爱身。爱身不是目光短浅，不是自私自利，不是不顾一切地只为自己着想，更不是损人以利己。爱身是以自身为贵，是关注自我生命之价值，是对自我内在生命的深刻体认。一个人热爱自己的生命，其前提是深刻理解自身的生命，并尊重自身的生命，这就是"知命"。孔子所说的"五十而知天命"，是对自己生命的洞察，是对自我生命的觉醒，是对自

己人生使命的把握与认知。"爱身"的前提就是"知命"。你不了解自己的生命,不能洞察自我的使命,就不能了解自己存在的意义,就谈不上"爱身";你对自我的生命价值与使命茫然无知,就有可能不是真正地"爱身",而恰恰是爱那些与自我生命及使命毫无关系的东西,追逐那些生命以外的事物。这样的人表面上看起来是"爱身",实际上是"毁身""弃身""忘身"。他忘记了自己生命的真正价值与使命,抛弃了自己,而逐骛那些名利地位、声色犬马,结果最终毁灭自身。所以我们要深刻而正确地理解老子"贵身""爱身"哲学的内在意蕴,它绝不是只为自己打算的自私自利,其本质是对自我生命与使命的深刻体认与始终如一的坚守。

有坚守就要有放弃,要追求真正的生命,就要勇于舍弃那些俗世荣华,要"贵身""爱身",就要抗拒那些有损于生命本真的各种名利地位的诱惑。老子在四十四章反复拷问:"名与身孰亲?身与货孰多?得与亡孰病?"在人生的天平上,是生命本身重要,还是那些浮名财富重要?是更爱那些身外的财富、享乐、权力、名誉,还是更爱你的生命?老子逼迫我们做出回答,要我们做出决绝的选择,要我们在面对诸多诱惑时做出取舍。每一个人在生命中都会遭遇各种诱惑,这些诱惑足以戕害真正自由而丰满的生命,可是古今中外鲜有人能抵御得住这些诱惑。庄子宁可保有生命之真,宁可享有简朴而自主的生命,也不接受高官厚禄的诱惑,这是一种明智的选择。因为他深知,名与身相比,身更重要;身与货相比,身更宝贵。尊贵的名声与身外的财富,跟真正丰盈、充实、自在、从容的生命比起来,极为渺小,极其微不足道。当耶稣接受撒旦的试炼,把万国的繁华都视为粪土,他不可能因为外在的财富声名而放弃他真正的生命信仰。庄子与耶稣所面临的命题是一样的,他们能在重大的诱惑面前丝毫不为所动,是因为他们深刻了解自身的生命价值,认识到自身的使命,并且拥有极为强大的内力去克制自己的欲望,抵御抗拒外来的诱惑。汉代余姚名士严光(子陵),

不为光武帝许以高官的诱惑所动，萧然隐居富春山中，一支钓竿，两袖清风，杖履烟霞，放情山水，远离官场之羁绊，换来自在从容的生命。所以严子陵即使什么也不做，什么功业也没有，仍然可以是风范百代的名士，依然拥有流芳千古的人格魅力。

老子深知人类内心深处的贪欲中隐藏的巨大危险。为了名声与财富，一个人可以奋不顾身，不惜毁掉自己的生命，去换取名利。然而没有了生命自身，名声与财富又有何用呢？人们追逐这些外物，本来是为了使生命更丰富，更有成就感，更独立自由，然而越是追逐，贪欲越盛，渐渐忘记了我们追逐这些东西的初衷与目的。这些外物不仅没有使我们更幸福，更独立自由，反而剥夺了我们的幸福，并把我们捆绑起来，使我们丧失自由。我们得到的财富越多，品味到的从容与幸福反而越少；名声越大，所拥有的自由反而越少，枷锁反倒越多。这就是老子所说的"甚爱必大费，多藏必厚亡"。得到越多，失去就越多。我们得到了整个世界，反而失去了自己，这对于我们的生命又有何益？

所以老子教我们回归简朴生活。回归简朴生活的前提是看轻外在，不理会世界的喧嚣，在俗世的诱惑面前保持清醒与淡定。只有如此，我们才能不被世界所捆绑，不被外在的名利所羁绊，才能返回纯净而简朴的内心，与我们的生命在一起。我们在外物面前，要懂得冷静，常感知足，如此我们的生命才能精进，犹如一个人身上毫无负担地向前奔跑，得着丰沛的生命。如果我们的肩上压满了名利欲望，两手携满了财富地位，那么最终必被那些外在的枷锁所压垮，从而享受不到真正的生命的乐趣。在很多时候，我们的烦恼、痛苦、妄想、毁灭感、失落感等等，都是因为我们欲望太盛，贪欲太多，不知足，不知止。所以老子说："知足不辱，知止不殆。"一个人常感满足，对自己的境遇非常自得，内心充满感恩，把欲望控制在一定限度之内，不因贪欲太过而无休止地追求外物，这是真正的幸福的源泉。

"止",其要诀在于适可而止,不可贪得无厌。这就是要在生命中持守中庸的原则,对于外在名利、财富、地位的追求,要有度,要有节制。古希腊人就特别强调中庸的原则,亚里士多德伦理学说的全部基础即建立在中庸之上,即"不偏不倚",这也是刻在古希腊德尔斐(Delphi)庙上的格言。亚里士多德所说的"中庸"(mean)与老子所说的"知足不辱,知止不殆",以及儒家的"中庸"学说,在内在精神上是相通的。程颐这样解释"中庸":"不偏谓之中,不易谓之庸。"亚里士多德认为,人应该节制欲望,既不是放纵(太过),也不是绝欲。他与清教徒的观点相反。清教徒认为快乐是绝对的错,"完全拒绝快乐",而亚里士多德则以为人不要绝欲而要节欲,他说所谓有节制的人即是"在快乐方面持着中庸地位的人。……他极希望一切东西像快乐一样都有节制的精神,而同时亦要有益于健康。……有节制的人是跟着正当理性的指导走的"(亚里士多德《伦理学》)。因此,无论是老子所教导的"知足知止",还是儒家所倡导的"中庸"精神,抑或是亚里士多德所崇尚的"有节制的生活",都是在教我们过一种均衡的生活,适度、节制、中和,这是一种真正持久的生命状态,在这种"知足知止"的生命里我们才得享受生命的纯真、简朴与丰盈,远离灾祸、烦扰与痛苦。

四十五章　大成若缺

大成若缺，其用不弊。

大盈若冲，其用不穷。

大直若屈，大巧若拙，大辩若讷。

静胜躁，寒胜热。清静为天下正。

［大意］最完满的东西好像显得有欠缺，其作用却不衰竭；最充实的东西好像显得虚空，其作用却无穷尽。最正直的东西却好像弯曲，最巧妙的东西却好像拙笨，最善辩者却好像口拙。清静能战胜躁动，寒冷能战胜暑热。治国者清静无为，就可以做天下的楷模。

老子辩证法的精髓，在于擅长从看起来对立的范畴中寻求和谐，在相反的命题中发现内在的统一。这种反向的思维模式，恰恰是通过揭开事物的表象去洞察本质，而本质往往与表象具有相反的性质。老子在宇宙演进、天地嬗变中发现了事物对立统一的内在规律，感知到天地之间无处不在的、建立在对立基础上的和谐，以及事物表象与本质的差异。天地之间，

如此寥廓而虚空,然而这样的虚空中却充实着万物生灵,山川草木正是在这看似虚空中生长,展示其充盈的生命。这不是"大盈若冲"吗?这表面上的空虚寥廓,不正是其本质的充盈所赖以存在的前提吗?如果没有这广大无垠的虚空,哪里会有这千姿百态的生命充盈其中,生机蓬勃,气象万千?因此,我们从宇宙的演变中,洞察到"充盈"与"虚空"的相倚相成。实际上,在老子的观念中,那些相互矛盾的范畴都只是观念上的,他的所有的哲学努力,都在于让人们理解这些表面上对立的范畴的各自局限性与相对性,他总是试图在实践中消解这些矛盾,甚至利用这些矛盾,并促进这些矛盾向好的方面转化。人们不是都喜欢和追求完美吗?不是都讨厌和远离缺陷吗?老子反其道而行之,认为所有完美的东西,实际上都是有缺陷的,或者反过来说,表面上看起来似乎有缺陷的、不完美的东西,才是真正完美的东西,这样的东西也才具有无穷的生命力,这就是"大成若缺"。我们如果能够洞察"完美"事物的相对性与局限性,就会明白"缺陷"存在的必然性与必要性;而当我们以淡泊之心宽容与认同了"缺陷"的存在,也就使事物趋于"完美"。相反,如果我们不能正视"缺陷",不能理解"缺陷"的必要性与必然性,不能够以平常心坦然接纳"缺陷",拥抱"缺陷",也就难以真正臻至生命的"完美"。这就是老子所说的"大成若缺"。

从"大盈若冲""大成若缺"中,我们可以深刻体悟到,道家所倡导的,正是这种虚淡、坦然、宽容、自在的生活态度。这也是一种超脱于尘俗世界的以自我生命为核心与标准的理想人格。这种理想的人格,虚淡空旷,他不汲汲地去逐骛,不用那些看似热闹与繁华的东西填满他的生命,所以看起来虽虚淡空旷,似乎在世界中了无所得,可是实质上他却得着了真正充实、充盈的生命;反之,那些看似在名利场中,在浮华尘世中劳碌终日,每天极为"充实"之人,反而失掉了自己的真正的生命,丧失自我,没有享受到生命的充盈与自在。这种理想人格,又是坦然而宽容的,他能坦然面对不完美的现实世界，接纳这个世界丑陋的一面，庸俗的一面，肮脏的一面，同时又能保有自己的真朴，保持自我生命独立与自主；他不追求完美，宽容自己，宽容他人，宽容世界，宽容天下一切难容之物，由此他就能与自我及外界和谐共处。也可以说，正是在这种"不完美"的世界，他才真正完成他自己"完美"的生命。从接纳、宽容一切不完美而言，老子是现实主义的；而从追求自我生命的独立，不以世俗之"完美"标准羁束自我而言，老子又是理想主义的：老子就是一个理想主义与现实主义的综合体，他能屈能伸，能开能合，能以高超的处世艺术驾驭外在世界，却从未扭曲与丧失自我。

"大直若屈""大巧若拙""大辩若讷"所表达的，正是这均衡、老到而灵活的处世艺术。"屈"是对现实世界不完美一面的洞见与宽容，是面对生命中不可逾越的消极势力时暂时的退让与妥协，是一种睿智而灵活的处世态度。老子不主张那种对现实黑暗面的决绝的反抗态度，也不赞美那种牺牲自我的叛逆精神；他倡导一种有弹性的均衡的生命姿态，既懂得隐忍与妥协，又能保持自我内心的完整与尊严。当遭遇生命中的重大阻碍或周遭人的敌意时，当环境对自己不利且充满消极意味时，当面对严重的妒忌、诋毁、打击、暗箭、压制、蔑视时，要学会这种"大直若屈"的处世艺术。不能屈，则易折。暂时的"屈"，是生命的弹性的表现，是暂时的妥协，是对现实的正视与容纳，但并不意味着放弃内心的坚守。老子注重"保身""贵身"，而不主张只知伸而不能屈的脆弱的处世观。在"屈"中静观时势，保持自我，积蓄力量，全身葆真，这是老子处世的老辣处。这种处世的艺术给予中国人的精神以极大的影响。道家极其注重精神与肉体的内敛，肉体内敛则节欲保身，养精蓄神，而精神的内敛则意味着不事张扬，和光同尘，敛藏锐气，不使其外露。人要懂得敛藏聪明，敛藏锐气，就不会招致别人的妒忌与敌意，就不易罹祸。所以老子极力推崇"守拙"，不露聪明，不卖弄自己的智慧，不自我炫耀，这就是他所说的"光而不耀"。能守拙才是大巧，能守愚才是大智，而处处炫耀、处处卖弄、处处张扬恰恰是智慧不足的表现，这是中国人从道家精神遗传来的处世观。但千万不要把这种"大巧若拙""大辩若讷"理解为虚伪、伪装，理解为孔子所批评的"乡愿"。老子主张守拙，主张返朴，倡导一种敛藏、质朴的生活态度，他是极端反对崇巧尚智的时流的。他主张黜聪明、去智慧、罢机巧，而鄙视那些卖弄小聪明、雄辩滔滔自我炫耀的人。如同庄子一样，老子更崇尚一种大智慧，一种具有超越感的大智慧，因此在老庄眼中，大鹏抟扶摇直上九万里，翅膀都不动一下，而蓬间小雀则每天叽叽喳喳，在草丛间恣意跳跃，自以为是，自鸣得意，前者看似拙而讷，后者看似巧而辩，但是谁拥有真正的大智慧则昭然若揭。

　　老子认为，世人处世当知守拙敛巧，不事张扬，而治国者也应如此，要学会朴讷，学会持守虚静。治国者最忌自以为是，妄言躁动。治国者一旦不能守拙而多躁动，则必然以乱政骚扰百姓，则百姓之祸不可免矣。老子言："清静为天下正。"治国者知道守拙藏巧，虚静自为，朴讷而不轻言教令，则天下自然静定。

四十六章　无欲常足

天下有道，却走马以粪。天下无道，戎马生于郊。

祸莫大于不知足，咎莫大于欲得。故知足之足，常足矣。

[大意] 如果天下治理走上正道，则战争中的马匹都回来从事耕地。如果天下治理不走正道，用于战争的母马只能在郊外生下小马。

祸患没有比不知足更大的了，罪过没有过于贪得无厌了。因此知足的人，才永远是满足的。

春秋战国时期，战争频仍，人民不胜其扰，不堪其苦。当时有远虑、有忧患意识的思想家都憎恶战争，呼吁各国停止征战，恢复秩序与和谐。老子即是一个坚定的反战主义者，他认为一个有道的世界，应该"刀枪入库，马放南山"，化干戈为玉帛，铸刀剑为犁耙，让那些在战争中驰骋冲杀的战马重归田园，从事生产，这就是他所说的"天下有道，却走马以粪"。而一个无道之世界，却驱赶无数人去战场送命，"流遍了，郊原血"（毛泽东词《贺新郎·读史》）。而那些发动战争、使民众染血沙场的理由，听起

来往往冠冕堂皇，战争双方都宣称代表国家与人民的利益，都是正义的化身。他们编造这些宏大、高尚、堂皇的理由来欺骗民众，实际上只是借助战争来满足他们内心对于功业权势与财富的欲望，满足帝王的虚荣心而已。《盐铁论·未通篇》说："闻往者未伐胡越之时，繇赋省而民富足，温衣饱食，藏新食陈，布帛充用，牛马成群，农夫以马耕载，而民莫不骑乘。当此之时，却走马以粪。其后师旅数发，戎马不足，犗牝入阵，故驹犊生于战地。六畜不育于家，五谷不殖于野，民不足于糟糠。"老百姓在战争中赴死，耕织荒废，得到满足的却是君王征伐建功、掠地扬名的虚荣心。

春秋列国之间纷争的根源在何处？老子认为，其根源在于治国者的欲望太盛，贪欲太多，以至贪得无厌，占有欲太强，要用发动战争来满足。所以，在老子看来，要消弭战争，最关键的还是要使统治者知足寡欲。他说的"祸莫大于不知足，咎莫大于欲得"，是想说服治国者不要贪欲太盛、欲壑难填，这样只能带来更大的灾祸。老子的这个说法，在那些主张以征战来富国强兵的人看来，无疑是极为不切实际的、幼稚的说教；让治国者收敛欲望，少私寡欲，就如同苦口婆心说服猛兽不要捕杀猎物一样，是不可能实现的。然而，老子从心理学上来解释战争之根源，其更深的用意却在于教统治者自胜之道。统治者如果不以私欲、虚荣、权势为出发点，如果能节制自我的欲望而将关注的重点放在民生上，则可以把原本用来征伐的各种要素用于发展生产，如此则百姓安居乐业，财富日益积累，民富而国强，统治者不用对外滥施征伐就能获得国家的稳定与富强。同时又由于统治者少私寡欲，不随意发动战争，则人民自然拥戴统治者，统治者也将立于不败之地。因此老子深刻地认识到，当统治者的注意力从外部的征伐转到内部的与民休息，当统治者把满足自我开疆拓土的虚荣心转移到"以百姓心为心"，当统治者收敛一己之欲望而保持知足心态的时候，他就可以达到"自胜而胜人"的境界，即他不用甲兵就可以"屈人之兵"。

老子四十六章虽以战争为主题，然而对于处世亦有启迪意义。我们常因私欲萌动，以至于贪得无厌，而陷入无休止的争斗。我们总是希图获得更多，常为微末琐屑的小利与人大动干戈，甚至终生反目。这种目光狭隘的争斗心理，实源于贪欲。假若能退回来深刻反省，就知道我们所追逐的不过是那些蝇头小利，然而我们却视之胜过生命。如同庄子在《杂篇·则阳》中所说的"蜗牛角上的战争"："有国于蜗之左角者曰触氏，有国于蜗之右角者曰蛮氏，时相与争地而战，伏尸数万，逐北旬有五日而后反。"细究起来，那些上至楚汉相争、伏尸百万，下至为蝇头小利而起的争讼纠纷，都不过是在蜗牛角上争高下，极为琐屑，极为无聊！我们的痛苦与烦恼，常常源于贪求太多，而不在于实质上的匮乏；假若遵照老子之教诲减损欲望，常感知足，我们的痛苦与烦恼就会消除大半！人若知足，粗茶淡饭中亦能品味出人生之幸福，清风明月间亦映照着极为安适恬然之心境；相反，人若不知足，锦衣玉食也掩藏不住内心的空虚乏味，日日酒池肉林也难得到一丝的安适与陶然！因此老子说："知足之足，常足矣。"治国者知足寡欲，则息战争，养百姓，我们每个人知足少欲，则心虚静，行清正，内心常感喜乐，不为物役而能役物。

很久之前见过一副对联，极妙，可以作本章的注脚："于境知足，于学知不足；其气有为，其志有弗为。"知足知不足，有为有弗为，人就有了取舍的准绳。

四十七章　不行而知

不出户，知天下；不窥牖，见天道。其出弥远，其知弥少。

是以圣人不行而知，不见而明，不为而成。

［大意］不出门，就能知晓天下事；不用望窗外，就能洞见天地之道。人越往外面去追寻，他所知道的东西就越少。

因此圣人不出行就知道天下事，不用窥望就能明了事理，无所作为却能使事情成就。

对于如何能够获得真知，中西哲学家有着极不统一的体察与实践。要讨论清楚这个问题，首先要洞察真知的意蕴。所谓真知，是对外界及自我本真的认识，即要把握世界与内在生命的本质。持"不可知论"的中西哲学家认为，外部世界与内在生命的本质，是不可知的，不可运用我们的理性来感知。西方哲学家巴克莱说："世界是不可知的。"中国哲学家庄子也感叹："吾生也有涯，而知也无涯，以有涯随无涯，殆已。"我们的生命极为有限，因此所能感知到的时空也极为有限，以我们有限的时空存在试图

去把握世界的本质,是徒劳的;因此庄子强调主体的局限性,强调人类心灵的"自适",强调超越这个表面的物质的世界而"与天地精神往来"。孔子也承认人类认识的有限性,强调人类在面对世界的复杂性时采取谦卑的态度。"知之为知之,不知为不知,是知也",能认识到自己的无知,乃最高的智慧,是真正的"知"。但孔子同时也强调知识的累积以及行动实践的重要性,他说"学而时习之,不亦说乎"。这里的"学",当然指主体试图洞察客体的知识性努力,而"习",则强调实践与行动在认知世界中的作用。因此,在认识世界方面,孔子的态度是谨慎的积极,是笃实的实用主义,代表一种孜孜不倦的求知的姿态。这种笃实而积极的态度对宋儒影响甚大,宋儒强调"进学在致知",正是继承了孔子的渐进求知以达于对世界的认识的理念。儒家的八条目——"正心、诚意、格物、致知、修身、齐家、治国、平天下",是有逻辑上的先后次序的,心思的诚正乃一切行动与思想的基础,而"格物、致知"乃"修齐治平"的前提。所谓"致知在格物",是说人要获得对世界本质的正确认知,其前提是洞察物理(这个"物理"泛指一切外在事物之理)。宋代以朱熹为代表的理学家,主张循着这个顺序去认识世界,完善自我,并进而达到天下大同。

然而王阳明却在悠久的儒家认知传统内部掀起了一场革命。王阳明早年也曾信奉儒家格物致知学说,还曾亲自以"格竹"为试验来体悟"格物致知"之道。当然结果可以预知,王阳明这种机械的"格竹"试验不可能成功。他格了七天竹子,"格"出一场大病,遂对"格物致知"之学有了痛彻肺腑的检讨,从而发展了他的心学体系。从认识论的角度检视,王阳明的"格竹"之举的是与非,大有可讨论之处,单凭他面对竹子来"格竹"七日以至终告失败,亦不能否定"格物致知"的积极意义。机械地、教条主义地认识"格",对于认识世界当然是毫无助益的。"格"是观察世界万物,是体验,是分析,是质疑,是感悟,是主体与客体长期交互作用。但是从另一个角度来检视，王阳明的心学革命自有其深远意义。他继承了孟子的传统，强调心的力量，强调主观、主体的力量与能动性。他强调"心外无物""心外无理"，与陆九渊"宇宙即是吾心，吾心即是宇宙"一脉相承。在认识世界方面，王阳明强调反观内心，"不假他求"，又与宋以来的中国禅宗的主张暗合。

老子提出的"不出户，知天下；不窥牖，见天道；其出弥远，其知弥少"，实际上也是一个认识论问题。这段话的提法，常常被人误解。老子在这里表面上似乎提出了一个倡导"足不出户就能知晓天下大道"的唯心的认识论，似乎与注重对宇宙万物的调查研究，从而获得对客观世界的真知的思想观念不相融，似乎偏离了他自己创立的辩证法传统，在心与物的关系上，片面地强调了"心"的作用，甚至夸大了"心"的主观作用。实际上，老子此处之所以极力强调"不出户，知天下"，之所以深切地批判"其出弥远，其知弥少"，是有极为深刻的社会背景和人文背景的，是以一种看似极端的片面的观点来击中时弊。时人更喜欢向外驰骛，更倾向于向外寻求知识，这本来并非大弊，因为一个人若不深入外部世界，不切实观照外部世界，则很难获得真知；但如果向外驰骛太过，心态极为浮躁，一味寻求外物的刺激，而不知反观内心，那么要获得真知亦是极为困难的；若只知外逐而不知内省，则流弊日滋，社会风气就会日益功利浮躁。老子单单提出"不行而知"，是针对此种时弊而发的，他要警告世人，不要以为更多地向外驰逐就能获得对天道的真正认识，而是要停下向外追逐的脚步，摒弃浮躁与功利之心，把立根之本回归到自己的"心灵"，以内心的深刻反省与自我观照来达到一种对世界及自我生命的真正认识。这就需要一种静定的心态，静中生定，定后生慧，如此在极其淡定、极其清明、极其空澈的状态下，静观外物与内心，从而达到"心"与"物"的融合，达到"心"对"物"的完全把握与彻底观照。不静就不能观，不止就不能观，不空就不能观，不澄就不能观。

所以，不要着急把老子的"不行而知，不见而明"批判为简单的唯心认识论，而是要深刻认识到老子此语对矫正时弊的重要意义。我们在纷扰喧嚣中住得太久了，心态过于功利而浮躁了，因此在很多时候，忘记了追逐的目的，也被喧嚣的俗世之尘所遮蔽，遂使我们看不见自己的内心。如此，就不能去弊存真，不能拨开尘雾而见物之本质。我们出去得太远，离家太久，反而把家忘了。所以老子教我们回来，回归内心，回归自我生命，从喧噪中停下追逐的脚步，返本复性，这样才能照见我们的内心，并照见世界。

当然，万万不可把老子的这种"不行而知"的观点片面放大。从修身功夫论而言，片面地理解"不行而知"亦可能产生空疏怪诞之流弊。禅宗末流，专以棒打呵詈为法门，功夫日渐空疏，对修禅者的内修极为有害，终使禅宗没落。王学末流，亦丢失了王阳明所毕生倡导的"知行合一"的认识论传统，堕入狂妄怪诞，功夫日疏，终至泯灭。因此，我们既要理解老子"不行而知"命题对切中时弊的意义，同时亦不可偏废，而要使心物相融，内外相交，知行合一，动静结合，这样才可以达到对外在世界与内在生命的真正认知。

四十八章　为道日损

为学日益，为道日损。损之又损，以至于无为。

无为而无不为。取天下常以无事，及其有事，不足以取天下。

[大意]追求学问，则知识与智巧日益增加；而追求大道，则情欲文饰日益减损。人的情欲文饰一再减损，一直达到"无为"的境界，"无为"才能成就一切事情，达到"无不为"。治理天下要常常保持清静无事，等到用繁政来滋扰百姓，那就不足以治理天下了。

"为学日益""为道日损"，老子在这两句话中所阐发的生命损益之道，有着丰富的内蕴，可以从不同的角度去解读。

有些学者从认识论的角度去诠释这两句话。"为学日益"，被解释为通过不断学习，增加对事物的认识，通过这种渐进的知识累积，我们对外部事物的理解逐渐深入。这种解释更接近于儒家对于认识论的理解。孔子极其强调"学"的重要性，他认识到与其"终日苦思"，不如学习，向传统学习，向经验学习，深入事物，去体验，去反省，去感悟，经过如此的循环往复不断深入，就可以增加学问，提升对外部世界的理性认知。而"为道日损"则被解释为欲达到对事物的本质规律的认识，必须不断进行去粗取精、去伪存真的工作，必须学会去除那些芜杂的感性认识的遮蔽，从而直入事物的本质，达到对"道"的深刻认知与把握。这种认识论视角的解释，虽也可自圆其说，却相对比较肤浅，甚至可能已经偏离了老子讲这八个字的本旨。

在我看来，老子此处的要旨更在揭示生命本体的损益之道，这损益之道是为他提出的"无为"命题提供理论基础的。"为学日益"中的"学"，是指礼义政教之学，追求礼义政教之学的结果，是我们的智巧文饰日益增多。因此，"为学日益"的真正深刻意义，是揭示出礼义政教之学所带给我们的心灵的遮蔽，这些学问越是不断积累，我们身上的浮华文饰越多，而我们本真的自我反而离我们越来越远。知识智巧越多的人，他们淳朴天真的天性就丧失得越多，距离"大道"就越远。庄子讲到一个叫混沌的人，浑朴天然，无智无识，与大道同游，与万物同化。然而当他被日凿一窍，七天凿出七窍之后，却导致了生命的终结。这个人有了七窍，却不复以往的浑朴自然，他偏离了天道，本真的自我必然死亡。世俗的礼义政教之学，正是逐渐通过智巧文饰的束缚，遮蔽我们的心灵，使其蒙上灰尘，远离本真自我与大道。学问在渐长，我们的心灵与生命都在渐渐萎缩。因此，老子说"为学日益"，并不是一个积极的肯定的表述，而是在抨击世俗之学对人性的戕害与蒙蔽，深切指出世俗之学的弊端，呼吁我们从这种"日益"的状态中苏醒过来，反省自己的生命。这不啻是一声棒喝。

要回归天道，追寻天道，必须要做减损。"为道日损"是要我们日益减损贪欲、浮华、伪饰，抛弃对世俗之学的追寻，克制内心的欲望，从而逐渐去除心灵上的遮蔽，脱去身上的虚伪矫饰，回归到本真天然之自我生命。这个"日损"，损的是浮华，换来的是质朴；损的是伪饰，回归的是真淳。

等到我们"损之又损",每日不断地减损贪欲,减少对世俗外物的追逐,最终才能达到"无为"的境地。这种"损",反倒是生命的真正的"益";而"为学日益"中的"益",反而是生命的"损"。这正是老子所说的"损益之道"的深义所在。

在我们生命与心灵的成长过程中,要懂得"加减法"。在成长起步的时期,我们不断地向外追逐,向外发展,不断地"做加法"。由此,我们的知识机巧越来越多,认识的人越来越多,名声越来越大,财富越来越多,对世界的介入与渗透也越来越多。但是在这种做"做加法"的过程当中,虽然一方面我们的生命在成长壮大,心灵在不断地丰富,而另一方面我们也在逐渐丧失生命与心灵中一些质朴美好的东西。在我们事业的上升期与生命的壮大期,对这种得与失要保持高度的警惕。我们已经习惯了做"加法",我们得到了太多,以至于忘其本真,忘其初衷。我们要保持一颗警醒的心、敬畏的心,在做"加法"的过程中,不断地反省自己,日日悚惕戒醒,日日检讨反思。在我们的生命与事业到了一定阶段,就要学会做"减法",让心灵沉淀下来,把自己与这个喧嚣的世界适度隔离开来,洗去浮华,重归单纯与简约,重返质朴与自然。我们更要追求生命的"质",而不是仅仅追求生命的"量"。"删繁就简三秋树",当我们由繁归简、由博返约、由外向内的时候,就能以一种更淡泊、更清醒、更澄定的眼光来审视我们自己的生命。当身外的浮华离我们远去了,真正的生命才能回来。假若你到了一定的年龄之后,还在沉湎于做"加法",还在往自己身上加名、加利、加财富、加人脉,还不能做到"损之又损",还不能舍弃,还不舍得丢掉你抱住的世俗名利,你的境界就难以得到提升,因为你身上太沉重了。如此你就难以窥得大道。所以,我们要学会做"减法",要有勇气放弃,要把自己"归零"。这样,我们才能回归简朴,达到内在的虚静无为。

老子所言"损益之道",最终仍旧归到他的政治哲学。"损"既是个人修养之要诀，也是治国者驾驭天下之必需。治国者要减损自己的欲望，约束自己的贪婪之心，务除虚名浮华之累，而归之于静定；一旦追求虚名与浮华，则必以苛政烦扰民众，驱赶民众去实现他一己之私利，如此则民必疲，国必亡。那些亡国败国之君，并非因为能力差，智商低，没有雄才大略，相反，亡国败国之君有很多恰恰是才华出众、才气纵横之人。但是这些人终于败亡，其原因盖在于贪欲太盛，好虚名，恋浮华，故往往大兴土木，热衷于摆排场，极端虚荣，不爱惜民力。更有甚者，为了彪炳史册，为了实现自己宏大的抱负，驱使人民赴死疆场，帮助他成就开疆拓土之"伟业"。这些君王常常扰民，其心思不得静定，浮躁多变，过于"有为"，因而容易招致天怒人怨。所以老子呼吁治理国家者要"损之又损，以至于无为"，清静虚无，淡定自守，以达到"无为而无不为"之境。过于有为则失天下，无为才能够取天下。所以老子说："取天下常以无事，及其有事，不足以取天下。"治国者要以无形的感召，以人格的魅力，以潜移默化的熏陶来影响民众，并善于运用高超而柔性的统御艺术来调动民众，这样才能以"无事"取天下。贪婪、强迫、硬干、扰民，则其兴也忽焉，其亡也速焉；那些沉湎于名利贪欲中的治国者，其虚荣也将很快被剥夺。治理天下的"损益之道"，不可不深思之。

四十九章　圣人无心

圣人常无心，以百姓心为心。

善者，吾善之；不善者，吾亦善之；德善。

信者，吾信之；不信者，吾亦信之；德信。

圣人在天下，歙歙焉，为天下浑其心，百姓皆注其耳目，圣人皆孩之。

[大意] 圣人往往没有私心，以百姓的心为心。善良的人，我善待他；不善之人，我也善待他；如此则可使人人从善。有信用的人，我信任他；没有信用的人，我也相信他；如此则可使人人守信。圣人治理天下，收敛自己的欲望，使天下人的心地变得浑朴，百姓都各用其聪明来自由行事，而圣人则使每一个人都回归到婴儿一样的纯朴自然的状态。

老子讲治道，其精髓在其人性论。玄古之时，人性自然，未被污染扭曲，一片浑朴清澈，如婴儿一般，所以老子主张"复归于婴儿"。但不幸的

是，人类永久性地告别了婴儿时代，于是智巧渐生，礼法日繁。人类越是被这些复杂的文明社会的制度机巧所束缚，人性越是扭曲，真正的本性越是得不到舒展。于是所谓圣人出来，提倡仁义礼法，试图收拾人心，使人心向善。然而治国的圣人越是处心积虑地呼吁法度礼制，人心越是浇离，世风越是败坏。所以老子主张"不治而治"。

《庄子·外篇·在宥》记崔瞿（一个虚构人物）向老聃问治道："不治天下，安藏人心？"意思是"你不治理天下，那你如何使人心向善"？（"藏"即"臧"也）老聃的回答很简单："女（汝）慎无撄人心。"即你当谨慎，不要轻易扰乱人心。你不扰乱人心，则民心自静定，天下自治。"昔者黄帝始以仁义撄人之心，尧舜于是乎股无胈，胫无毛，以养天下之形，愁其五藏以为仁义，矜其血气以规法度。……于是乎喜怒相疑，愚知相欺，善否相非，诞信相讥，而天下衰矣；大德不同，而性命烂漫矣；天下好知，而百姓求竭矣。于是乎釿锯制焉，绳墨杀焉，椎凿决焉。天下脊脊大乱，罪在撄人心。……故曰：绝圣弃知，而天下大治。"（此段是说，往昔黄帝开始用仁义来扰乱人心，于是尧舜，大腿瘦得无肉，小腿磨得无毛，奔波劳苦来供养天下人之形体，心志愁苦地推行仁义，约束情感来规范法度。……于是快乐的人和愤怒的人相互猜疑，愚蠢的人和聪明的人互相欺骗，善人与恶人互相非难，荒诞不经的人与诚信的人互相讥讽，于是天下日益衰落。人的本性不同，那自然之性丧失殆尽；天下人都喜欢机巧智识，汲汲于求智慧而天性消失，于是用斧锯制裁百姓，用礼法伤害百姓，用刑罚判决百姓。天下人因互相践踏而大乱，其罪过就在于扰乱人心。……所以，抛弃聪明智巧，天下才能大治。）后面的"绝圣弃知"，与老子完全相同。庄子又说："故君子不得已而临莅天下，莫若无为。无为也，而后安其性命之情。故贵以身于为天下，则可以托天下；爱以身于为天下，则可以寄天下。故君子苟能无解其五藏，无擢其聪明，尸居而龙见，渊默而雷声，神动而天随，从容无为，而万物炊累焉。吾又何暇治天下哉！"（《外篇·在宥》）君子治天下，要以无为之心，如此则百姓之本性不受侵扰，则可大治。君子贵身、爱身、保身，由此则不扰动百姓之心，这样的人才堪以天下相寄托。这里的"寄托天下"，与老子又同出一辙，文字亦几乎完全相同。君子若不离散五藏之本性，不滥用其聪明，居处宁静而精神活跃，沉默不语而其影响巨大，神动天随，从容自然而臻于无为之境，而万物则像游尘那样自在运行，那又何须治理天下？

庄子主张顺物之情，主张"在宥天下"，而不主张"治天下"。所谓"在"，即是神动天随，万物从容自在，不受外物所拘束。所谓"宥"，乃宽舒自得之意，心不为尘事所撄，宽容舒展，本性不受戕害。庄子的"在宥天下"，与老子的"无为而无不为"，旨意相通，其理一也。圣人治天下，并不是以己之聪明智慧去驱使天下，也不是以己之理想信念去强迫天下顺从。圣人不执着于自己的内心，不仰赖自己的聪明，而是尊重人民的意志与自由，让他们遵循天性去自由行动。这就好像天地一样，任由万物依其本然之性去运行、去发展、去生长，不干扰他们，不试图以自己的心意矫正他们，则万物自然各顺其性，各展其能，自然生长。所以老子说："圣人常无心，以百姓心为心。"圣人应是绝顶聪明智慧之人，但是圣人却不能自恃其聪明，乱用其聪明，最好应该敛藏其聪明，把自己的智慧放在一边，去倾听人民的心声。"以百姓心为心"，不是简单地"走群众路线"，而是要保全百姓之本然之性，不以个人之好恶去侵扰百姓的天性。这就要求治国者彻底抛弃个人意志，黜其聪明，藏其智巧，摒其好恶之心，而以恬淡宁静的客观心态观照天下人之心。庄子说："在之也者，恐天下之淫其性也；宥之也者，恐天下之迁其德也。天下不淫其性，不迁其德，有治天下者哉？昔尧之治天下也，使天下欣欣焉人乐其性，是不恬也；桀之治天下也，使天下瘁瘁焉人苦其性，是不愉也。夫不恬不愉，非德也。非德也而可长久者，天下无之。""在宥",即全其本性,保其本真,顺其自然,归于天道,如此则人的自然本性得以保藏,不会"淫其性""迁其德"。如果天下人皆能不丧其本真之性,则焉用治理?尧使天下人乐,此为不恬静;桀使天下人劳苦,此为不和美,这两个极端都是矫其本性,戕其天然,因而不符合天德,都不会长久。

因此,圣人治天下之道,在于顺性保真,以无为之心,施无为之道,使天下百姓皆回归婴儿之质朴无雕。圣人不秉持、不拘泥于一定的道德标准,对善恶一视同仁,对信与不信等而观之,"善者,吾善也;不善者,吾亦善之""信者,吾信之,不信者,吾亦信之"。圣人不执着于一己之道德判断,任由天然,而不轻易以一己之意介入其中,更不轻易以赏罚手段来驱使人们趋利避善,从而保全了人民的天性。庄子说:"举天下以赏其善者不足,举天下以罚其恶者不给,故天下之大不足以赏罚。"圣人若根据一己之好恶来决定赏罚,并驱使天下人求赏避罚,则百姓自会"终以赏罚为事,彼何暇安其性命之情哉"!百姓的本然天性就会被扭曲、扰乱、污染、戕害,天天计较利害,而忘其本性,这样的百姓谈何治理呢!因此,在老子看来,要使人归善归信,最好是治国者中道而行,摒好恶而顺天然,则天下人心自然归于浑朴无华。圣人治理天下,要持守中正虚静之道,"歙歙焉",敛藏自己的好恶、欲望、聪明,任由百姓各顺其本性行事,如此则百姓之心自然归于纯厚,抱朴守真,如同婴儿,圣人则从容无为,"在之宥之",天下则自治。

五十章　摄生出死

出生入死。生之徒，十有三；死之徒，十有三；人之生，动之于死地，亦十有三。

夫何故？以其生生之厚。盖闻善摄生者，陆行不遇兕虎，入军不被甲兵；兕无所投其角，虎无所用其爪，兵无所容其刃。夫何故？以其无死地。

［大意］出离生地，则进入死地。能长寿的人，大约十分之三；而早夭的人，大约十分之三；本来能够长寿，但因妄动而自蹈死地的，也大约十分之三。为什么呢？这是奉养自身太过的缘故。我大概听说那些善于护摄生命的人，在陆地上行走不会遇上犀牛老虎，在战争中不会遭到伤害；碰上这样的人，犀牛用不上它的利角，老虎用不上它的利爪，兵戈用不上它的利刃。这是什么原因呢？因为他远离死地。

老子书，每以养生入手，而归之以治天下。对于如何摄护生命、保养生命，老子探讨得很深入，汉以来河上公等多加以发挥，遂成一门博大精深的养生之学。所可惜者，河上公等的演绎多形而下，以适应普通人的理解能力与精神需求，有些解释故弄玄虚，反害老子之旨，阻碍我们对于老子本意的深刻理解。老子讲摄护生命，有两层意蕴：其中较浅的一层讲养生，即强身长命之术，这是河上公等养生派所尽力阐发的一层意思；而更深一层是讲"全性"，因而摄生之根本乃在于"摄性"，乃在于"葆真"，乃在于对生命本体的探求与葆养。因此，老子探究摄生之术的更深意蕴，是追寻生命之本，珍摄生命之本，由此可以"全性"，可以远害，可以长生，可以达到对自我生命价值的守卫与肯定。

生死之学的要害在于对个体生命的价值与存在方式的理解。人人都爱生而恶死，都希望长生而力避死亡，但是对于如何长生，对于生命的价值与存在，却有极为不同的理解。生命的最终价值，乃在于自我的实现，这个"自我"既与外在世界相关联，又有独立的价值；既存在于这个大千世界之中，"寄蜉游于天地"，又独立不倚，有其不可替代、不可忽视的存在价值。老庄哲学，特别重视自我的完整性与独立性，特别张扬自我生命的价值，强调"我之为我"的唯一性与超脱性。这就要求生命个体对自我生命的存在保持一份格外的清醒，从而臻至一种宝贵的生命自觉。"自觉"，就是对自我生命的彻底觉悟，是对"我之为我"的省视与内参。一个人，假如没有这份生命自觉，则活着犹如死亡，光阴全为他人过，丧失自我，丧失生命。这样的生命被世界所奴役，为外物所束缚，不能"役物"而"反役于物"。任何身心的修炼，任何信仰的追寻，任何知识的学习与实践，其最终目的是要达成这种生命的"自觉"。什么是"自在"？"自在"就是本真自我的存在方式，你觉得"自在"，就是找到了一种心灵的最佳栖息方式，"得大自在者"，就是觉悟自我生命的人，是自觉的个体。"自觉"方能"自在"。因而，不论你追寻何种信仰，最终都要完成对自我生命的觉醒，没有这种生命自觉，你就得不到这"大自在"。生死之区别，端在于是否得着这自在与自觉，有了这自在与自觉，即是"生"，而不能得到这自在与自觉，则是"死"，这与肉体不相关，只与生命的自省有关。

因此老子说"出生入死"。所谓"出生入死"者，即是人丧失对自我生命存在价值的自觉，迷失自我，斫丧自我，这就是远离了自己的生命而踏入死地。什么东西可使我们"出生入死"？那纷纭世界的幻象，那些遮蔽我们生命的名缰利锁，那种使我们的心灵迷乱狂躁的诱惑，都是带我们远离生命而入死地的东西。从表面上来看，这些东西都会给我们的生命带来暂时的"利益"：冶游宴乐，灯红酒绿，可以使我们的身心陶醉，获得暂时的快乐；各种荣誉，周围人的赞美和欣羡，可以给我们带来巨大的成就感，使我们产生一种存在的骄傲感；巨大的财富，能使我们满足各种欲望，产生支配一切的幻觉；而至高无上的权力，则使我们轻易地获得他人的谄奉，充满优越感、高高在上的自豪感以及驾驭天下的满足感。所有这些东西，都使我们的身体与心灵获得暂时的饱足与麻醉，使我们产生一种获得整个世界的快感。然而这一切果真对我们的生命有益吗？果真是我们护生、摄生、养生、葆生所必需吗？还是戕害、斫丧、侵蚀、遮蔽我们的生命？在老子看来，这些东西从表面上看都是"生生之厚"，但本质上都是对我们内在的生命极为有害的东西。我们越是用锦衣玉食、美酒美色、高官厚禄、名誉地位"厚养"我们的生命，我们的生命受到的戕害就越厉害。真正会养生者，是像穷人那样粗茶淡饭，减损控制自己对于美食的欲望，心境淡泊，少私寡欲，生活平平淡淡而又自自然然，无所希冀也无所丧失，没有"得"之狂喜也没有"失"之痛楚，在顺其自然中得享天年。老子所说的"善摄生者，陆行不遇兕虎，入军不被甲兵，兕无所投其角，虎无所用其爪，兵无所容其刃"，这不是什么刀枪不入的神人，而正是内心恬淡自适，不以"生生之厚"害己之性，从而达到对生命的自觉，得享大自在的觉悟之人。这样的人才可以出死地而摄生，保全自己的性命，完成自我的生命价值。

老子所说的"无死地"，是说摒除"生生之厚"的所有外在贪求，达到清静少欲的境地，此时生命变得极为纯粹，心志变得极为朴质，外面兕虎甲兵遂无空隙可入，由此可以全生保年。《黄帝内经》之《素问》第一篇《上古天真论》中描述了上古圣者养生之秘诀："上古之人，其知道者，法于阴阳，和于术数，食饮有节，起居有常，不妄作劳，故能形与神俱，而尽终其天年，度百岁乃去。今时之人不然也，以酒为浆，以妄为常，醉以入房，以欲竭其精，以耗散其真，不知持满，不时御神，务快其心，逆于生乐，起居无节，故半百而衰也。"所以养生之道贵在心境清静少欲："恬淡虚无，真气从之，精神内守，病安从来？是以志闲而少欲，心安而不惧，形劳而不倦，气从以顺，各从其欲，皆得所愿。故美其食，任其服，乐其俗，高下不相慕，其民故曰朴。是以嗜欲不能劳其目，淫邪不能惑其心，愚智贤不肖不惧于物，故合于道。所以能年皆度百岁而动作不衰者，以其德全不危也。"所谓"德全不危"，即是葆真全性，不戕害人的天性，这样的人才得长寿。故养生不仅是颐养其肉体，更是保全生命之本性，修炼心灵之境界。倘若能达到上古真人那样"独立守神""淳德全道"的境界，则可以"出死入生"，实现生命的自觉，从而达到真正的"摄生全性"。

五十一章　长而不宰

道生之，德畜之，物形之，势成之。
是以万物莫不尊道而贵德。
道之尊，德之贵，夫莫之命而常自然。
故道生之，德畜之；长之育之；成之熟之[1]；养之覆之。生而不有，为而不恃，长而不宰。是谓玄德。

[大意]道生成一切，德养育一切，外在因素使一切各具其形态，内在的势能成就一切。因此万物都遵循道而以德为贵。遵循道，尊贵德，万物不用命令，而顺其自然地成长。

因此，道生成万物，德养育万物，使万物成长壮大，发育成熟，得到爱护调养，而天地生养万物而不占有，作育万物而不自恃其能，护持万物而不刻意主宰，这就是最高明深奥的"德"。

---

[1] 成之熟之，一本作"亭之毒之"。

老子深谙治道。他并不是一个理想主义者,"道"虽玄妙高深,但落实到治术的层面则务求简约易行。因此他说"大道至简"。但治道再简也不能达到虚无之境,仍要以一定的方法、途径、制度去实现。因而老子既讲遵道德而任自然,也讲"形势"之理。只不过,历代解读老子的人,往往只强调老子讲"无为""任自然""贵柔弱"的一面,而忽略了他"重势"的一面,"借力"的一面,"贵形"的一面。老子之后的韩非法学与稷下黄老之学,把老子学说的两面糅合到一起,把无为与有为、虚静与驾驭、柔弱与法术、自然与重势加以均衡调和,从而发展出一套影响中国两千年的系统的国家治理学说。

老子讲"道生之,德畜之,物形之,势成之",这四句话可以再分开来讲。第一句:"道何以生之?乃道法自然";第二句:"德何以畜之?乃德贵虚静";第三句:"物何以形之?乃物尚简明";第四句:"势何以成之?乃势崇因顺"。

道何以生养万物?是因为天地效法自然之道,任其自然,不加强迫。此中道理,老子阐发甚多。这一章又详加推究。老子说:"夫莫之命而常自然。"天地万物,并没有人去命令,去强制,但其自然作育,从容自在,各遂其志。老子深刻洞察这一神妙的宇宙现象,并以之俯视人事,遂觉得人事之渺小,本不足理也。正像毛泽东早年所写的诗句:"沧海横流安足虑,世事纷纭何足理。管却自家身与心,胸中日月常新美。"此诗颇有些道家风范。沧海自横流,世事自纷纭,万物自生长,宇宙自运转,我们在其中何其渺小,能够做什么呢?"天地以万物为刍狗",生生死死,来来去去,盈虚消长,各顺其志,我们又何必忧虑,何必费尽心机去打理?圣人要做的,只是"法自然""为无为",虽有作育万物之功,养覆万物之德,但处之淡然，心不为万物所扰，"生而不有，为而不恃，长而不宰"。他不占有，不高傲，不自恃己能，不主宰一切。他极超脱，极淡定，摆脱了世俗的控制欲、占有欲、权力欲，而顺由自然，心志超越名利之上，"管却自家身与心，胸中日月常新美"。他约束内心之欲望，使心境常葆淡泊，如此则心灵常新，胸怀常美，与天地同寿，与日月偕行，置自我于度外，达到无为之境。

德何以畜之？因为德贵虚静，从不以己意来侵扰万物，惊扰万物。虚，就是虚己，排除自己的成见，摒弃自己的意见，使心境空灵，胸中无杂。治国者唯有持守虚静，虚己以持物，静心以容物，才能使百姓各安其命，各葆其性，各"注其耳目"，不受扰攘，保持浑朴自然之天性。治国者持守虚静，就是不滋扰，不生事，不惹事，不好事，也就是老子所说的"取天下常以无事""治大国若烹小鲜"之意。老子此处的"德畜之"，主要是讲以虚静之德来使万物得到畜养滋润。老是折腾，什么东西都长不好。万物都是在安安静静、从从容容、自自然然的状态下才得以成长。汉初采用黄老之学，无为而治，休养生息，使社会经济从长期战乱中恢复元气；汉景帝后期粮仓充实，新谷压陈谷，一直堆到粮仓外面，而府库里的钱长期不用，穿钱的绳都烂掉了。

"物形之"这句话值得深究。若释为"万物各呈现其形态"，则不能揭示其深意。此处按照前后句的句法，"物"当是主语，"形"当为动词，是"物"所施之行动。此处"物形之"宜理解为"外物之力塑造一切形象"，"形"有"塑造""型范"之意，即"使之成形"。要使一切东西成形，必须遵守一定之规矩。因此这个"物"，主要是指塑造、型范的外在之物，落实到天下治理方面，则是指治理国家所必需的制度规范。没有制度规范，则国家不可能成形，治理不可能实施，人民就无所依循。老子说"为无为之事"，指治国者虚静无为而天下大治，但要实现这个局面，要有"物形之"的方法，即因人之性来"立"法，化物之性来"制"度。人性不可改变，各有其天性不可求同，因此立法制度不是改变人性、扭曲人性，而是因循人性，利用人性中之善恶来达到治国之目的。万物之法至简，因此圣人立法制度也要至简至明，使人民易于遵循。《周易》也讲到这种简易之法，简而可明，易而可行，天下简易，则百姓治道就具备了。韩非也认为，人性不可更改，要"因性"，利用人性弱点来建立制度以治理天下："凡治天下，必因人情。人情者有好恶，故赏罚可用。赏罚可用则禁令可立，而治道具矣。"（《韩非子·八经》）这比儒家空谈圣贤人格、仁义礼智信要实在、管用。当然，韩非对老子的发挥已达到了极致，有些发挥也有其弊，黄老之学后期也存在这样的问题。战国晚期，齐国稷下学派衰落，秦相吕不韦召集门客，其中稷下学者甚多，吕不韦也汲取了大量黄老之学来发展经济，故秦国大盛。然而秦国对黄老之学与韩非法家的态度在后期发生倾偏，过于重严刑峻法，嬴政执政后尽废吕不韦之黄老思想，偏重法家，致使秦朝在极盛之时急转直下，二世而亡。物贵简明，就是使制度简约而明了，要尊重人民，"以百姓心为心"，而不要以繁苛之政教来约束人民。也就是司马谈在评价道家时所说的"旨约而易操，事少而功多"。

"势成之"的"势"，是这一章的"诗眼"所在。"势"，用现代语言来说，可以理解为所包含的内在的"势能"，这种"势能"由事物内在因素所促使形成，亦由各种外在的力量熏陶、浸染、影响、冲击、铸造而成。由事物内在因素和外在因素共同作用而造就的"势能"，积累到一定程度，便使事物不得不发生变化，这种"势"，凌逼于事物之前，使事物不得不嬗变，不得不"屈服"。春秋寒暑，天地虽无言，但它造就了一种看不见的"势"，它于不知不觉间使万物作育变化，春华秋实、春发秋萎。四季嬗变所生发的这种"势"，从内外两个方面使万物变化，水到渠成，无为而化。这就是"势"的作用。因此，"势"极为微妙，极为玄幽，它不知不觉，不声不响，但是其力量却无比巨大，到了一定时候，甚至可以排山倒海、摧枯拉朽，所谓其势不可挡也。因此，老子说"物形之，势成之"，就把"形"与"势"结合起来，外物铸其型范，内势使其成就。光有形还不够，还要有"势"，有了"势"才能使事物不知不觉间成就，"势"不至则事不成，势至则事自然成。

"势"由老子提出来，似乎是不经意的，但这一范畴后来却经过黄老学派的学者以及法家的发挥，成为中国传统哲学尤其是治国之学中一个极其重要的核心范畴。

圣人治国，既凭借其特出的精神魅力、令人崇仰的道德风范，也凭借其高超的治理艺术，而在高超的治理艺术中，善于用"势"即是其中之一。治国者用"势"，可以分为"借势""造势""顺势"。"借势"即是善于借用外来的力量来达成治理的目的。治国者如果善于借势，就可以"以一而驭万"，就可以"以简而驭繁"。治国者如果不善于借势，不善于借用外来的力量，尽管筋疲力尽，则可能出力不讨好，就算"鞠躬尽瘁，死而后已"，而治国的效果却可能很差。而假如治国者善于借势，则可以用一种看起来十分轻松的方式来达成有效的治理。治国者不能每天疲于奔命，实质上任何层次的领导人物，都不能以疲于奔命为代价来达成治理，领导人越是疲于奔命，组织的治理效率可能越糟糕。领袖越是从容不迫、有条不紊，他的治理就越是高效。但领袖怎样才能从容不迫、无为而治呢？要学会借势，如此则事半功倍。韩非讲"抱法处势"，治国者以"法"为柄，以"势"为资，充分利用自己内在的权威与外在的力量，以达到"抱法处势则治"之境。韩非子把商鞅之"法"、慎到之"势"、申不害之"术"有机地融合在一起，把中国的传统治国之学推到一个崭新的高度。"造势"就是善于利用人格之影响、舆论之宣传、道德之教化、政令之熏陶，造成一种形势，以促进国家的治理。一位领袖，要能造成一种局势，就必须深刻地体察民情，知百姓之心，还要深刻把握局势，洞察社会发展与历史的潮流，这样才能正确地"造势"。"造势"不是生硬地造，盲目地造，妄乱地造，而是要审时度势，明察时势，唯洞明世事者能造势。

"顺势"就是要顺应大势而为。圣人能顺势而为，则不须心力交瘁即可达到天下大治。"势"乃事物内在之势，内在趋势不可违逆，违逆事物之势，则万事不成。"天下大势，浩浩荡荡；顺之则昌，逆之则亡"，有些治国者狂妄迷执，自以为是，自作聪明，拂逆百姓之意，不顾万民之心，一意孤行，其结果必遭惨败。韩非讲"用势"，并不是说要治国者滥用权威，以权势压人，逼迫百姓就范，而是要治国者能明势，善借势，可造势，能以从容之态，以势导民，以势顺民，以势驭物，从而臻至"无为而治"的境地。

五十二章　复明袭常

天下有始，以为天下母。既得其母，以知其子；既知其子，复守其母，没身不殆。

塞其兑，闭其门，终身不勤。开其兑，济其事，终身不救。

见小曰明，守柔曰强。用其光，复归其明，无遗身殃，是为袭常。

【大意】天下万物都有其本源，这就是天地万物之母体。既然知道母体，就可以知道其产生的万物；既然知道万物，只要持守产生万物的母体，如此则终生没有危险。堵塞欲望的孔窍，关闭欲望的大门，则终身没有劳攘；打开欲望的孔窍，添加繁乱的事务，则终身不可救治。

能洞察微妙的东西就是"明"，能持守柔弱的才是"强"。用心灵之光，复归内在的光明，不给自己留下灾殃，这就是承袭永恒不变的"道"。

老子屡次提到"天下母"。从字面上来说，"天下母"就是天下万物之

母体、本体、根源。谁是"天下母"？老子并没有明说，但是在其他地方，他讲过"象帝之先"的话，可见"天下母"在老子心目中的地位先于人格化的上帝，因而有些学者以为老子在创世论方面持有唯物思想。"天下母"，作为万物之本源、初始与母体，它的特点是什么呢？这个"天下母"，在老子看来，是混沌恍惚的，是幽深微妙的，是浑朴无雕的，是虚静自然的，具有极深极强的生命力。从"天下母"之混沌，才产生了她的儿子——万物的纷繁琐细；从"天下母"的幽深微妙，才产生了她的儿子——万物的绚烂活跃；从"天下母"的浑朴无雕，我们才可以认识到她的儿子——万物的错综复杂；从"天下母"的虚静自然，才有了她的儿子——万物的灵动变化、运转不殆。"母"与"子"，是相辅相成的，有其母必有其子。母创生子，母成就子，但子又反映母，观照母，持守母，反其本，归其源。老子说："复守其母，没身不殆。""复"就是复归，就是回返；"守"就是持守，保守，守护。万物从母体中创生、作育、繁荣，纷纷纭纭、扰扰攘攘、复杂多变、躁动无尽。但是万物想要长存，要想永葆其生命力，就要学习它的母亲、回归它的母亲。它要从纷乱中解脱出来，重归宁静，重归内心的秩序；它要学会与世界的喧嚣保持距离，持守内心的安顿；它要从复杂的状态中疏离出来，极力使自我回归简朴与单纯；它要对这世界的浮躁与浅薄保持警惕，以回归其母体的沉潜幽深；它不再如此充实与繁忙地存在于世俗之中，而要回归其母体的虚旷、自然与从容。因此，"子"与"母"，是外物与内在的关系，是表象与本质的关系。万物的外在，皆是为此纷乱躁动、错综复杂、充实琐碎。但是其内在的本质却是虚静自然、从容自在、简淡纯朴的。因此，我们处在这样一个世界，就要既知晓并适应其外在与表象，又不要遮蔽于外在与表象，而是要洞察其内在与本质，回归其本根。这就叫"既知其子，复守其母"。"知其子，守其母"，与老子前面所说的"知其雄，守其雌"，在精神内核上是一致的。前者是一种顺应世界的状态，是一种世俗的高度，而后者是一种反思与超越世界的状态，是一种内心的高度；前者是追求，是获取，而后者是省悟，是回归，是持守；前者是积极入世的，而后者是高蹈出世的。因此，在我们的生命中，"知其子"与"守其母"要很好地融合起来，要平衡。

但是我们要从"知其子"达到"守其母"的境界，其前提是对自己生命的内省与洞察，是对自我的深刻检视。我们的先贤说："仰以观于天文，俯以察于地理；远取诸物，近取诸身。"这个顺序就是从外在的省察返向内心的检视，要洞察我们生命的整体状态，洞察生命目前所处的状态，对生命中幽微的变化要有深刻的感知。这就是"见小曰明"。有些人终生逐骛，不知停歇，不知回返，不知反观自省，其原因是对自我生命状态缺乏感知。孔子问礼于老子时，老子对孔子的批评的要害正在于此：你终日奔走、驰骛，终日湮没于忙乱与名利之中，是一种"淫志"，是一种"多欲"。这种"淫志"与"多欲"，只会妨害我们认识自己的内心，遮蔽我们的灵魂，使我们的心灵难以安顿与澄澈。所以老子主张"塞其兑，闭其门"，要我们关闭欲望的孔窍，复归聪明智慧，找到真正的生命的栖息之处，找到真正能够照亮心灵的"生命之光"。这就是老子所说的"用其光，复归其明"。如此，我们才能从芜杂纷乱的世界中解脱出来，抽出身来真正体悟使我们"没身不殆"的生命大道。这是一条通向永恒的母体的道路，这条路看起来是条狭窄之路、幽深之路、暗昧之路，但是从根本上却是一条宽广之路、开阔朗澄之路、光明正大之路。

五十三章　大道甚夷

使我介然有知，行于大道，唯施是畏。

大道甚夷，而人好径。朝甚除，田甚芜，仓甚虚；服文采，带利剑，厌饮食，财货有余；是谓盗夸。非道也哉！

[大意] 假若我微有所知，行走在大道之上，唯恐走上邪路。

大道非常平，但是很多人却喜欢邪僻小径。朝堂非常腐败，田地荒芜，仓库空虚，但有些人穿着豪华的衣服，佩带利剑，饱食精美的东西，其财货多得用不完。这就是大盗。这并非真正的治国之道！

天下大道，说起来极为繁复，即使是绝学通儒，也很难把某一学派的经典文字完全读完。儒释道三家的经典文字，其数如恒河之沙，我们究其一生也不可能看尽。可是大道却又极简易。老子说"大道至简"，真正的生命智慧简单又平易，哪里用得到那么多复杂的言辞与逻辑！简易到极致的时候，甚至可以不用语言，达到"佛祖拈花、迦叶微笑"的心会境界。所以

读书悟道，往往遵循两条路径：一曰由简入繁，二曰由博返约。由简入繁，是把书渐渐读厚，阅历越多，体验越深，感受越丰富复杂，这是读书悟道的初级境界。由博返约，乃学问积累到一定程度之后，所读所学忽焉融会贯通，此时芜杂丰博的体验渐归于单纯简约，猛然觉悟古今中外，生命之最高智慧不过是一些简单道理，真正的生命之道归结起来不过是"该睡觉时睡觉，该吃饭时吃饭"这样的平常日用之理。所以庄子极为通脱地宣称"道在屎溺"，禅宗则说"担水挑柴，无非妙道"，王守仁心学也主张"百姓日用是道"。

老子说"大道甚夷"，大概有两层意蕴。第一层是说大道甚为平易，因而极容易知晓，极容易践行，但是俗世之人却偏偏不能知晓与实践这极为平易大道，反而陷入迷惑与狂乱之中不能自拔。第二层意思是说大道甚为坦廓，走起来极为容易，但俗世之人偏偏喜欢那些诱人的邪僻小径，遂终生与大道无缘。老子所说的这条极坦廓、极平易、极好走的大道究竟是一条什么道路，而世人为什么都不喜欢这条康庄大道而选择邪僻小径呢？

老子指出的坦廓大道，其核心是寡欲归真。老子认为人类的纷争与痛苦，其根源在于多欲，在于人们的欲望太盛而不知收敛。国君好大喜功，于是大肆开边拓土，广事征伐；国君崇尚奢华生活，于是大兴土木，广造宫苑，搜罗奇珍，锦衣玉食，百姓则受剥削日苛，赋税日重，终至民不聊生；平民百姓追逐虚名、渴望封官加爵，因而矫饰之风顿起，朴质之心无存；市井之人疯狂追逐财富，利欲熏心，反忘其本，最终民风萎靡，世风日下。老子认为，如此发展下去，人类距离真正的生命将越来越远，将走上一条不归路，一条邪路。所以他说："行于大道，唯施是畏。""施"就是"迤"，就是"邪"（斜）。世俗之人纷纷挤在这条争名争利的邪僻小径上而不自觉，他们的生命日益被斫丧，心灵日益被污染遮蔽，而他们却不自知；他们纠结逐骛一世却不能反省自己纠结的根源，不能洞察逐骛的到底是什么。老子在《道德经》中反复申说，反复追问，就是叫人看透这天下万有，看穿这世界诱人的名利背后的牺牲，看到我们在世俗中被扭曲的人性，被束缚的本真。他劝人要走正道，而不要走邪道。

老子对统治者的纵欲与苛政恨之入骨，"朝甚除，田甚芜，仓甚虚；服文采，带利剑，厌饮食"，多么鲜明的对照！国家治理一塌糊涂，老百姓衣食不继，田地荒芜，仓廪空乏，可是治国者却依然耀武扬威、锦衣玉食。在老子看来，治国者的正道乃减损自己的欲望，不以苛待驱赶百姓为乐，不以骄奢淫逸为乐，而是要收敛身心，葆民蓄民，如此则百姓安乐，上下同心，治国者的天下才能太平持久。他劝治国者不要成为豪夺百姓的"大盗"（盗夸），而是要实践寡欲归真的"大道"。千百年来，能够遵循老子之旨"行于大道"的统治者并不多，倒是那些"好行邪径"的君主却如过江之鲫。其根源在于老子把"行于大道"的期望寄托在心灵的深刻反省之上，建立在极具超越性的自我约束、自我控制、自律之上，这很显然是极其理想主义的。因此，无论是依据黄老之学，还是依据法家之学，都开不出中国民主治理的政治哲学，其结果仍旧与儒家的内圣外王的政治理想合流。这既是中国政治哲学的必然逻辑，也是中国政治哲学的困境所在。

五十四章　善建不拔

善建者不拔，善抱者不脱，子孙以祭祀不辍。

修之于身，其德乃真；修之于家，其德乃余；修之于乡，其德乃长；修之于邦，其德乃丰；修之于天下，其德乃普。

故以身观身，以家观家，以乡观乡，以邦观邦，以天下观天下。吾何以知天下然哉？以此。

[大意]善于建树的，不会被拔掉；善于抱持的，不会脱落；能够达到这样境界的人，子孙绵延不绝，祭祀永不中断。将这个原则应用到自身，则他的德是真实不虚的；应用到一家，他的德是有余而不匮乏的；应用到一乡，他的德是长久的；应用到一邦，他的德是丰足的；应用到天下，他的德是普施于天下而无所不包的。

因而我们要从自身观照他人之身，从自己的家观照他人之家，从自己的乡观照他人之乡，从自己的邦观照他人之邦，从自己的天下意识去观照他人的天下。我如何知道天下如此？就是用这种推己及人的方法。

无论是生命之成长，还是国运之转变，要想使之永保良性发展之态势，必须奠定牢固的根基。一棵大树，根深则叶茂。一个人的生命，要想健康长生，必善加保养，使其生机不致被戕害，生命之根本得到培蓄呵护。一个国家，要想兴旺发达，必须有良好的基础，奠基者若不谨慎而牢固地奠基，国家生命力必定脆弱，虽可能有短暂的繁荣但终将覆亡。培本固基，才能为未来的发展提供一个坚不可摧的前提，天下万物之理莫不如此。

　　老子在五十四章提出"善建者不拔，善抱者不脱"的命题。那些善于建树的人，总是能使其建树的东西异常稳固，坚定地立在那里，牢不可破，根扎得很深，难以拔除。那些善于保守抱持的人，会将其抱持的东西牢牢地掌握在手里，永远不会丧失，永远不会脱落。可见，那些"善建""善抱"的人，他们建树与抱持的东西，具有长久的顽强的生命力，具有坚不可摧、牢不可破的力量。但是对于如何"善建""善抱"，老子却没有细说，这个命题需要我们根据他的思想逻辑，去找到合适的答案。我们可以从治身、齐家、治国三个层次做出探究。

　　从治身的角度来说，要达到老子所说的"善建者不拔、善抱者不脱"，就要懂得固本养精之理。若能做到固本养精，则人精气不外泄，生命之根本得到培蓄，如此则可以全生长年。他的"善建"体现在培育生命之根本，不随意戕害和滥用这个生命之根本，如此则生命牢固，可达"不拔"之境。他的"善抱"体现在他善于保守精气，不放纵自己的欲望，不使自己的精气涣散外泄，从而使精气茁壮，达到"不脱"的境地。固本养精的核心在于不纵欲，不放纵自己的性情，不逞强，不外露，不随意摇动自己的精气。他行事要淡定从容，不疾言厉色，不随意动怒，也不因名利之诱惑与外界的压迫而随意改变自己的原则与生命节奏。他要在得与失面前保持一种淡泊的姿态，不因毁而沮丧，也不因誉而欢欣。他不会疲于奔命地追逐外界的浮华，因此他善于保守自己的内心，使自己虚静而自然。他内心朴厚不雕，姿态旷淡自如，独立于天地之间，真像老子所说的"敦兮，其若朴；旷兮，其若谷；混兮，其若浊；飂兮，若无止"。这样的人，"独立而不改"，自我得到完好的保全，精气得到完好的守护，狂风骤雨之变也难以改变和撼动他。他已达到庄子所说的"无所待"的境界，独立不倚，不拔不脱，生命力不受外界所左右。如果你的生命是建立在他人的栽培上，你的拥有是建立在他人的赐予上，那么你的根基就不牢固，你所抱持的东西也不安全；因为他人既可栽培你，亦可拔除你；既可赐予你，亦可剥夺你，使你丧失。因此，对于治身而言，"善建者不拔，善抱者不脱"的意义在于保守自我的独立性，达到老子所说的"寂兮寥兮，独立而不改，周行而不殆"的境地。

从齐家的层面上来说，要想使家族绵綖，"子孙以祭祀不辍"，就要培育一种正气，一种清气，使家庭中每个人都走正路，不为邪僻之事，即老子在五十三章中所说的"行于大道，唯施是畏"。家庭再大，再有权势，再有财富，若不能培育子弟德行，不能树立谨慎、节俭、清正、崇德、上进的家风，也必迅速败落。《周易·坤卦》说："积善之家必有余庆，积不善之家必有余殃。"大观园中人何其富贵，宁荣两家何其权势滔天，可是其根基不牢，"忽喇喇似大厦倾"，其败落又何其惨烈迅猛！因此，从齐家角度来说，"善建"乃在于善于培育一种清正家风，不追逐权势，不歆羡富贵，家风一旦树立，其本自固，其家必兴；"善抱"乃在于教我们持守德操，教子弟甘守淡泊，不为乖僻之事，断除贪利之想，以纯正家风换来子嗣不绝。

从治国的层面上来说，如何让一个国家建立在稳固的根基上而达到长治久安，是每一位领袖必须思考的问题。历史上有些君王，当政时建立起一套东西，以为可以保江山永固，可是不久却人亡政息，他所建立的政治大厦很快坍塌，他的政治理想与制度建树也很快烟消云散。而那些"善建者"，却可以建立起恒久的基业，他的政治理念在他死后仍旧长久地发挥作用，他的声名亦将不朽。何故？因为这样的统治者"以百姓心为心"，他敬畏民意，而不是狂妄地以己意僭越民意；他"后其身而身先，外其身而身存"，把自己放在老百姓之后，忘却自己的存在，无私无畏，寡欲淡泊，因而其政绩长久被人怀念并继承；他持守虚静之道，保养万民而不扰民苛民，"常善救人，故无弃人"，因此他的事业与功名可保持久绵长。他总在静谧中"润物细无声"地建树，无形地将自己的政治理想渗透到民众中，而不是大张旗鼓、急风骤雨式地硬性推行，逼迫百姓遵从他的意愿；而他越是"致虚守静"，他的影响越是深远，越是长久。这就是"善建者""善抱者"。这样的治国者，不追求如何驾驭人民，而是保养自心；不追求统治万物，而是修炼自我。这就是孔子所说的"修己安人"。

老子随后指出了这种推己及人的政治观，即"以身观身、以家观家、以乡观乡、以邦观邦、以天下观天下"。这里面有两层意蕴。一是以己身而观照他人之身，以吾之一家观照他人之家，以吾乡观照他人之乡，以吾邦观照他人之邦，以吾之天下观照他人之天下。这种推己及人的观照法，即从自我修炼出发，从治生保身出发，进而将这种原则（即虚静自然、抱朴守真）贯彻到治家、治乡、治邦直至治天下。从自我到天下，尽管范围发生了变化，但是治身与治天下的原则相同，"善建"与"善抱"的方法没有改变，如此，"吾道一以贯之"，则天下可治。己身不修，不能持守虚静之道，不能固精以保身；放纵外逐，多欲躁动，则必不能齐家，不能治乡邦，不能平天下。儒家也讲"修身齐家治国平天下"，谓"身修则家齐，家齐则国治，国治则天下平"，其中蕴含的哲理是有些相通的。第二层意蕴是"以修道之身观不修道之身""以修道之家观不修道之家""以修道之乡观不修道之乡""以修道之国观不修道之国"，这是河上公之解释。此解看似迂曲，实则非常深刻。修道之身，即善建善抱之身，能"致虚极、守静笃"，返璞归真，抱守天道，如此则可长寿养生；不修道之身，邪僻放纵，逞强恃能，追名骛利，心躁气狂，长此以往则精散神衰，生机萎败。以修道之身观不修道之身，孰存孰亡，一目了然。以此理推之于乡邦天下，无不应验。然而这种对比性的观照，其根本仍在于对"一身"之保养持守之道。

五十五章　知和曰常

　　含德之厚，比于赤子。毒虫不螫，猛兽不据，攫鸟不搏。骨弱筋柔而握固。未知牝牡之合而朘作，精之至也。终日号而不嗄，和之至也。

　　知和曰常，知常曰明。益生曰祥。心使气曰强。物壮则老，谓之不道，不道早已。

　　[大意] 秉持厚德的人，就好比初生的婴儿。毒虫不会螫伤他，猛兽不攫取他，猛禽不抓击他。婴儿的筋骨极为柔弱，但是拳头握起来却极紧固。他对男女交合一无所知，但他的阴部却能自动翘起，这是因为他精气充足。他整天哭号但喉咙却不嘶哑，这是因为他体内的元气醇和到了极致。如果能彻悟这元气醇和之理，则把握了天地之常道；而洞察常道，就可称之为明智。贪图享乐，纵欲厚养，就会带来妖祥；让贪欲之心驱使元气乃逞强。一样东西过分强壮则容易衰败，因此"过壮"是不符合天道的，而不符合天道的必然迅速败亡。

老子在阐述其处世之道与政治哲学时，屡以婴儿作譬喻。在二十章中，他说："我独泊兮，其未兆；沌沌兮，如婴儿之未孩。"在四十九章，他说："圣人在天下，歙歙焉，为天下浑其心，百姓皆注其耳目，圣人皆孩之。"在二十八章中，他说："知其雄，守其雌，为天下溪。为天下溪，常德不离，复归于婴儿。"五十五章又整篇以"赤子"为主题，阐发其养生之道、处世之道与治国之道。婴孩的形象与生命状态，与老子哲学最为相合，故老子处处以婴孩设譬，使人顿悟其哲学内蕴。

婴孩乃生命的萌动状态，如初生之太阳，蕴含着无比的生命力，也意味着无限广阔而富有延展性的未来。婴孩的生命状态有何特征？为什么婴孩的生命力极为强大？这是五十五章着重探究的问题。把婴孩的事情搞清楚了，其他如治生、处世、平天下的事情也就豁然而解了。

婴孩的特征首在浑朴。他还处在一种混混沌沌的、尚未开化的状态之中，他不知道雕琢，也不知道矫饰虚伪。婴孩达到了"大朴不雕"的境界。"沌沌兮，如婴儿之未孩"，婴儿尚不知咳笑，他处在一个浑然一体的世界之中，心灵不被侵染、不被割裂。而正因为他的浑朴不雕，他更好地保持了自我的完整性。这也正是老子屡屡大声呼吁我们要"复归于婴儿"的深意所在。婴儿之强大生命力，正在于这种"大朴不雕"与"混沌自然"，这是老子认为的符合天道的状态。他浑朴，故对于这世界无求无畏，所以也就不受这世界的毒害。老子说："（赤子）毒虫不螫，猛兽不据，攫鸟不搏。"外界的毒虫、猛兽与猛禽之所以不能伤害婴孩，不是因为婴孩的强大与不可战胜，而是因为他的浑朴自然；他浑朴自然，不奢求，不畏惧，不张皇，不急迫，仿佛具备了一种天然的威力与威严，使那些外界的强力不能震慑与伤害他。你有所求，有所畏，就会显得脆弱、软弱，就容易受到外界的攻击。你浑朴自然，无欲无求，就能面对险恶的外部世界，因为无欲则刚，无求则无畏，你就能战胜这个世界，不受其毒害侵扰。

婴孩之生命力在于其元气充和。老子曰："未知牝牡之合而朘作，精之至也。终日号而不嗄，和之至也。""精之至也"，说明婴孩的精气盈满、完满到了极致，因而表现出强大的生命力。"和之至也"，说明婴孩元气充和、淳和，极其充盈而滋润全身，故其肾气之精可以上达咽喉，使其终日号啕而不致嘶哑。婴孩是如何保持了他的充盈、淳和之元气，从而达到"精之至""和之至"的？要诀在于婴孩能静而摒躁气，能使身心保持一种虚静的状态，不为外物所扰动。这里的"和"是精髓所在。"和"，是充和，是淳和，是谐和，因而"和"是一种自我内心圆满、充实的状态，是一种自足的、不受扰攘的境界。

婴孩的生命力在于他懂得持守敛藏之道。老子说："（赤子）骨弱筋柔而握固。"小孩子最柔弱，可是他的小手握起来力气很大，掰都掰不开。什么道理？因为他精气内敛，知道敛藏元气，不使之外泄。"握固"是一种持守的功夫，唯能持守，不轻易外泄，为养生第一要务。你看那些长寿之人，皆神完气足，其要诀在于他们能收敛身心，内心恬淡，懂得内敛。而那些衰弱之人，皆神疲精散，而一旦精气涣散，则身心必衰败。因此《黄帝内经·生气通天论第三》曰："圣人抟精神，服天气，而通神明。"所谓"抟"，就是集中在一件事上，就是会聚，就是敛藏，就是固守。老子曰："含德之厚，比于赤子。"什么是"厚"？"厚"与"薄"相对，乃幽深、深厚之意；要使之深厚，必备积累敛藏之功，善于持守，藏而不露，引而不发。

老子强调"厚"与"和"，是呼吁世人务去逐骛之心，要善于虚静敛藏，浑朴天然，以养精保元，不使之外泄萎败。这是养生之道，也是天地运行之道。养生不可纵欲，越是以满足感官需求而厚养，越是耗竭生命，给自己带来灾殃；而越是恬淡无为，摒除物欲，越能保全精气，因此老子说：

"益生曰祥。"同时,人要养生,就不可逞强恃能,不可好胜使气,故老子曰"心使气曰强。"而这个"强",不是真正的强大,恰是衰败之兆。与"强"相对,老子主张守柔、致柔,七十六章说:"人之生也柔弱,其死也坚强。……坚强者死之徒,柔弱者生之徒。"他认为最终一定是"柔弱处上""柔弱胜刚强"。你看婴孩如此柔弱,但他的生命力何其强大!老子警告"物壮则老",一样东西强大到了极端,就是衰败的开始。因此,无论是养生还是治理天下事,总要持守虚静恬淡之道,以敛藏持守、顺其自然为务。

五十六章　和光同尘

知者不言，言者不知。

挫其锐，解其纷，和其光，同其尘，是谓"玄同"。故不可得而亲，不可得而疏；不可得而利，不可得而害；不可得而贵，不可得而贱。故为天下贵。

[大意] 智者不多说话，多说话的人不是智者。不露锋芒，消解纷争，收敛光耀，混同尘俗，这就是微妙玄同的境界。这样的人，不分亲疏，不分利害，不分贵贱，因此被天下人所尊贵之。

中国学问的精华是身心修养之学，中国所有学问的基础也是身心修养之学。钱穆先生曾经讲到学问的"三统"：一是"学统"，即以追求、探究学问和知识为目标，这是一种为学问而学问，为知识而知识的传统。西方知识界与学术界偏重于"学统"，偏重于知识的架构；现代大学的通例，是单纯以知识的追求为宗旨，这是近代以来尤其是文艺复兴以来，以科学主义为倡导的大学体系所秉持的一般宗旨。第二是"事统"，即以做事为教育

宗旨。大学以教学生做事、适应社会需要为目标。这在现代社会竞争不断加剧、社会对教育的要求不断功利化的状况下,"事统"的趋势越来越明显,单纯以知识追求为目标的"学统"有所减弱式微。第三是"人统",即以培育学生人格、完善学生人格为宗旨。大学教育的核心,在于如何塑造一个完全的人。中国传统的教育,基本以人文教育为主,以培养完全人格为目标。因此,我国的传统教育不着重于纯粹知识的探究,也不太着重于技术上的形而下的教育。其弊在于我们近代以来纯粹知识论意义上的进展比西方要缓慢一些,技术上的培育与创新要滞后。但是这种以塑造完全人格、培养健全的人为目标的教育方法,仍然是现代大学必须持守的核心教育方法。而实际上,人格教育不完善也恰恰是现代大学最大的缺陷之一。中国以"人统"为宗旨的教育是任何教育的核心,是"学统"与"事统"的基础。

中国的人格教育一直存在着一明一暗两个传统。"明"的传统以儒家的思想与实践为核心。《周易》和《论语》这些经典既被奉为儒家思想的主要源头,也极大地影响了中国人的人格教育实践。由《周易》与《论语》开创的儒家传统,倡导一种光明正大、刚健笃实、仁义忠厚、慎独谦让的大丈夫人格,这种人格对于三千年来中国人的精神世界产生了深远影响,是中国人文精神与人格教育的主流。另一个传统是一股强大的暗流,即以道家思想与实践为主导的人格修养传统。道家虽非主流,非明流,但并非不重要。相反,道家的人格修养传统一直作为中国古代知识阶层心灵塑造的重要方面而存在,而且就其对于中国中下层民众的精神世界的影响而言,道家甚至比儒家还要广泛而深入。因此,在中国历史的大部分时间,儒道两家常处于或并进或交替前行的状态,其两种看似不同的人格传统常常完美地并存于一个人的精神世界中,使中国人的精神达到一种完美的均衡状态。与儒家的刚健进取的精神追求不同,道家强调守柔虚静、自然无为、恬淡养心、抱朴归真。道家的精神更强调内敛,更强调自我精神人格的完整与独立，更强调与尘世保持一种超越的姿态、疏离的姿态。儒家与道家的人格教育传统并非矛盾对立，而是交融的、互补的。即如道家强调"敛藏"，而儒家又何尝不在倡导一种明智的"行藏之术"呢？学习经典，贵在观其融通，能打通则利于养育一种健全的人格，若悬隔则终不免固陋之弊。

老子被孔子看作"见首不见尾"的龙，说明老子极谙"龙藏"之道。一个人能不露聪明，能保朴讷之气，就能守身避祸，这是真正的聪明，是大智慧。老子说："知者不言，言者不知。"孔子不也说"刚毅木讷近仁"吗？不是说过"敏于行而讷于言"吗？两家在强调厚藏、少言方面是相通的，在中国传统人格教育中，那种伶牙俐齿、到处招摇、唯恐天下不知其天才聪明的人，是成不了大器的，是没有什么大智慧的。何故？因为他不沉潜，因而不易深入；不厚重，因而易流于浮躁，流于浅薄。真正的智者，要有一种厚重的风范，不狂妄，不随意表现，孔子也说"君子不重则不威，学则不固"。甚至在人前，这样的智者常常表现为木讷、沉静，一片浑朴气象，仿佛他与天地浑然一体，悠悠然与天地同化。在这样一种浑朴的状态中，他不需要刻意表现什么，也无须炫耀自己的聪明智巧。我在北大看到的宗师级的学者，身上都透露着这种浑朴、沉静、敦穆、淡泊的气象。他们似乎讷讷不能言，可是内心的学识智慧却无人可比；他们的气质异常朴实，像农民一样质朴、敦厚，他们把大智慧都敛藏起来，把对于天下的锐利深刻的见解敛藏起来，真正做到了老子所说的"和光同尘""光而不耀"。老子认为做人的最高境界是"玄同"之境。什么是"玄同"呢？从字面上来看，玄是黑，是幽深，是暗昧，是深潜，是玄奥；而同是齐同，是混沌，是同一，是融合，是浑朴，是不雕琢、不张扬、不刻意。因而"玄同"之境，是敛藏幽玄而与万物齐同，深沉玄妙而与天地浑然化为一体。达到"玄同"之境的人，就是"挫其锐、解其纷、和其光、同其尘"。他不标榜自己的锐气和智力，所有的矛盾与纷争在他面前被消解、融化掉，他与天地万物、世间尘俗混同为一，他把自己的光芒气象都收敛保藏起来。在他眼里，所有的对立都不存在了，因为所有的对立，在他看来不过是人类理念上的执着而已。当这种达到"玄同"之境的人治理天下之时，他就能超越一切对立纷争，超越人类理念上的偏执，以一种更开阔更包容的胸怀，涵纳天下，不分贵贱亲疏利害，使天下"无弃人""无弃物"，万物各顺其自然，得到繁荣化育。佛家讲"无分别心"，庄子讲"齐物"，与老子讲的"玄同"有相通之处，不同的是，老子把这种理念提升到了治理天下的高度。

五十七章　无欲自朴

以正治国，以奇用兵，以无事取天下。吾何以知其然哉？以此：

天下多忌讳，而民弥贫；人多利器，国家滋昏；人多伎巧，奇物滋起；法令滋彰，盗贼多有。

故圣人云："我无为，而民自化；我好静，而民自正；我无事，而民自富；我无欲，而民自朴。"

[大意] 以清静无为的正道治理国家，以诡奇超常的方法指挥打仗，以不滋生事端来获得天下人认同。我如何知道这些道理呢？是由于以下原因：

天下越是禁忌繁多，老百姓越是陷于贫困；人越是拥有很多智巧，国家治理就越是昏暗；人越是崇尚奇技，那些扰乱人的心智的物品越多；国家的法令越是苛繁，盗贼就越多。

因此圣人说："我自然无为，而老百姓自然得到化育；我喜好清静，而老百姓的行为自然就走上正确轨道；我不妄意滋事，而老百姓自然就能积累财富；我少私寡欲，而老百姓自然归于真朴。"

中国历史上关于经济自由主义与国家干预主义的思想与实践都是异常丰富的。从国家对经济的积极介入的传统而言，至少从《周礼》所记载的名目繁多的官员体系与政府管理机构来看，很早的时候，中国就开始了全面的国家宏观管理实践，国家对经济活动的干预非常深入且系统。几乎在农林牧渔工商金融等各个领域，《周礼》都详尽记载了相应的官员设置及其权能，尽管《周礼》的记载有些理想化的色彩，但是不可否认，它还是在相当程度上反映了先秦时期国家在干预社会经济生活方面的系统而成熟的行动实践，也深刻反映出我国先民极想积极驾驭社会经济的愿望。汉代之后，国家对经济的介入加强，政府对盐铁的垄断性的专营制度不断完善，国家通过常平仓等制度使市场价格的管理体系也日趋成熟。尽管汉初采用黄老之学实行休养生息，但是国家宏观管理的体系此后却日渐严密。经过汉唐宋明清两千余年的演变，中国的国家干预经济的传统一直保持下来且日臻完善。

但是中国的经济自由主义传统却从来没有中断过。老子所倡导的放任主义与自然主义的经济准则，深刻地影响了中国人治理天下的理念与实践。从中国古代大部分的时间来看，土地作为农业社会最重要的经济要素，一直是遵循自由买卖的原则在配置的，自由贸易的理念在大部分生产要素中都是适用的。这恐怕是在漫长的中国古代社会中，经济一直保持活力的重要原因与保障之一。在中国进入近代社会之前（19世纪中期），市场化是社会经济治理的主要方式，这固然与国家介入经济活动的能力有限有关，但同时它也植根于中国悠久的自然主义经济传统，植根于中国有弹性的社会结构。从纵向时间维度来看，在中国近三千年的历史中，国家干预主义与经济自由主义也是互有消长的。而且，还往往呈现出这样一种规律性的替代关系：当一个王朝初创之时，经济自由主义、自然主义、放任主义经常占据经济政策的主流，此时王朝的缔造者希望百姓从长期的战乱中得到喘息与休养，因此国家对经济的介入与控制比较少。同时，在这个阶段，国家政治体系比较精简，维系其运转所需要的财政支持非常有限；但是在一个王朝到达兴盛阶段之后，国家机器日渐庞大，财政压力逐渐加剧，国家控制与介入经济的需求也日益上升，同时过度的自由市场给经济带来的弊端也日益显现，尤其具有社会破坏性的是由土地自由买卖带来的土地兼并的加强。在这个阶段，国家干预主义抬头，而自由主义退缩，国家体系内部的矛盾开始激化，然后发生大规模社会动荡，旧王朝覆灭，新王朝取而代之，从而使得自由放任主义思潮再次成为主流。

如果从这种数千年的大历史观来审视老子的经济自由主义哲学，我们可以断言，这种经济自由主义哲学必定是乱世之中老百姓要求休养生息与自由发展的强烈民意的集中反映。这种经济自由主义哲学是极为深刻的，但并非先知先觉的，它无非是百姓厌恶国家剥夺、渴望自由自主的愿望的体现。老子代百姓鼓呼，呼吁治国者"以正治国""以无事取天下"。什么是"正"？"正"就是"正道"，就是"清正"，在老子看来，就是清静无为，不要没事找事，故意生事，这样老百姓就能得到安顿，就能安安心心去积累财富、创造财富。国家为什么穷？人民为什么陷于贫困？究其根源，往往并非因为国家缺乏资源，也并非因为老百姓愚蠢，而是因为当政者过于滋扰百姓、苛待百姓、剥夺百姓。他们制造出多如牛毛的法令制度，限制老百姓的自由发展与自由选择机会；他们头脑中充满了各种各样的禁忌，对老百姓横加干涉，这也不行，那也不准，剥夺了老百姓以正当方式致富的自由。所以老子说："天下多忌讳，而民弥贫。"你用那么多的禁令、忌讳把老百姓捆绑起来，束缚他们的创造性，不给他们自由发挥其才智的机会，剥夺其支配自我与外部要素的正当权利，人民焉能不贫困？在短缺经济时期，管制比较严格，而改革之后，人还是那些人，土地还是那些土地，要素还是那些要素，只是因为恢复了自由选择的权利，恢复了自由支配要素的权利，财富就奇迹般地像从地底下涌流出来一样成倍增长。这就是老子所说的"我无事，而民自富"。在短缺经济时代，治理者绞尽脑汁，疲于奔命，一会儿组织点心与糖的节日市场，一会发愁油料与鸡蛋的供应，一会协调豆制品与棉花的生产，虽殚精竭虑，累得不亦乐乎，每天都在发布命令、制行政策，可是所有东西仍是奇缺，治理者总是捉襟见肘、狼狈不堪。改革之后，所有这些东西都不用操心了，其供应反而丰裕起来。所以老子极力主张国家要少滋事、少禁忌、少苛政，以恬淡为上，以无事为宗，以自然为务，如此则"民自富"。

　　但老子在倡导"以正治国""我无事则民自富"的同时，也注意到经济自由发展背后的弊端。正是由于物质财富的增长，正是由于人民对更舒适更幸福生活的热切追逐，社会风尚与人心也在发生深刻的变化。人民在这个过程中变得更加功利，物质主义至上的风气使得老百姓羡慕奢侈享乐的生活，而逐渐丧失真淳、质朴的本性，不再安于简朴、清静的生活。老子深刻地感受到这种崇奢尚巧的社会风尚给人类带来的影响，并为此深感忧虑。正是怀着这种深具历史感与人文关怀情结的忧患意识，老子对人类物质的发展一直保持着警惕、疏离甚至是拒斥的态度。从人类两三千年来的文明进程看，人类物质的进步所引发的社会文化领域的嬗变与震荡一直没有停止，即使是在物质财富极其丰裕，物质享受极其发达的今天，老子的忧虑也具有极其深刻的现实意义。应该说，老子的关心是超越时空的，他的关心也就是今天全球的关心，他的忧虑也就是我们当今世界所有人的忧虑。老子认识到，对财富的追逐必然产生更多的智巧，对物质享受的歆羡必然导致更多的奇伎淫巧与奇物利器（既指奇器，又指苛令）。因此他说："人多利器，国家滋昏；人多伎巧，奇物滋起。"在这种情况下，人心多智巧而失其淳正，百姓好逐骛而失其清静。老子认为，造成这种状况的原因，一方面在于老百姓对物质财富的过度追逐，但另一方面更在于治国者的崇尚奢靡、纵欲妄为。那些君王领袖享受无度、肆意剥夺百姓，随意驱赶百姓，从而使社会风气变得尚奢多欲。老子将批判的矛头主要指向治国者，显示了他的远见卓识与人民性。他呼吁治国者清静无为，收敛自己的欲望，不扰民，不夺民，保持一种淳朴自然的状态，为人民作出表率，为社会营造、引领一种风气。"我无为，而民自化""我好静，而民自正""我无欲，而民自朴"，君王领袖无为、好静、无欲，人民则自然乐其业而安其命。若治国者纵欲奢华，却倡导老百姓简朴清正，这如何可能？

五十八章　光而不耀

其政闷闷，其民淳淳；其政察察，其民缺缺。

祸兮，福之所倚；福兮，祸之所伏。孰知其极？其无正也。正复为奇，善复为妖。人之迷，其日固久。

是以圣人方而不割，廉而不刿，直而不肆，光而不耀。

［大意］为政者宽厚朴实，则人民就会淳朴；为政者政令严酷苛繁，则人民就会变得智巧狡诈。

祸患正是福祥所倚傍的地方，福祥也是祸患所隐藏的地方。谁能知道福与祸究竟如何运动？它们之间的转变并没有定数。"正"可以变为"奇"，"善"可以变为"恶"。人类陷于迷惑，时间已经太久了。

因此圣人方正但不割伤人，锐利而不害人，直率但不放肆，光明但不耀眼。

衡量一个思想体系或行动体系是否达到比较高的境界，就要看这个思想体系或行动体系能否达到一种圆融均衡的高度。中国哲学，无论儒释道，各家都强调均衡、中和的思辨方式，都强调行动上的圆融通达，而一致摒弃那种极端的、非此即彼的思维方法。儒家重视"中"，"不偏谓之中，不易谓之庸"，又认为"中也者，天下之大本也；和也者，天下之达道也，致中和，天地位焉，万物育焉"。这些思想，体现出儒家思想平和、中正、稳健的特质；在行动上则反对极端主义，孔子也说"过犹不及"，强调适度与平衡。儒家的"执中"，就是消弭对立与矛盾，保持思想与行动的中和。佛家（包括禅宗）引导人走向觉悟的一个通道就是不执着，就是放下执着，当下解脱。你能不被各种执着、理念所捆绑，就是得大自在，得大解脱，这就是般若智慧。人的所有痛苦来自迷障，而所有迷障无不来自事物的执着。执着于长寿，则被长寿所迷障；执着于富贵功名，则被富贵功名所迷障；执着于得失荣辱，则被得失荣辱所迷障。如果能超越迷障，打破执着，则烦恼立失。因此佛家讲无垢无净，不增不减，不生不灭，超越对立，"无我相，无人相，无众生相，无寿者相"，只有超越这一切外相的束缚，才能真正达到内心的自由与解脱。

而道家哲学的一切努力，亦是要破对立，消弭矛盾，超越事物表面的对立，直达事物的本质，从而达到一种高度辩证而圆通的思维境界。老子最高的哲学成就，就是能透过事物表面的二元对立，看到内在矛盾面的相互统一，相互倚赖，以及在一定条件下的相互转化。因此老子总是动态地、在运动中洞察事物，从一个事物长时间的演变中去考察它的本质，撇开暂时的迷雾，放眼长远的考量。因此老子的思维极其辩证，不拘泥，不极端，不执着，不主观，不绝对。他看到任何事物、任何范畴、任何对立的相对性，并感叹人们因牵累束缚于"各执一端"的执着所带来的烦恼。"人之迷，其日固久"，人迷惑于追求物质享受，就会因生活的简朴与不富足而深感痛苦；人执迷于自尊显贵，就会因受辱与冷落而深感痛苦；人执迷于仕进显达，就会因官场失意而深感痛苦。如果你能超越贫与富的执着，就会安于淡泊清静，处泰而不骄，处否而不馁，穷困时从容淡定，富贵时慎守节操；如果你能超越贵与贱的对立，就可以保持一个平和的、低调的姿态，永远把自己放在低处，别人毁你也坦然，别人誉你也坦然，荣辱毁誉不萦于心，"举世而誉之而不加劝，举世而非之而不加沮"，你就能避免受辱。此时，我们心目中不再有贫富、贵贱、荣辱、穷达的对立，内心永远处于坚实、平和、静定的状态。老子的名言："祸兮福之所倚，福兮祸之所伏"，流传甚广，影响中国人甚深。祸与福，看似相互对立，实则相互倚伏、相互转化。你失意了，倒霉了，遇到挫折了，遭到困境了，受到攻击了，不要沮丧和失落，也不要从此一蹶不振，而要知道"祸兮福所倚"的道理。此时在祸患中你要保持沉静与淡定，要懂得隐忍，要善于蓄积力量，以乐观精神等待事物的转机。而当你得意之时，一帆风顺之时，收获名利地位之时，却要特别儆醒、惕惧，不要过度张扬，不要得意忘形，不要忘乎所以，更不要因名利地位而自狂自傲。在福中，我们要学会敛藏、低调、保守，要谨言慎行、惜福慎独，要在福中有危机意识。这就是一种辩证思维，一种动态的思维，一种长远的眼光，运用这种思维与眼光，你才可能不被执着所迷，不被当下所惑，不被对立所缚。此一时也，彼一时也，好事往往能变坏事，坏事也可以变好事。

　　从这种辩证与动态的思维出发，老子认为做人的最高境界是圆融、通达，是思方行圆，是内方外圆。一个人内心有自己的方正的原则，而对外的行动则保持圆融。老子说："方而不割，廉而不刿，直而不肆，光而不耀。"这十六字格言所描绘的，正是这种圆融通达、思方行圆的境界。内心秉持方正之操守，而行动却圆融无碍，不伤害别人；思想锐利、眼光独到，但行动上又懂得藏锋敛锐，就能不树敌，避免罹祸；内心坦诚坦荡，直率直爽，但是言行又不放纵，评价别人能做到中庸适度，直道而行又能谨慎保守,这样就可以保持人际的和谐;一个人越是优秀,越是卓越,越是要收敛自己的光芒,不要刻意炫耀自己,总是自谦自徼,这样你的光芒就可以照亮别人,却不会灼伤他人。现实中越是优秀、方正、直率、锐利的人,就越是容易罹祸,因为你太耀眼,太方正,太直率,太锐利了,总是在不知不觉间得罪人、伤害人,不容易得到周遭人群的认同,不容易保持一个和谐的人际环境,因而"木秀于林,风必摧之"。因此越是卓越、有锐气的人,越要懂得含光敛耀、藏拙圆融,你养得春光一片,养得圆润中和,就能在这世界上从容游走,永立于不败之地。

五十九章　啬道事天

治人事天，莫若啬。

夫唯啬，是谓早服；早服谓之重积德；重积德则无不克；无不克则莫知其极；莫知其极，可以有国；有国之母，可以长久。是谓深根固柢，长生久视之道。

[大意] 治国养生，没有比吝啬之道更重要的。吝啬之道，就是预先早作准备；预先早作准备而行啬道，就是不断积蓄啬德，保养精气；不断积蓄啬德保养精气则无往不胜；能依赖啬德无往不胜则其能量无可估量；其能量无可估量则可以保全国家；掌握保全国家的啬道之本，就可以使国家长治久安。这就是使根底坚固、长生保本之道。

老子学说倡内外双修，因而对于中国普通民众影响极大，其中由《道德经》衍生出来的道教养生之学对国民渗透尤深。老子在政治哲学上提倡"其政闷闷"，呼吁在上位者宽博舒厚、清静自正，告诫他们要去私寡欲，不得肆妄而为、滋扰百姓。这是一种内守的政治哲学，是一种敛藏的治术，相当于西方的自由主义与保守主义经济思潮与政治观。同样，在养生方面，老子强调守朴全真，以精气内守为宗旨。所以老子的内外双修，内以教人养性守志，外以教人施宽厚无为之政，不自矜自伐，不肆意乱为，内外修养之旨是一致的。

老子在五十九章提出"啬道"。他说："治人事天，莫若啬。夫唯啬，是谓早服。"啬，有吝啬、爱惜、存养、保藏之意，啬就是爱惜珍视某样东西，而保藏慎用，不过度消耗。"啬"既是治国御民之本，也是养生事天之本。从治国的角度而言，"啬道"所倡导的治术就是无为、少欲、去私，使治国者保持心态安静，不随意制定繁苛政令、禁令来劳扰人民。"我无事而民自正"，就是说治国者要少费心思去驱使百姓、禁锢百姓，要少耗精力，不要为满足一己之私而兴师动众。实际上，治理任何组织都是如此。同样是企业领袖，有些人事无巨细，都要干预；殚精竭虑，忙于琐事，而失却对大战略的谋划；天天折腾，令部属疲于奔命，反使企业忘掉长远目标。而有些企业领袖则着眼于大战略、长远目标，他看似不忙不乱，从容清静，部属各司其职井然有序，而领袖则于无形之中在倡领一种企业文化，构建一种企业哲学，擘画长远的企业愿景。一个真正的大学校长亦应如此，他并不陷溺于大学的日常管理，而是以深远的人文眼光建构大学的气象，通过潜移默化的方式塑造大学的风范，使校风纯正而清静；他视野阔阔，眼光深邃，格局广大，而行动舒博，超越于琐事之上，着意于营造一种学术氛围，一种人文风气，一种独立不倚的学人风范。因此，治人之"啬道"，要旨在于治人者守静归朴，顺其自然，善于着眼于根本、蓄养其根本。"啬道"要求治人者少事，不耽溺于琐屑之事，若治人者徒以繁琐之政令折腾民众，劳扰部属，则这种治理必然是失败的，不可持续的。因此，国君不忙乱，乃一国之幸；企业领袖不忙乱，乃一企之幸；校长不忙乱，乃一校之幸。不忙乱才能着眼于根本，着眼于大事。

"啬道"也是我国养生之学的核心。养生之要在护惜生命之本而不使之过度耗费。中国养生之学，称精、气、神为三宝。精要藏，气要养，神要守。如果不能敛藏精气，使其外泄；如果不能保养气血，使其耗竭；如果不能内守精神，使其涣散，则人必然衰弱虚损而致疾。保养精气神，其核心是藏，即是"啬"，不过度消耗，不过度外泄。中国养生学特别重视"藏"，《难经》说："脏者，人之神气所舍藏也，肝藏魂，肺藏魄，心藏神，脾藏意与智，肾藏精与志也。"精气神三宝都要善加统摄，不使之过耗，要爱而不用，爱而慎用，古人说"养精蓄锐"就是指此。中国古代医学认为，肾是先天之本，《黄帝内经》曰："肾者主水，受五脏六腑之精而藏之……肾者主蛰，封藏之本，精之处也。"蛰就是"潜伏"，封藏即是爱而不用之意，养肾护精之本在于封藏，不使泄，而使固，若过度放纵，则肾衰精竭。因此《圣济总录》中说："嗜欲不节，劳伤肾气，精血耗竭，脏腑空虚，血气不能充养。"所以《黄帝内经》也说"精气夺，则虚""精气竭绝，形体毁沮"。《伤寒论》主张冬藏，认为"冬不藏精，春必病温"。"藏"就是"啬道"。当然，"啬道"不仅指形体上的养与精气的藏，更指精神的敛藏，要内敛、清静，"用志不纷，乃凝于神"，使精神专一而内守，不汲汲逐骛于外，要保守心态之静定。你看那些大艺术家、大学者，虽形体辛劳，但是他们精神内敛，专一凝神，静志不杂，因而精力长久不竭，都十分长寿。此乃善养生者，善摄神者，善养心者，善存性者。孟子也说："存其心，养其性，所以事天也。"如何顺其天然而长生，其要在于存心养性，在于全真抱朴，在于藏精守志，因而得以保养天赋，使精神充实而不涣散，气血盈满而不亏竭。

老子在此处提出"早服"的概念，值得玩味。"早服"，即"早从事之"，就是提早有所备而蓄积力量之意。"早服谓之重积德"，"积德"即遵循啬道，积蓄天赋之本。从治人角度而言，"早服"是一种前瞻性的眼光，一种长远性的擘画，不仓促行事，不耽溺眼前琐屑小事，而是着眼于培植根本，"深根固柢"，使根本坚牢，固不可摧，无往不胜。国家有坚牢之基础，有固实之根本，这就是"国之母"。治国者不计较一时一地之得失，摒弃短视之功利主义，而以高瞻远瞩之开阔视野，培植国家之根本，使其发展有持久稳固之根基。姚鼐说："服者，事也。啬则时暇而力有余，故能于事物未至，而早从事以多积其德，逮事之至而无不克矣。""早服"意味着行事清静从容，思虑高远阔大，固本培基，高瞻远瞩，不纵不奢，不散不乱，如此则积德深厚，用之治国则长治久安，用之养生则长生久视，此为"啬道"之妙。

六十章　大国小鲜

治大国，若烹小鲜。

以道莅天下，其鬼不神；非其鬼不神，其神不伤人；非其神不伤人，圣人亦不伤人。夫两不相伤，故德交归焉。

［大意］治理大国，如同烹调小鱼。以道治理天下，鬼神起不了什么作用；不唯鬼神不灵验，神祇也不伤害人；不唯神祇不伤害人，圣人也不伤害人。鬼神与圣人都不伤害人，因此它们的"德"上下相合而归于民众，民众则相安无事。

老子在修身养生和治理国家方面极其强调"静"。但是我们在理解"静"的时候，不要把它绝对化，不要把"静"理解为绝对的"不动"。从养生的角度来说，"静"主要是指精神层面的"静"。精神宁静而没有扰动，心思澄明而不杂乱，抱一守真，静定无为，乃可以长生。老子说："静为躁君。""静"乃"心"的宁静无扰，摒除躁动，非指"形"不动；若终日禅坐、枯坐，而心思散乱，精神纷扰，仍不是真正的"静"。《庄子·在宥》言："至

道之精，窈窈冥冥。至道之极，昏昏默默。无视无听，抱神以静，形将自正。必静必清，无劳汝形，无摇汝精，乃可以长生。目无所见，耳无所闻，心无所知，汝神将守形，形乃长生。慎汝内，闭汝外，多知为败。天地有官，阴阳有藏。慎守汝身，物将自壮。我守其一，以处其和。"必静必清"，是心中无事，无所挂碍，无所企盼，无所逐骛，无所忧虑，自自在在，浑然与天地同化。"无视无听"，不是失聪失明，而是听见却如同未听见，看见如同未看见，不以物扰心，不以事劳形，如此则神不散。"慎汝内"，就是保守内在的精神，慎勿轻易扰动；"闭汝外"，就是警惕不要为外在的扰攘而耗神损精，要与外在的世俗世界保持疏离，使神不外逐，不被外界所诱惑。"我守其一"就是守朴藏真，凝神一志，抱持虚静，不使身心劳碌割裂。所以老庄在养生方面的"守静"，乃精神内守之意，后期道教以及禅家末流过于强调"静"，强调终日默坐、枯坐，以为这就是"虚静"，就是"无为"。实际上，动静相宜乃长生之道，"动"不是躁动，不是内心狂躁纷乱地去刻意作为，而是外在的动不扰其内在的静定，形劳而心清，体动而神安。王阳明反对终日枯坐，修身养性还要"事上磨炼"，能于各种事物到来之时从容应对，不以物累心，方是真静，方是大智慧。那些真正的智者大师，一生都在勤谨做事，禀其天赋，尽其所能，行其所愿，乐其所事，因而尽管形体劳碌，但仍神清气爽，心安神静，保其天年。

　　同样，在治理国家方面，老子的"静"的理念也不宜教条化、绝对化地去理解。要将"有为"与"无为"很好地结合起来。老子说"行不言之教"，是告诫治国者不要多言，不要乱言，而不是教导治国者不说话。你要行教化之功，就不能闭口不言，而是要慎言，不要乱说，不要逞其聪明而常常发号施令，利用其权力对任何事都指手画脚，也不要以为自己能掌管与控制一切而频繁地以政令搅扰人民。治国者越是多言多动，老百姓越是无所措其手足，往往因不堪其扰而怨声载道，这样的治理必然失败。我国改革开放之前，经济社会发展与国家治理的主要教训是把"动"绝对化，而忽视了"静"的作用；如此大的一个国家，常陷入长时期的躁动之中，政令多变，人心不稳，社会不静，国家治理遂失去基本的秩序感，法令制度频繁变动，经济的良性发展与社会结构的稳定便无从谈起。因此，要深刻体悟老子的天为之道，要懂得顺势而为，顺其自然而动，而非臆动、盲动、乱动、躁动。

老子说："治大国，若烹小鲜。"此言流传甚广，对中国人的国家治理理念影响甚大。这七个字，言约而义丰，历代治国者都必熟谙这句话，深刻理解这句话的意蕴。从表面的意思说，治大国要像烹调小鱼一样，小心对待，不要多翻动，否则小鱼就碎了。此言治大国者应以"清静无为"为宗，不多事琐碎，不乱折腾。治理大国尤应注意谨慎行事，不要贸然制订琐碎的政策禁令，不要频繁变动制度。治国者不能清静，乱折腾，朝令夕改，热衷于出新主意，驱使百姓，则民心不定，国基必衰。这是"治大国若烹小鲜"中所主要揭示的老子清静无为、少私寡欲的治国哲学。但是烹调小鱼的艺术还不止于此。烹调小鱼，要诀诚然在于不乱折腾，但这"不乱折腾"绝非完全不折腾。煮小鱼，如果完全不折腾，不及时翻个儿，那小鱼就要糊了。所以对"治大国若烹小鲜"要完整地去理解，既不要乱折腾，不要以琐碎多事侵扰人民，也不能完全不动，使国家陷于某种僵化死寂的治理结构；治国者要动静相生，把握好动与静的辩证法。治国者过于好动，人民不堪其扰，国力消耗太甚，财富不易积累，人心不易稳定；但是治国者不能也不宜完全不做事，问题是如何作为。一个大国，若因循守旧，思想僵化，体制死寂，则这个国家很容易在利益结构、社会结构方面出现固化，很容易积累矛盾，从而积重难返，最终导致系统性的崩溃。因此，治国者的"有为"应主要体现于未雨绸缪，为国家的战略性前景进行擘画，理顺整个国家的社会结构与利益结构，并引领其社会风尚，使民心稳定而日新，社会和谐而充满活力。因此，要全面理解老子"治大国若烹小鲜"的深刻含义，深悟"动静相生""无为而为"之理。治国者应如《周易》中所说的"顺动"，既不是扰民乱动，也不是庸碌无为，而是要顺大势而为，顺民心而动。老子认为，治国者若掌握了这样的动静之道，就可以实现民安国兴，那些所谓鬼神就起不了什么作用。"以道莅天下，其鬼不神"，老子的这一思想，包含着深刻的民本精神。神灵不起作用，民众才起作用，这就是"民为邦本，本固邦宁。""非其神不伤人，圣人亦不伤人。夫两不相伤，故德交归焉"。神与圣人皆以民为最终依归、最高标准，这是老子"无为而为"辩证法的落脚处。

六十一章　大邦谦下

大邦者下流，天下之牝，天下之交也。牝常以静胜牡，以静为下。

故大邦以下小邦，则取小邦；小邦以下大邦，则取大邦。故或下以取，或下而取。大邦不过欲兼畜人，小邦不过欲入事人。夫两者各得所欲，大者宜为下。

［大意］大国就像居于河流的下游，位于雌柔的地位，是天下万国交汇之地。雌柔以静定战胜阳刚，以其虚静而甘于谦下。

因此大国以谦下态度面对小国，则可以获取小国的归附；小国以谦下态度面对大国，就可以获取大国的容纳保护。因此大国谦下则取小国，小国谦下则取大国。大国谦下的目的，不过是要容纳蓄养小国；而小国谦下的目的，不过是要得到大国之容纳保护。大国和小国各得到其希望得到的，大国尤其应该保持谦下态度。

贵柔守静的哲学，不但被老子应用于养生、修身、治国，更扩展到国际关系领域，成为指导大国外交的基本原则。在老子看来，一个大国，其

特性如同母性：具有极大的包容性，宽容、涵纳其他小邦，吸引这些小邦来归附大国；它要常常以雌柔之道来对待周围的小邦，使这些小邦在大国面前有平等感、尊严感、安全感。如此，大国就可以得到小邦的拥护与信任，最终万国来朝，一统天下。

从老子大国外交哲学的基本理念来看，他是反对大国恃强凌弱的，反对大国沙文主义。这当然是从老子所处时代的国际关系现状出发得到的结论。春秋战国时代，小国林立，国际关系极为复杂，小国之间的纷争连年不绝。在诸侯纷争的过程中，有些诸侯国凭借其天时、地利、谋略，逐渐强大起来，成为雄霸一方的大国。大国依靠其强大的政治、经济、军事力量，兼并周边的小国，从而使当时的国际版图逐渐被大国所控制，并最终形成几个大国共同主宰局势的格局。这是春秋战国时期国际关系演变的基本趋势。春秋五霸、战国七雄就是在诸侯争霸的过程中逐步脱颖而出的，而其后的历史也证明了，走向合并统一是中华民族的主流。然而在走向合并统一的过程中，各诸侯国之间的斗争既频繁又惨烈，战争给各国尤其是小国带来无尽的痛苦，死亡数万人乃至坑杀几十万人的战争带给老百姓深重的灾难。老子作为一个坚定的反战主义者，呼吁和平，希望天下太平无事，"却走马以粪"，认为军事战争对于任何国家而言都是"不祥之器"。从这种理念出发，我们可以符合逻辑地推论出老子处理国际关系的基本准则，那就是和睦相处，谦下为上。

老子说："大邦者下流，天下之牝，天下之交也。牝常以静胜牡，以静为下。"老子喜欢拿婴儿和女人来做譬喻，因为婴儿和女人的特性符合老子的哲学理想。女人的母性，其特点是极其柔顺，极其具有包容性，她们与雄性比起来，更具有谦下而和平的品质。女性安静谦顺，也正是由于这一特征，她们常常战胜那些表面上很强大、很刚猛、很躁动的雄性，无论在动物世界还是人类世界皆是如此。"牝常以静胜牡，以静为下"，看似柔实则刚,看似静实则稳健,看似谦下实则把握驾驭局势。老子用雄雌这种关系来观察大国与小国的国际交往行为,发现极其相似。大国好比雌性(母性),处于"天下之交"的地位,它极具包容力、容纳力,它海纳百川,甘居百川之下流。居于下流,就是兼收并蓄,就要有极大的胸怀与格局。因此,大国面对小国,总要包容它们,吸纳它们,对它们采取怀柔的政策。大国多静,而小国如同雄性则多躁动,因此当小国因为琐屑小事而起事端、多动妄言的时候,大国不宜与小国一样妄动,而是要持静谦下,有大国包容的风范。大国以其包容谦下的姿态,使小国消除恐惧、不妄与自卑,消除过度的防备、警惕与敌意,从而化解矛盾。小国在大国面前本就心存惕惧,对大国有疑虑,有戒心,此时若大国以暴易暴,以躁动对躁动,则必引起小国更大的敌意与反抗。因此大国主动谦下,则小国易安;大国静,则小国不躁。

宋仁宗是一代明君,平时简朴,不事奢华,待人宽厚,其治国之术颇似黄老哲学,以静为主。在处理国际关系方面,仁宗也多取谦下姿态,以仁厚的大国风范来取得小国之信任。因此他在位四十多年中,边事停息,几乎没有发生大的战争。宋仁宗去世之时,讣告送到辽国,"燕境之人无远近皆聚哭",辽国皇帝道宗耶律洪基痛哭道:"四十二年不识兵革矣。"《宋史纪事本末》载辽道宗:"惊肃再拜,谓左右曰:'我若生中国,不过与之执鞭持盖一都虞侯耳!'"西夏与宋曾有过几次战争,到定川之战,西夏全军覆灭,战争使西夏国力日衰,最终宋夏和谈,夏向宋称臣,宋每年赐西夏绢十三万匹,银五万两,茶二万斤,史称"庆历和议",取得近半世纪和平。辽兴宗时辽宋关系紧张,宋朝派富弼与辽国协议,大振国威,最后驳回辽国索要土地之要求,以增加岁币为条件,维持澶渊之盟的和平协议,史称"重熙增币"。宋仁宗这些处理外交的策略,不以军事为解决问题的唯一手段,而是在小国面前采取谦下仁厚姿态,柔中带刚,谦而能容,从而较好地消弭了战争,为国家带来和平。岁币和战争经费跟人民的死亡比起来,其代价无足轻重。所以乾隆皇帝在评价历代皇帝时说,他最崇拜三个帝王,除了他的爷爷康熙大帝与唐太宗,第三个就是宋仁宗。《宋史》曰:"(仁宗)在位四十二年之间,吏治若偷惰,而任事蔑残刻之人;刑法似纵弛,而决狱多平允之士。国未尝无弊幸,而不足以累治世之体;朝未尝无小人,而不足以胜善类之气。君臣上下恻怛之心,忠厚之政,有以培壅宋三百余年之基。"《东坡诗话》如此描绘仁宗盛治:"宋朝全盛之时,仁宗天子御极之世。这一代君王,恭己无为,宽仁明圣,四海雍熙,八荒平静,士农乐业,文武忠良。真个是:圣明有道唐虞世,日月无私天地春。"王夫之在《宋论》中评价道:"仁宗之称盛治,至于今而闻者羡之。帝躬慈俭之德,而宰执台谏侍从之臣,皆所谓君子人也,宜其治之盛也。"仁宗行"宗厚之政""恭己无为、宽仁明圣""躬慈俭之德",这些评价,都与老子的政治哲学极其相契。虚静无为,柔顺谦下,慈俭宽厚,这些施政措施,对外营造了宁静和平的国际环境,止边衅,摒杀戮,与民生息;对内则厚农桑,减徭役,纳雅言,包容知识分子,使人尽其才,帝王垂拱而治。

中国儒家皆主行正道,而鄙弃霸道。老子所说的"大邦者下流""大者宜为下"也是倡导大国要行"王道",而不要仗势欺人、凌侮小国,行"霸道"。王道彰显大国的恢宏气象,廓大襟怀,强调大国应以平等、包容心态对待小国,行为持重,宁静谦和。而霸道则以强凌弱,心胸狭窄,逼迫欺慢小国。王道倡导怀化万邦,最终"近者悦,远者来"(《论语》),万国来朝,臻于天下大国之境界。而霸道则只图眼前功利,给小国以自卑与不安全感,最终使小国离心离德,不再归附大国。所以老子说:"故大邦以下小邦,则取小邦;小邦以下大邦,则取大邦。"在这里,谦下的原则是相互的:大国谦下,则小国归附之,信赖之;小国谦下,则大国抚慰之,容保之。大邦谦下,是为了"欲兼畜人",使小邦得到安顿与呵护;而小邦谦下,是为了"欲入事人",使其获得强大的后盾。然而,老子认为,在大邦与小邦之间,主要矛盾还在大邦一方,大邦欺凌小邦是天下大乱的主要缘由,所以老子最终总结道:"两者各得所欲,大者宜为下。"大国能做到谦下守静,小国的问题就容易解决了。

然而在现实当中,情况复杂得多。小国为了夺取更多的利益,也常常并不持守谦下之德,而挑衅大国,侵扰大国。此时大国若教条主义地恪守谦下原则,一味退让,小国则会得寸进尺,使大国受损。因而在中国历史上,处理各国之间的关系往往是王霸杂用,恩威齐施,慈严相济,刚柔并行。

六十二章　万物之奥

道者万物之奥。善人之宝，不善人之所保。

美言可以市尊，美行可以加人。人之不善，何弃之有？故立天子，置三公，虽有拱璧以先驷马，不如坐进此道。

古之所以贵此道者何？不曰：求以得，有罪以免邪？故为天下贵。

［大意］道，是万物之荫庇。善人视之如珍宝，不善的人也要持守之。有道之人的嘉言可以取得别人的尊敬，良好的行为可见重于人。而那些不善的人，"道"怎么能够舍弃呢？因此立天子，设三公，虽然有美玉车马，不如持有"道"。古人何以如此重视"道"？难道不是说有求的就可以得到，有罪错的就可以免除吗？正因这样，"道"为天下人所珍视。

"道"是老子心目中宇宙运行之总原则，上及天地衍变之理，中涉治国安邦之道，下及修身养性之学，将宇宙发生论、政治哲学、生命哲学全部贯通。"道"并非深晦莫测之物，而是天地万物自有而永在的内在规律，因

此老子说:"道者万物之奥。"奥,即藏,即蕴含,荫庇,容保。"道者万物之奥",是说"道"蕴藏于万物,主宰万物,荫庇万物,容保万物。一日持道,则天地运转、家国吉遂、生命进步;而一日离道,则天地紊乱、家国衰败、生命遭祸。道是"善人之宝,不善人之所保"。何为善人?在老子看来,善人就是明哲谦下、心志宁静、摒弃名利诱惑而持守淡泊寡欲之人。这样的善人,为人处世常常以"道"为准则,虚无恬淡,与世无争,顺其自然,不妄为生事,也不恃物傲人。他坦坦荡荡地立于天地之间,清清静静,空空寂寂,敛光藏耀,澄湛无为,和光同尘,与物同化。他从不标榜自己,不彰显自己,既卓然独立,又能融汇含藏,因此他能够远避灾祸,得以全真保年。这样的得道之人,表面上看起来"昏昏闷闷",敦朴无华,然而从本质上来说,他始终谨守大"道",不离失"道",恭俭朴厚,静笃无争,所以他能处高位而慎简自卑,处困厄而坦然自信,达则兼济天下,穷则独善其身,进退自如,忧乐不扰身心。

何谓"不善之人"?不善之人并非简单指道德败坏、品德恶劣之人,而是指行为偏离"道"的人。不善之人,行为放僻邪侈,不能守中守正;他们试图以机巧赢得一切,远离"抱朴守真"之旨;他们时时逞能恃物,凭一己之私欲,肆意妄为,不能"致虚极,守静笃";他们身处富贵时放纵骄横,目空一切,不能"见微知著",不懂得富贵中蕴含着危机,不懂得"福兮祸所伏"之理;而在灾难噩运到来之际,不善之人又不能以从容淡泊之心冷静面对,不能在坎坷中刚健隐忍,而是堕落消沉,不懂得"祸兮福所倚"之理。因此,不善之人的行为处处偏离"大道",不能洞察自己的生命,也没有"知几知微"的智慧,不能在合宜的时机扭转局势。不善之人,必常罹患。因此,老子说:"道"乃"不善人之所保",即是说,不善之人因行为不遵循"道"而罹患,此时应自我反省,深刻检讨,重归"大道",如此则可以避免更大的灾难。河上公的解释非常简明且切中要害:"道者,不善人之保倚也，遭患逢急，犹自知悔卑下。"知悔，则重归"大道"，放弃邪僻之行，谨守虚静中和之道；卑下，则不再自恃自傲，而是甘居下流，像水一样"善利万物而不争，处众人之所恶"，故能自卑（自甘卑下）、自敛而远离祸患。

老子在六十二章讲"美言可以市尊，美行可以加人"，这两句话往往被人误解。从表面上的意思来看，此两句可释为"嘉美的言辞可以获得尊敬，嘉美的行为可以使人敬重"，可是这样的解释并没有揭示出老子思想的精髓。"美言""美行"，并不是普通意义上所谓"嘉言懿行"，即高尚之言行，而是指少妄言，少妄行，其要旨在于持守虚静，淡泊静笃，用志不纷，从而使心志保持宁静渊澄状态。人一旦处于这种渊澄静笃的状态，则不妄言语、不妄行动，凡所言皆中的，凡所行皆中矩，因此其言可信、其行可敬。这是老子讲"美言可以市尊，美行可以加人"的深刻用意所在，惜历代注家大多以浅意解之。

因此，老子说："古之所以贵此道者何，不曰求以得，有罪以免邪？"这里的"贵此道"，是指要珍惜重视此种持静处下、贵柔守真之道，使自己常常处于宁静无事、寂然不动、顺事无为、真朴天然的状态。普通人"贵此道"，可免祸得祥，治国者"贵此道"，则天下安宁无事，百姓甘居乐业。治国者设立各种制度，管理百官万民，常常使自己处于忙乱纷扰之中；又时时享受肥甘美味，华宫豪车，使民力疲弊，民怨沸腾。如此治国，徒事折腾，不知无为而治守朴保真之妙；纵欲奢靡，不知寡欲而清心之要。最终，必天下大乱，民心背离。因此老子说："故立天子，置三公，虽有拱璧以先驷马，不如坐进此道。"治国者的"美言"乃不乱施禁令，不逞一己之聪明而随意驱使百姓，如遇此种"贵言"的国君，乃百姓之大幸；治国的"美行"，乃深知敛藏之道，不奢、不费、不狂、不躁，对外不事扩张侵夺，对内淡泊自守与民休息。民众要的并不是雄才大略、睿智英武的有为

六十二章 万物之奥

领袖,这样的领袖往往把民众带上灾难荆棘之路。民众要的是"以百姓心为心"而克制已欲的领袖,他摒弃名利诱惑,将自我才智与抱负深藏起来,而深谙民众之需求;他善于因势利导,引导百姓黜巧返朴,使社会风尚趋于淳厚自然;他可能并非因文韬武略千古流芳,却会因虚静无为、谦下自牧而换得百姓的福宁。

六十三章　图难于易

为无为，事无事，味无味。

大小多少，图难于其易，为大于其细。天下难事，必作于易；天下大事，必作于细。是以圣人终不为大，故能成其大。

夫轻诺必寡信，多易必多难。是以圣人犹难之，故终无难矣。

［大意］以淡泊无为的心态去作为，以清静无事的方式去行事，从恬淡无味中品味一切。大的东西，生于微小；多的东西，起于寡少。克难要从容易处入手，做大事要从细琐处开始；完成天下之难事，必从容易的做起；实现伟大抱负，必从微小处起步。因此圣人始终不自视为大，最终才能成就他的伟大。

轻易允诺别人，多不能持守信用；轻视事情，把一切看得很容易，必定遭遇更大的困难。因此圣人处事时往往把事情看得很艰难，而最终却没有困难。

───❧───

读老子书，宜养沉静淡泊之气，懂得恬然自安的趣味。老子从不倾向于"宏大叙事",从不欣赏、倡导那些张扬的、壮烈的、高大的行为,而是认同那些柔弱谦卑、润物无声的品质,赞赏由恬淡虚无中成就的自然的伟大。所以从政治哲学的角度来说,老子一定是不赞成那种表面上看起来拥有雄才大略的治国者所进行的轰轰烈烈的伟大作为的,毋宁说,老子一定对那种好大喜功的统治者持质疑与批判的态度。他推许的是那种甘于处卑、能够谦下、能够以无形之手段达到"润物细无声"效果的治国者。这是我们理解老子政治哲学的关键。"无形之手段"不能简单地理解为我们在市场经济中所强调的相对于政府干预的"看不见的手",而是首先在治国者的所有行为中都渗透"无形"的原则。"无形"就要求治国者不要以生硬的手段刻意作为,更不要用强制性手段来推行治国者自认为好的政策。在政府如何治理国家、如何介入经济社会方面,经济学家、政治学家、社会学家都作出了有益的探索。古典经济学(如亚当·斯密)虽对市场推崇备至,但对政府仍持有比较温和的态度,而到了奥地利学派的哈耶克等人,在特殊的历史背景下,他们对政府介入的深恶痛绝以及对于奴役之路的高度警惕,与老子的情绪倒有些相似。奥地利学派亦强调政府的慎为,微观主体只要在既定的制度(法治)环境下自主地运作、自由地选择,而治国者的行动重点在于维护这个制度(法治)环境,维护整个市场经济的伦理与信心,而不在于直接介入微观主体的选择。这样的治国者,总是处于民众的后面,民众选择而治国者追随,这与老子所说的"后其身而身先""圣人常无心,以百姓心为心"有精神上的相通之处。

　　老子说:"为无为,事无事,味无味。"这是他自然主义经济哲学的集中表述。治国者最好的"为",就是顺其自然,无为而治,而不是刻意作为,不是从统治者的理想出发,驱使百姓为其理想而奔走奉献。最会做事的治国者,最高境界的治国者,是"无事"。老子说:"取天下常以无事,及其有事,不足以取天下。"天下无事,是说百姓各从其欲,又能各遂其志,因而达到了一种自然的均衡与秩序，这种均衡与秩序并不是靠治国者的雄才大略而强制达到的，而是一种自动的均衡，是自由选择的结果。现代经济学所崇尚的最理想的境界"一般均衡"，是老子"取天下常以无事"的另一种表达。到了天下大治之境界，"百姓皆曰我自然""帝力于我何有哉！"所以这种大治境界，一定是一个平平淡淡的境界，而不是轰轰烈烈的境界；一定是令百姓与治国者都感到宁静无扰的境界，而不是百姓被驱赶得疲于奔命、领袖为天下事而焦头烂额的境界。就如同水一样，它平淡无奇，没有任何味道，但却是生命所必需；治国的最高境界也是一样，看似平平淡淡无可称述，实则百姓安居乐业、领袖垂拱而治。若百姓常处于亢奋激动之中，而治国者时时处于纷扰躁动的状态之中，那么这种治国必没有可持续性，必将爆发系统性崩溃。治国者要懂得"味无味"之妙，不要陶醉于轰轰烈烈的宏大叙事，不要迷恋于自己可以驱动万千百姓的壮志豪情，而要归于宁静，归于平淡，归于"无味"之境。在一个治理体系比较完备成熟的国家，一切按部就班、井然有序，按照一定的秩序渐进，平淡无奇，整个社会似乎在一种宁静从容的氛围里自然运转，甚至感觉不到治理者的存在；你在既定的制度环境下做出你认为合宜的选择，统治者也在这种制度环境下做出决策，治理者与被治理者各顺其自然而动，这不是老子所说的"无为""无事""无味"之境吗？而且，我们所处的这些"制度环境"，也非圣人刻意制造，而是自然而然形成的，也就是哈耶克思想中非经人类理性制造设计而自然形成的"自发秩序"。这不就是老子所说的"不为而成"吗？

老子说："图难于其易，为大于其细。天下难事，必作于易；天下大事，必作于细。"这句话，可以从两个层次来说。从较为浅显的层次来说，这句话是我们为人做事必须持守的一个原则。天下的事，我们不要看得轻易了，以为没有什么能难倒我们，因此对自己的能力怀着过度的自信。把任何难事看得过于轻易，似乎表示此人有豪情壮志，有蔑视一切困难的雄心与勇敢，可是实际上，要完成大业，实现大抱负，就要有处处郑重其事、处处谨慎从事的姿态，要时时怀着如临深渊、如履薄冰的心态去面对眼前每一件易事。"图难于易，为大于细"，就是告诫我们，要做大事、难事，就时刻不能忽视每一件小事，每一件易事，这就是"千里之行，始于足下"的道理。一个人要做大事，就要有高远的眼界、远大的抱负、闳阔的格局，但这并不意味着可以轻忽小事。"天下大事必作于细"，每一个细微之处正是完成大事的入手处。在细微之处不谨慎，出纰漏，则往往会使大事不成，因此我们要时时"防微杜渐"，防止"千里之堤，溃于蚁穴"。小事上的失败，往往是局势逆转的起点，是大业的转折点，要时刻警诫谨慎，慎终如始，不要志大才疏，忽略细节。一个人年轻气盛时节，往往把天下事看得易如反掌，以为小小寰球尽在掌握，颇有"一览众山小"之壮怀。等到心智成熟，才慢慢悟出"不积跬步，无以至千里"，才处处知微知渐，不敢有一丝懈怠与狂傲。

从更深的层次来说，老子说："天下难事，必作于易；天下大事，必作于细。"实际上更是针对治国者而言的。老子憎恶宏大叙事，对那些胸有雄才大略、时发豪言壮语的治国者给人民带来的深重灾难看得多了，于是便对这些要改天换地建不世之伟业的治国者以沉痛而严厉的告诫。治国者要把天下之事看得很郑重，而不要看得很轻易；他所做之事皆要经过深思熟虑，不轻易去行动；他要发言，也要斟酌再三，不轻易发号施令。他不好大喜功，不好高骛远，不自恃聪明妄动妄言，而是常保清静，在任何一件细微琐屑之事上都不肆意妄为。所以老子说"轻诺必寡信，多易必多难"，也是告诫治国者不要轻易地拿一种理想世界去向民众许诺，结果却是驱使人民做无谓的牺牲；也不要轻举妄动，过于相信自己的理性与智慧，非常轻易地开始一场试验或做一项关乎民生的重大决策。盲目夸大理性的作用，以为我们一切皆能，可以"为所欲为"，藐视一切，这就是哈耶克所深刻揭示的人类"致命的自负"。真正的圣人，"临事而惧"（《论语》），他不轻言，不妄动，"图难于易，为大于细"，恭谨持重，如履如临，如此则可以虚静，则可以无事，这才是圣人取天下之道。

六十四章　慎终如始

其安易持，其未兆易谋。其脆易泮，其微易散。为之于未有，治之于未乱。

合抱之木，生于毫末；九层之台，起于累土；千里之行，始于足下。

民之从事，常于几成而败之。慎终如始，则无败事。

[大意]事物安定时容易把持，事情尚未出现兆头时容易谋划。东西脆弱时容易分解，事物微小时容易散失。事情要在未发生时就处理好，要在尚未出现大乱时早做治理。可以合抱的大树，是由细小的芽苞长成的；九层高的楼台，是从一堆土开始建造的；千里远的行程，是从脚下一步步走出来的。人们做事情，常常在几乎要成功的时候突然溃败。我们完成一件事情，要像开始时一样谨慎，这样就不会使事情失败。

中国的古典哲学是实践的哲学，行动的哲学，所有哲学思辨的落脚处

在于使人知应世处事之道与治国平天下之理。老子所言，极少涉及"术"的层面，而倾向于"道"的层面——从宏观、长远、战略的层面去把握人生，安置生命。所以从本质上来说，老子哲学中的政治哲学与生命哲学都具有方法论的意义，须悉心领会，并在实践中体验之，感悟之，品味之，观照之，如此方得老子书之妙。

"其安易持，其未兆易谋，其脆易泮，其微易散"，这四句的核心是讲远见。当消极事物处于萌芽、弱小、尚未形成气候时，有智慧的人把握时机，对问题进行及时的处置，如此则事易成。而当消极事物到了极端之时，发展到很厉害的时候，要处置它就非常困难了，此所谓积重而难返，不可救药了。老子教我们要有远见，要高瞻远瞩，要有先见之明，在消极事物刚露出苗头时就及时发现，及时解决，防患于未然。清初朱柏庐《治家格言绎义》说："宜未雨而绸缪，毋临渴而掘井。"无论何事，都要有预料，有预警，对事物的发展要有前瞻性。要在没有病的时候多多保养身体，或在疾病刚刚露出苗头、症状还很轻时，就及时疗治，若等到病入膏肓，一切皆迟矣。所以扁鹊对齐桓公说，如果病入腠理、病在肌肤，只用很简单的针疗或灸法就可奏效，但如果病入骨髓，则神医亦无济于事。《黄帝内经》说，真正的大医是"治未病"，而"不治已病"，即高明的医生对事物的发展规律有洞察与预见，因此可将事物的消极面消灭在萌芽状态。老子说："为之于未有，治之于未乱。"即是讲见微知著的大智慧。睿智的治国者，不被眼前的事所局限，他的任何行动，总是着眼于长远，着眼于将来，能够从极其细微的征兆中判断未来发展的大趋势，并在当下做出决断。"治之于未乱"，是要求治国者在未发生天下大乱的时候，就及时发现或预防可能导致天下大乱的隐患，并及时消除、解决，避免"千里之堤溃于蚁穴"的事情发生。从商、治企，也是这个道理。子贡、范蠡等古代巨贾，其从商智慧的核心即是对市场的前瞻性与敏感性把握，因而当别人还未发现市场细微变化之时，他们以先见之明，及时把握住了商机，从而致富，这就是"为之于未有"。从经济学角度来说，当你发现别人未发现的市场征兆，采取了及时准确的行动，你就可以获得超额利润；而当竞争者与模仿者蜂拥而至的时候，就出现了完全竞争的状态，你就只能得到平均利润。可见，"为之于未有，治之于未乱"，既是治国应遵循之原则，也是商战成功之奥秘。

"合抱之木，生于毫末；九层之台，起于累土；千里之行，始于足下。"这三句，讲的是持久精神与累积的重要性。这与六十三章讲的"天下大事必作于细"是一致的。做任何大事，都是靠一点一滴积累起来的，长时间的量的积累，才会出现质的突变。中国古代流传下来的"滴水穿石""磨杵成针""愚公移山"的故事，皆表现了这种持久的韧性的精神。所以做成一件事情，既要有高瞻远瞩之眼光与格局，也要有持恒积累之功。"积涓流而成江海"，光羡慕江海之阔是没有用的，我们还要学会凡事从点滴做起，耐心做去，恒久努力，坚持不懈，终会使星火燎原、跬步千里。

"民之从事，常于几成而败之。慎终如始，则无败事"，此句讲的是慎终。凡天下之事，无不有始，鲜克有终；开始一件事情或开创一个事业容易，但是能坚持下来，有始有终，最终努力使事情臻至一种较为完美的境地，这种情况却不容易做到。世间之事，往往"功败于垂成之际"，在就要达到巅峰或终点之时却戛然而止，以溃败而告终，留下千古遗憾。何故？其中原因之一，是当我们即将达到巅峰，即将获得成功时失去谨慎与理智，放松了警惕、警觉，结果一时不慎导致全盘皆输。人在开创事业或准备达到某一目标之初，无不兢兢业业、谦虚谨慎，唯恐事情出现纰漏；可是一旦事业达到一个相当辉煌的高度，地位达到一定的高度，就会被成功冲昏头脑，过于自信，不再谨小慎微，不再小心翼翼，此时若有这种心态，则貌似很强大的事业便处处危机四伏，一旦出现某个关键性差错，则全局崩溃，以前兢兢业业奠定的功业都会化为泡影。其中原因之二，是我们在事业"几成"之际，往往丧失对自我的道德约束，行为放纵而不知收敛，趾高气扬藐视一切，因而不知不觉滋生了狂傲自负心理，从而招致自我行为上的邪僻与周边人群的怨恨敌视。这样的人，岂有不败之理？功败垂成，虽令人扼腕，却也是咎由自取。因此，我们要汲取历史上的诸多教训，在生命与事业达到一定境界或将要成功之际，一定要恒久保持谦虚谨慎、戒骄戒躁的心态，越是在"几成"之际越是要宁静谦下、谨言慎行，切不可自负放纵，在德行上乱了方寸，否则自取灭亡，悔之晚矣。敬慎则不败，此为千古不易之理。

六十五章　归真尚愚

古之善为道者，非以明民，将以愚之。

民之难治，以其智多。故以智治国，国之贼；不以智治国，国之福。

知此两者亦稽式。常知稽式，是谓玄德。玄德深矣，远矣，与物反矣，然后乃至大顺。

［大意］古代那些善于驾驭"道"的人，不是使人民有更多聪明智巧，而是要人民归于真朴。老百姓难以治理，是因为他们有太多的机巧智慧。因此用智巧来治国，乃国家的祸殃；而抛弃智巧来治国，乃国家之福。参透了这两种治国方略之差异，就知道了治国的法式。经常认识这种治国法则，就是获得了最幽玄、最深刻的品德，这种德性非常杳渺，使事物返璞归真，而后达到顺应自然的境界。

先秦时代，是中华民族发展史上思想最为活跃、政治局势最为激荡多变的时代。适应诸侯间割据纷争的需要，当时的思想家纷纷提出自己的战

略主张与治国思想，以期获得各诸侯国君的青睐，将其战略主张与治国思想付诸实践。这些战略主张与治国思想宗旨各异，极为精彩，构成了我国政治哲学思想的高峰，至今无法逾越。儒、墨、道、法、纵横、阴阳诸家，其治国思想的倾向性具有极大的差异。儒家强调仁义与尊卑秩序，其德治思想与礼治思想至今值得借鉴，但直到孟子才发展出闪光的民本主义思想，因此从根本上来说，儒家学说代表上层阶级利益，其礼治秩序也是为上层阶级服务的。墨家在民本主义方面则比较激进，这一思想流派与底层人民联系紧密，其"非攻""非乐"的政治主张直指治国者的贪暴奢靡，而其兼爱无私的伦理哲学则带有浓厚的理想主义与原始共产主义色彩，是我国古代人民精神世界中极为宝贵的一部分。墨家的激进主义、理想主义与民本主义，很遗憾在先秦之后未能融入整个中华思想的主流，两千年以来逐渐式微，其精华逐渐被湮没，这不能不说与其思想的倾向性与内在缺陷有深刻关系。而法家、纵横家、阴阳家诸家哲学，皆可归于功利主义政治哲学，它们皆主张政治谋略与法术权变，是具有高度灵活性与政治智慧的治国学说，对后世的治国理念产生了深远影响。历代的治国者，往往杂糅儒法，摒弃墨家，兼采纵横阴阳，以道德礼治为表，以法术权变为里，刚柔兼备，以达到国家的有效治理。

在先秦诸家之中，老子的道家学说的面目是比较复杂的。老子思想诚然大部分代表着上层失意知识分子的立场，与墨家思想中鲜明的人民性与草根意识有明显区别，但是老子道家思想的基本倾向，又并非代表统治者来立论，而是恰恰相反，他基本上是站在被统治者的地位上来说话的。老子在《道德经》中对当时的政治和社会是持相当激烈而鲜明的批判态度的。老子是坚定的反战主义者，强调"兵者不祥之器"，主张去兵，期待"却走马以粪"的和平主义农耕生活。他抨击统治者的奢靡放纵，主张"慈"与"俭"，批评"损不足以奉有余"的社会不公。他希望统治者"无为"，是因为现实中统治者的欲望太强,对老百姓侵夺太多,贪得无厌,因此他说:"祸莫大于不知足,咎莫大于欲得。"因此,从老子的反战思想、崇尚慈俭、主张无为知足这些观点来看,他是具有一定民本思想的、是站在同情底层人民立场上来说话的。但是老子提出的"愚民"的思想,却往往被人误解和诟病,两千年来是非难辨,聚讼纷纭。

老子说:"古之善为道者,非以明民,将以愚之。"从表面的意思上来说,他似乎在教治国者实施"愚民"政策,最好让老百姓蒙昧无知,而不要老百姓聪明智慧。老子在第三章中讲过类似的话:"常使民无知无欲。"一些治国者于是从老子的"愚民"思想中得到启示,认为最好的治理就是使百姓"无知",于是他们闭塞老百姓的信息渠道,使其不了解国家的大政方针与统治者的行动;他们操纵国家的舆论机器,通过欺骗的手段来愚弄被统治者,以便控制其思想,培养愚蠢且驯服的被统治者,如周厉王的"防民之口甚于防川"。历代统治者所采用的"愚民"与"箝民"的制度措施,最终并没有使他们的统治千秋巩固,因为他们只是蒙蔽人民,而统治者自己却奢靡放纵,享乐无度。而历代统治者所理解的"愚民"政策与老子的"愚民"思想毫不相干。老子所说的"愚民",是要使老百姓摒弃欺诈伪善,回归真朴与自然的生活。他看到当时的人们在统治者的影响下竞相斗智取巧,争名逐利,使社会风气日益败坏,人类在欲望与智巧的驱使之下越来越走向堕落的深渊,于是提出"智慧出,有大伪"(第十八章),主张"绝圣弃智""绝巧弃利"(第十九章)。因此,老子提出"愚民"的主张,是在观察到上述社会现象之后所发出的激愤之言、痛切之语,虽然极其尖刻,极其易引人误解,但却实在是振聋发聩之言。老子所说的"民之难治,以其智多",也并非要老百姓成为傻瓜,成为没有任何判断力的"痴呆",而是希望老百姓心地愚朴,甚至希望他们回到那个混沌赤真的世界,回到人类原初的婴儿时代。老子就希望自己是一个"愚蠢的人"。在第二十章中,老子说:"沌沌兮,如婴儿之未孩;儽儽兮,若无所归。众人皆有余,而我独若遗。我愚人之心也哉! 俗人昭昭,我独昏昏;俗人察察,我独闷闷。"老子公然宣称自己是"愚人",世界上的人个个都是那么机巧聪明,那么精明能干,那么会算计。这些看起来极端有生存智慧的人,在老子的眼中恰恰是失道之人:他们虽然显得如此精明乖巧,在现实世界中如此风光,名利双收,但是却远离了人的真朴本性,他们的心早已被污染,被戕害。所以老子宁可当一个"愚人",昏昏闷闷,混混沌沌,返璞归真,回归自然。

因此他希望治国者不要"以智治国",认为这是"国之贼",而要"不以智治国",认为此乃"国之福"。什么是"以智治国"? 有些统治者自以为聪明,试图用自己的智慧机巧去统治百姓,驱使百姓;他们挖空心思制定各种复杂的典章制度,按照自己的主观臆断去替代老百姓做决策,并用这些制度决策去硬性指挥民众,约束百姓。这些统治者的"智慧"越大,就越有能力逞己之强去驱使百姓,结果使百姓更加遭殃。统治者"以智治国"的结果,往往适得其反,他的雄才大略恰恰可能为百姓带来灾难,因此老子称之为"国之贼"。而且,统治者自恃聪明机巧来治理百姓,其典章制度越是复杂精致,越会使老百姓渐生功利之心,追名逐利,贪邪放纵,社会道德越是混乱败坏,淳朴厚道的民风丧失殆尽。假如治国者黜其聪明,弃其机巧,朴实自然,虚淡无为,则百姓自然不受扰动与驱使,他们就会保持淳朴天然的本性,自在自然地生活,则社会风气自然淳厚,治理秩序自然井然有序,因此"不以智治国,国之福"。因此从总体来说,老子"愚民"政策的主旨,绝对不是教导治国者要愚弄老百姓,使之处于愚昧无知状态,从而便于治理;恰恰相反,老子的"愚民"思想的出发点与落脚点,是呼吁治国者不要以智巧谋诈之术治国,而要抛弃机巧,履行大道,恬淡朴真,归于自然无为。老子要求治国者"与民同愚"。他把这个道理称之为"稽式",即治国者必须遵守的法则,又把这些法则称之为深邃幽远的"玄德"。此类

"稽式"与"玄德",表面上看起来"与物反矣",可实际是至高至真的大道,是顺应自然之道,是通往"至治之世"的大道。

六十六章　善下无争

江海之所以能为百谷王者，以其善下之，故能为百谷王。

是以圣人欲上民，必以言下之；欲先民，必以身后之。是以圣人处上而民不重，处前而民不害。是以天下乐推而不厌。以其不争，故天下莫能与之争。

[大意] 江海能成为百川汇流之地，是因为它善于处卑下之位，因而能够作为百川之王。因此，圣人要想在高位领导人民，必须要学会以谦下的语言对待人民，在人民面前谦卑；要想在人民的前头率领人民，必须要学会把自己的名利欲望放在后头。所以，圣人虽处于人民之上，治理人民，但人民毫不感觉有被压迫的沉重感；圣人虽在人民的前面率领人民，但老百姓不仇恨伤害他。这样的领袖，老百姓都乐意推举拥戴他，而不会感到厌烦。正因为这样的领袖不与人民相争，所以天下的人民也不与之相争。

─────❧─────

如何做一个好领袖，这是一门高深的学问。实际上，一国之领袖、一校之领袖、一企之领袖，乃至于任何小团体组织之领袖，其内在道理都是相通的。儒家更强调领袖在道德上的表率作用，认为领袖应当具备高尚的道德水准，这成为儒家"以德治国"理念的核心。孔子说："为政以德，譬如北辰，居其所而众星共之。"领袖要以德感人，以德服人，以德聚人，因此作为领袖必须在道德节操上严格锤炼自己，做人民的榜样。历代士大夫也都秉持这种道德至上的理念，"修德以安民"，砥砺节操，教化人民。法家对于一个好领袖的要求相对比较实用主义，它不再把道德人格作为好领袖的前提，而是强调领袖要以其威权与平衡建立一种统治秩序，凭借制度建设与奖惩谋略来达到有效的治理。在法家的功利主义政治哲学看来，一个好领袖，不一定就是一个道德节操上非常完美的人，相反，一个并不高尚的君王若能借"法术势"的巧妙运用，也能达到天下大治。因此，儒家的道德理想主义所塑造的领袖，类似于柏拉图心目中理想国里的"哲学王"，他有最圆满的智慧与最完善的人格，而法家的政治功利主义与实用主义造就的领袖，其理念与马基雅维利的《君王论》如出一辙。

老子的领袖哲学更强调"贵柔""谦下""不争"。老子不太强调领袖的道德高度，也不太强调领袖的威权与谋略，而是更多地从领袖与人民的"上下"关系的辩证性去思考、去领悟领袖之道。从表面上看，领袖高高在上，拥有威权与地位，而民众在下，卑微而弱势，处于被动的、消极的、被治理的地位。老子的眼光却很独到，在领袖与百姓的上下尊卑关系中，他看到"上者为下、尊者为卑"的辩证法。老子当然不可能有现代的民主理念与公仆意识，但是他痛切地看到现实中君主压迫百姓带来的恶果，看到贪暴的领袖恃权凌弱、逞威害民的惨状。领袖越是利用威权驱使人民，越是自以为高高在上而压迫藐视百姓，就越容易被"下者"所倾覆，于是"上"反而成了"下"。隋炀帝役使数百万百姓修建宫殿，开凿运河，征讨高句丽，意欲成为"万国之君"，在其辉煌之时，何等不可一世，何等荣耀高大！然而其崩溃又何等迅速！所以，老子认为，一个好领袖，一个可以稳坐江山的领袖，一定不能自持在上的高位，一定不要以为有了权力就可以目空一切、为所欲为，而是要谦卑，要"善下"。老子拿江海打比方："江海之所以能为百谷王者，以其善下之，故能为百谷王。""善下"就是谦卑自牧、自甘处下。"善下"不是要领袖对臣民表现出虚伪的谦逊，而是让他不要过度看重自己的权力与威望，要在内心树立一种谦卑的心理，存敬畏的心态，要敬畏权力，敬畏民意，敬畏天意，不得肆意妄为、贪暴无度。

"善下"还要求治国之领袖有容人的气度，有开阔的胸怀，不仅内心谦逊，而且能虚怀若谷。江海能为百谷王，是因其"有容乃大"。对于下属，对于民众，领袖要宽容，广纳诤言，不要小肚鸡肠，听不进不同意见。唐太宗能容人，察纳谏言，胸怀很大，魏徵等人每每言辞激烈、犯颜直谏，很多时候甚至让唐太宗下不了台。但唐太宗知其忠直，并不介意其过激言辞，皆能以虚怀纳之，遂成就一代贞观治世。宋仁宗亦能静听谏言，包拯等直臣常常廷争面折，对国事直言相谏，有时包拯言语态度过于激烈，甚至唾沫星都喷到宋仁宗脸上，而宋仁宗却毫不介怀，悄悄擦掉唾沫星继续听包拯提意见。领袖襟怀开阔，才能使直臣近之，佞臣远之；领袖以江海之襟善下能容，才能使民众信任，才能凝聚人心。

所以在上位的领袖，要懂得"上"与"下"、"先"与"后"的辩证法。领袖要想让民众尊重拥戴，从而安居高位，就要谦下、自卑，你越谦下自卑，民众越是把你推举到高处。而你越是自以为高，越是以俯视姿态对人民盛气凌人，民众反而厌弃、唾弃之，把你从高位上拉下来。因此老子说："是以圣人欲上民，必以言下之。"领导对部属讲话，要谦逊、和缓，使部属如沐春风，感到无限的信任与呵护，这样的领袖就容易为部属所拥戴认同，因为他懂得以谦下之人格魅力感染部属、凝聚部属。这样的领袖，如同老子所言，"圣人处上而民不重"，他虽然地位处于民众之上，但是人民却丝毫不感到头上很沉重,丝毫感受不到威压、强制,民众在这样的领袖领导之下感到轻松自在。领导还要在名利面前懂得谦让,要把利益让给民众与部属,而不是留给自己。遇到名利之事,领导者要往后缩,而把民众与部属推举到前面,如此则民众拥戴,部属顺从,这就是"欲先民,必以身后之"。领袖远避名利,民众却愿意把这样的领袖推到前面作为他们的领路人,因为这样的领袖谦卑,不贪婪。这样的领袖,虽然处于领导地位,而老百姓怎么能忌害他呢?这就是老子说的"处前而民不害""天下乐推而不厌"。正因为这样的领袖善下、贵柔、不争、能容,才有资格做天下人之领袖,"以其不争,故天下莫能与之争",他真正掌握了"欲上而能下,欲先而能后"的辩证法。

六十七章　慈俭守固

我有三宝，持而保之。一曰慈，二曰俭，三曰不敢为天下先。

慈，故能勇；俭，故能广；不敢为天下先，故能成器长。

今舍慈且勇；舍俭且广；舍后且先；死矣！

夫慈，以战则胜，以守则固。天将救之，以慈卫之。

[大意]我有三样宝贝，始终持守而保全着。一是慈爱，二是节俭，三是不敢居于天下人之先。慈爱，所以能够勇毅；节俭，所以能够宽广；不敢居于天下人之先，所以能成为万物之首。现在的人，舍弃慈爱而追求勇毅，舍去节俭而追求宽广，舍弃谦退而追求领先，这是自寻死路！慈爱，用于征战则能胜利，用于守卫就能坚固。上天若想救谁，就用慈爱来保卫他。

老子身处一个混乱的时代，礼崩乐坏，伦理失序，列国纷争，生灵涂炭。如何疗治这个病态的社会，这是摆在老子和当时其他思想家面前一个严峻的课题。孔子希望从外部构建礼乐秩序，从内心构建道德秩序，从而

达到他内圣外王的理想治世。孔子理想中的礼乐秩序更多的是从民众的层面着手的,他希冀建立一个自上而下的家国天下共同体,这个共同体的起点是修养身心之法,中间的介质是家的伦理规范,终点是国家天下的政治哲学。老子的立论更多从治国者的层面着手,而很少谈及民众的道德修养与伦理约束,他对老百姓的最大希望,乃顺应自然,回归真朴。而对于治国者,则时而猛烈抨击时而大声疾呼,其观点之锐利、态度之激烈,在先秦思想家中是极为突出的。他呼吁统治者不要嗜杀,不要以杀戮老百姓为代价来满足其吞并他国领土之贪欲,抨击当时诸侯纷争之天下乃"无道"之天下,认为军事乃"不祥之器"。这与当时很多汲汲为各国君主献兵策的知识分子迥然相异。而在治国方面,老子的思想倾向与当政者的作为完全相反。统治者安于舒泰奢侈的生活,他却教统治者"去奢""去泰";统治者崇尚以繁密的政令制度和机巧智慧来治理人民,他却要统治者黜其聪明,"绝圣弃智","绝巧弃利",返璞归真;统治者总想凭借自己的雄才大略做出一番事业以彪炳史册,他却教统治者"我无为而民自化",希望他们虚静恬淡,"致虚极、守静笃"。老子处处反其道而行之,其犀利的批判矛头直指统治者的多欲贪暴。可以说,老子是先秦时代最具批判性与反思意识的思想家。如果以超越时代的眼光来审视,老子的这些思想对于我们处世与领导团队,皆具有很强的现实意义,需结合当下之实际来考察,并汲取其思想菁华。

  老子提出著名的"三宝说"。"我有三宝,持而保之。一曰慈,二曰俭,三曰不敢为天下先。"慈,就是慈爱,主要是指领袖对于部属以及民众之慈爱。对部属慈爱,要求领袖以慈心与爱护对待为自己服务的人,以宽厚仁慈之心对待团队成员,不暴戾,不威压,不疾言厉色,不苛待下属。领袖有父亲般的慈爱,宽严有度,亲和温煦,给下属以安全感与归属感,使他们自然产生全心奉献与努力报效之情。将帅对士兵慈爱,士兵则勇猛作战以报效将帅；国君对臣民慈爱，臣民在急难中则以死报效国君。所以，老子说"慈，故能勇"，此谓"上慈而下勇"，君使民以慈，民报君以勇；将施兵以慈，兵报将以勇。作为一个团队的领袖，其领导力的核心不是威权，不是强制命令，而是慈爱仁厚的人格魅力，这是激发下属和团队成员奉献精神的动力源泉。但是"慈"不能简单地理解为爱护下属与臣民，"慈"不是没有原则地做老好人，不是丧失威严与统御力而去讨好部属，更不是以轻浮、轻率的态度来对部属施以呵护。这样的"慈"往往使领袖丧失尊严与权威，不仅不能换得部属的尊重从而焕发奉献报效之心，反而会使得部属侮慢领导者，削夺其权威感。真正的"慈"，是宽严有度，恩威并施，要谨记老子所说的"重为轻根""君子行不离辎重"，要记住孔子所说的"君子不重则不威"的教训，在对部属施以慈爱的同时，切忌轻浮、轻率、无原则的溺爱，而要慈而有威，宽而有度，仁而有节，防止部属欺凌、侮慢长上的情况。

俭，就是俭啬。俭啬，从较浅的意思来说，就是节俭、简朴、不纵欲、不奢华，节制自己对于物质名利的欲望。诸葛亮《诫子书》中说："静以修身，俭以养德。非淡泊无以明志，非宁静无以致远。"不俭则不能淡泊，囿于贪欲，被奢华豪纵之生活所束缚，往往失去追求高远理想的志向，整天沉溺于酒池肉林，这种人不可能有大造就，不能担当大任。俭则无欲，无欲的人则能超脱于低下的感官享乐，而将心思寄托于更宽广、更辽阔、更高远的事物，因此老子说"俭，故能广"。从更深一层的意思来说，俭啬是指精神上的俭啬，圣人节精则少动，精神俭啬则清静无为，清静无为则不会被琐屑行动所束缚与遮蔽，反而会着眼于长远，高瞻远瞩，而不扰民多事。这是老子说"俭，故能广"的更深的用意所在。

"不敢为天下先"，此句值得玩味。老子曾说"欲先民，必以身后之"，"后其身而身先"，揭示先与后的辩证法。圣人要成为天下人之领袖，要处于天下人之先,必须首先把自己置于天下人之后,不标举自己的权力,不把个人名利置于万民之先,这样的人才堪做万民之领袖,才会被万民推到最前面。这就是"以后为先""不敢为天下先",就是敛藏自己的欲望,收束自己的野心,节制自己的贪婪,谦卑自牧,怀敬畏之心,这样的人才会被众人所拥戴。因此老子说:"不敢为天下先,故能成器长。"

  在现代经济生活中,"不敢为天下先"也是一条非常有现实意义的竞争原则。现代人(企业)只知竞争,故而处处讲竞争,处处追求超过别人,时时要"追求卓越",要争第一。这种拼抢争第一的心态看起来虽然很值得称道,但是却暴露出现代人(企业)一种浮躁而缺乏沉潜、功利而忽视厚积、骄狂而不知敬畏的心态。"不敢为天下先"就是教我们含藏培蓄、沉潜厚积,教我们心存谦逊敬畏,慎守、不争、注重内修,反求诸己。一旦做到这些,虽"不敢为天下先",而必为天下先。

六十八章　善胜不与

　　善为士者，不武；善战者，不怒；善胜敌者，不与；善用人者，为之下。是谓不争之德，是谓用人之力，是谓配天古之极。

　　[大意]善于做将帅的，不逞武力；善于作战的，不轻易发怒；善于战胜敌人的，不与人争斗；善于用人的，对人谦卑。这就是不争的品质，就是善于用人的能力，就是符合自然的准则。

　　老子哲学根植于农耕社会，强调人的行动要以天地之行为楷则，顺应自然，效仿自然，不能逆天而行。老子观察到，天地的运转，万物的滋荣，都是在一种默默的、不易被觉察的秩序中进行。宇宙万物的行为看似毫不费力，不急不躁，不怒不争，然而这自然的伟大秩序却不可违逆，它们运行成长的伟大力量不可阻挡。这就是大自然的规律，这就是天地之力：它在静默中蕴含力量，在潜移默化中积蓄力量，在不知不觉中显示力量。这种力量不是表面的，而是内在的；不是强制而成的，而是内生的、自然形成的。这种对大自然的深刻洞察成为老子"贵柔""守静""不争"的政治哲

学的源头。老子强调以柔胜刚，以静制动，以不争得天下，其中包含着非常深刻的领导哲学与竞争哲学。

如何做好一个统帅？无论是统率三军，统御一个国家还是统领一个企业团队，其核心都是如何培养领袖的人格魅力。那些极具人格魅力的领袖，气场很足，凝聚力很强，一出现就光芒四射，让周围的人感到一种吸引力，一种温暖与感召，一种愿与之共同奋斗并为之奉献的激情自然迸发出来。具有领袖人格魅力的人会调动周围人的热情、潜能、才智与奉献精神，形成一种信任、干劲十足且极具自豪感的氛围。这是古今中外一切有作为的领袖人物的共同特质。老子的领袖哲学、竞争哲学与用人哲学的最终落脚处，即在于涵养这种领袖魅力，从人格上构建领袖魅力的基础。

在六十八章，老子提出"善为士者，不武；善战者，不怒；善胜敌者，不与；善用人者，为之下"。"善为士者，不武"，讲的是领袖哲学，是当领导当统帅的艺术。"善为士者，不武"表面上讲的是军事统帅在战争中不逞一时之勇，不恃武力解决问题，但从更一般的领袖艺术来说，"不武"实际上是领袖对部属的态度。"不武"就是不以暴力威压恫吓，不以权力逼迫强制，不以势压人逼人就范。有些做领导的人，为了控制团队成员，就动用自己的权势，试图压服之，强制之，部属如不就范则施以惩罚。这样的领袖极端迷恋权力和地位，以为手中握有的权杖可以解决一切问题。但是适得其反，他越是动用权威逼迫下属，下属越是口服而心不服，即使一时屈于权势而表面顺服，最终也必将伺机以摆脱控制。"不武"是要求领袖放弃对权势的迷恋，转向以慈心服人。老子说："慈，故能勇。"亦是说领袖待部属以仁厚宽慈，部属则自然勇敢报效之。领袖看起来具有振臂一呼四方影从的魅力，实则这种魅力是通过春风化雨般细致的工作换来的，他要与部属以心换心，以心交心，而不可能通过粗暴地动用权力与威势来获得。

"善战者，不怒；善胜敌者，不与。"讲的是斗争哲学。"不怒"，就是善于控制自己的情绪，不让激动的情绪妨害对事物的正确判断。因此西方有谚曰："一个能控制住不良情绪的人，比一个能拿下一座城池的人更强大。"一个人处在暴怒之中，其理智必然极其脆弱，其判断往往出于冲动而多误。所以无论是指挥战争的军事家还是运筹帷幄的政治家，在关键的时刻，都异常冷静，什么狂风暴雨都妨害不了他们冷静理智的判断，他们都会避免在盛怒之下做任何决断。林则徐书房中挂有两个字的条幅："制怒"，就是告诫自己不要发脾气，要善于控制情绪。"呆若木鸡"的典故告诉我们：两个对手相遇，那个情绪激动、头脑发热、行动鲁莽、暴怒狂躁的人一定失败；而那个处变不惊、内敛沉静的人一定获胜，一个在大难大事面前呆若木鸡的人，其内心世界该有多强大！能做到"临危不惧""处变不惊"，在强大的对手与激烈的斗争面前沉着冷静，就可以稳操胜券。"不怒"就是以守为攻，以静驭动，在斗争中居于主动。喜怒不形于色，情绪不被眼前的突发事件所干扰，始终镇静自若，这样的人方可谋大事。刘邦在父亲被敌所俘，威胁要烹之而食的时候，没有因盛怒而乱了方寸，没有忘记夺取天下之大事，反而坦然地对敌手说："我愿分一杯羹。"他控制内心的能力何等强大！谢安于大战之际，仍在与人闲弈，从容不迫，悠然自然，一派大将风范，在听到子侄辈大败强敌之捷报时，并未狂喜，而是不露声色，客人问及前线战事，谢安对巨大胜利轻描淡写，答曰："小儿辈大破贼"（《世说新语·雅量》）。"善胜敌者，不与"，则揭示出"胜人者有力，自胜者强"的另一种斗争哲学。我们最大的对手就是我们自己。真正善于战胜敌人的人，并不着眼于如何与人斗，而是将重点置于如何持守自身，如何强大自身，如何使自己变得坚不可摧。吴越之战，并不是越国战胜了吴国，而是吴王夫差被自己的骄狂奢靡所打败；越国之胜利，亦非因为勾践如何会打仗，而是因为他"十年生聚，十年教训"，励精图治，卧薪尝胆，使自己变得强大起来，从而使"三千越甲可吞吴"。在现代企业竞争中，企业要立于不败之地，要紧的是练好内功，使自己的产品和服务质量过硬，而不是整天想着如何挤垮别人的企业，或使用不正当竞争方式整垮对方。"不与"，就是不争不斗，返回自心，加强自我修炼，不求胜人，只求自我完善。

"善用人者，为之下"，与老子所言"圣人欲上民，必以言下之"异曲同工。善于驾驭部属的人，必不以威势相逼迫，而是以慈爱谦卑相感召；必不以苛暴强制来驱赶部属，而以宽宏气度与容人襟怀来凝聚人才。刘玄德三顾茅庐，屈身下求，才使得诸葛亮鞠躬尽瘁，死而后已；宋仁宗谦逊自牧，能容诤臣抨击之言，忍忠士刚直之行，因而可使臣下誓死报效。这就是很多看似无甚才华的领袖却能凝聚人才、成就大业的原因。这样的领袖，看似柔弱谦下，实则极有感召力，他天生就具有吸引别人的能力，这就是老子所说的"用人之力"。

"不武""不怒""不与""为下"，老子所阐发的这些斗争哲学与用人哲学，全是强调谦退守静。这种"不争之德"，与自然界静默而伟大的力量相呼应，"是谓配天古之极"，乃治人、胜人所必备之品质。

六十九章　哀慈胜敌

用兵有言:"吾不敢为主,而为客;不敢进寸,而退尺。"是谓行无行,攘无臂,扔无敌,执无兵。

祸莫大于轻敌,轻敌几丧吾宝。

故抗兵相若,哀者胜矣。

[大意] 善于用兵的人说:"我不敢主动进攻,而是采取被动的守势;我不敢前进一寸,却要后退一尺。"这就是说,善战的人虽然有队列,却像是没有阵势可示人;虽然要挥舞臂膀,却像是没有臂膀可挥;虽然要赴敌,却像没有什么敌人可赴;虽然有兵器,却像是没有什么兵器可执持。

祸事没有比轻视对手更大的了,轻敌差点要丧失我的珍宝。

因此当两军势力相当的时候,哀慈的一方反而会获得胜利。

老子之后,法家与兵家各自从《道德经》中汲取了营养。法家讲治国御民之道,而兵家则揭示战争艺术。表面上看,这两件事情各不相干,但实

质上皆秉持同一原则。老子讲军事艺术，并不像孙子兵法那样着眼于战术与战争谋略，而主要讲军事哲学。这种军事哲学，用于治国亦可，用于处世亦可，实际上谈的是一般意义上的方法论。

老子在人生观方面倡导谦退宁静、淡泊自守，而其治国哲学就自然是清静无为、因循保守，以不扰民为宗，以放任自然为务。由这样的人生观与治国哲学所决定的军事哲学，可想而知，就不可能是教人阴谋权诈而攻城略地的形而下之术。老子的人生观与治国论决定了他的战争哲学必然是以反战为基调，以止杀为原则。好战嗜杀，是历来那些自恃武力、自以为有雄才大略的领袖们的一致特点，他们有极为激昂强烈的斗争精神，有极为顽强的必胜信念，有极为根深蒂固的征服欲望。这样的领袖，性格张扬而不内敛，争强好胜而不能宁静寡欲，以无休止的挑战与征服为乐事，魄力极大，嗜欲极深，意志极强，给人民带来的灾难亦极大。成吉思汗征服天下，所到之处，杀戮极多，其刀锋所指，整个欧亚大陆皆在其征服之列。用兵之道，不在于掠地夺物，而在于征服人心，否则单纯的军事占领必然非常脆弱，不会长久。当时道教的领袖人物丘处机从东莱越数千里至阿富汗兴都库什雪山，面见成吉思汗。"太祖时方西征，日事攻战，处机每言欲一天下者，必在乎不嗜杀人。及问为治之方，则对以敬天爱民为本。问长生久视之道，则告以清心寡欲为要。"（《元史·丘处机传》）后来乾隆皇帝亦赞丘处机"一言止杀"。少私寡欲、去兵止杀，乃老子治国艺术与军事哲学的精髓。

老子讲到的"吾不敢为主，而为客；不敢进寸，而退尺"，与丘处机所言"寡欲止杀"在精神上是一致的。"主"，就是以主动姿态取进攻之势的一方，而"客"，就是以被动姿态取防御之势的一方。"主"，就是为"先"，就是主动的攻击，是积极的争斗；而"客"，就是为"后"，是消极的防守，是以守为攻，以逸待劳，后发制人。"主"是极具征服欲与占有欲的心态，而"客"是持守宁静、静观事变并从容应对的表现。战争双方，心态急躁者往往先声夺人、发动进攻，而且越是自恃武力强势的一方越是急于先发制人，以为可以毕其功于一役，迅速克敌制胜；然而这种急躁冒进的架势与咄咄逼人的心态却过早暴露了自己力量的虚实，反而易被以逸待劳的对手所击破。为"客"的心理是虽有实力而善加摄护，不轻易使用；虽然准备充分但不轻易暴露，而是谨慎敛藏。为"客"者心灵宁静，善于静观，一旦发现对方在主动进攻中露出的破绽，则在关键处予以还击，反而击败强大之敌。

善"为客"也是一种高明的处世哲学。"主"是积极，是强势，虽然刚猛有为，却往往事与愿违。在中国的文化传统中，从政处事忌过刚、过猛、过直。子路刚猛有余，而沉潜不足；外露有余，而敛藏与城府不足；勇敢有余，而谋略不足，故往往盲动冒失，为孔子所批评。而"客"是保守，是低调，是谦退，是慎守。从政处事以"为客"的心态去处理，则自然从容谨慎，不轻进，不妄行，不盲动，即使作好充分准备，也不狂傲轻慢。所以老子说"不敢进寸而退尺"。真正的善战者不轻言进攻，而以固防为宗；真正善于处事从政的人不以积极进取为原则，而以稳健从容、谦退低调为宗旨。你有"退尺"之心理准备，有"为客"之低调作风，将来必将有大进，必将反客为主。这就是老子所讲的"后"与"先"的辩证法。

用兵忌外露、忌张扬，而要重敛藏，含而不露，伺机而动。你的内功，你的武库，你的能力，不能轻易示于人，那些把自己的武库与战略大大咧咧轻易示人的人，不宜用兵。那些在斗争中不败的人，皆懂得含藏之妙：表面上看起来漫不经心、松松垮垮，实则外松内紧、胸有成竹，随时可以出击；表面上看起来没有什么本事，从不炫耀和张扬自己的能力，恬恬淡淡，无所作为，实际上却事事勤谨，内功扎实，沉潜积累，作好赴敌之准备。那些表面上咄咄逼人、逞强张扬的人并不可怕，真正可怕的是藏得极深，做事沉静内敛、从容不迫，看似无所事事、稀里糊涂的人。老子说："行无行，攘无臂，扔无敌，执无兵。"其中的"无行""无臂""无敌""无兵"是表象，是谋略，而"行、攘、扔、执"是实质，是目的。实质上已经严阵以待，武库已备，兵力已足，战略在胸，胜券在握，但表面上看起来却无所作为，无所准备，散淡无为，从容自在。这样的人一旦出手，则其势不可阻挡。孔子讲"狂狷之士"，狂者进取，狷者有所不为也。老子所说的"为客"，就是有所不为的狷者；"为主"，就是进取的狂者。狂则易暴露自身，也容易轻视敌手，使自己陷于不利地位。所以老子讲"祸莫大于轻敌，轻敌几丧吾宝"。"吾宝"是什么？老子讲过"三宝"：一曰慈，二曰俭，三曰不敢为天下先。"三宝"的核心，是敛藏谦退。

此章提出"抗兵相若，哀者胜矣"的著名命题。为何"哀者胜"？哀者就是心存慈悲者。"哀者"必慎用兵，必不嗜杀好战妄自挑衅；必沉潜持重，不敛拔弩张、咄咄逼人。这样的"哀慈之兵"，不轻易出击，心中有数但不表露，而当战略机遇来临时，则全力以赴，战之能胜。

七十章　至道简易

吾言甚易知，甚易行。天下莫能知，莫能行。
言有宗，事有君。夫唯无知，是以不我知。
知我者希，则我者贵。是以圣人被褐而怀玉。

[大意]我的观点很容易理解，很容易实践。但是天下人却不能理解，不能践行。言论有主旨，行事有主见。正因为大家不理解这个道理，因此不能洞察我的观点。理解我们的人如此稀少，效法我的人难能可贵。因此圣人虽外面穿着粗布衣服，但是内在却怀有美玉。

中国的哲学，不仅重体道、悟道，更重证道、践道。体道和悟道是对真理的探求，对大道的洞察，而证道与践道则是对大道的履行与实践。孔子说："朝闻道，夕死可矣。"显示出对大道（真理）的热诚探寻的激情，对生命体悟的热切观照。然而这句话只讲了中国哲学精神的一半，中国的哲学精神更注重"行"，是行动的哲学，实践的哲学。在中国人的观念中，

"知""行"本是一体，不可分割，一分割便错。知而不能行，则是空知，非为真知；行而不知，则是盲行、妄行，纵使行过一世，也茫然无所知，不能谓之得道。熊十力先生在《原儒》中曾说："知行不二，中庸言修学之方，曰'博学'、'审问'、'慎思'、'明辨'、'笃行'，此阳明子'知行合一'之论所祖也。"

中国的哲学既是行动与践履的哲学，其在话语形态上便极强调简易。老子说"大道至简"，《周易》亦强调"简易"，"简则易知""简则易从"，而此后中国的禅宗更是主张"直指本心，不立文字"，彻底抛弃逻辑与语言的束缚。纯粹以逻辑来建构理论体系，貌似严密、烦琐，实则支离，对生命人格之提升毫无益处，落入"言筌"，不能自拔，反而妨碍我们对于真理的体悟与证认。陆九渊在评价朱熹哲学时指出："急于辨析，是学者大病。虽若详明，不知其累我多矣。石称丈量，径而寡失；铢铢而称，至石必谬；寸寸而度，至丈必差。"他提倡"简易工夫"，在方法论上主张整体感悟体认，"不专论事论末"。"简易"可以说是中国哲学与中国艺术的精髓，虽形式简易，注重超常感悟，然其内涵博大精深，意蕴无穷。当然，从方法论上来说，"简易"易流于空疏，"细密"易流于支离，各有利弊。须以力行、参证、切实体认来辅助"简易工夫"，才能真正完成对自我生命人格的提升。

"吾言甚易知，甚易行。"其中的"易"字是理解老子之关键。老子之道，为什么"易知易行"？是因为它揭示了天地间极朴素极简单的大道，这个大道一言以蔽之，就是"自然无为"。圣人"仰以观于天文，俯以察于地理"，但是仰观俯察所得到的结论，都极为朴素，简单易晓，不需要什么高深的理论。佛陀讲经数十年，佛经卷帙浩繁，但其所讲的道理，非常朴素：破除我执，即明心见性；脱去颠倒妄想，即得般若智慧。儒家经典汗牛充栋，然其核心，不外乎省身修德、用敬归仁，至王守仁独拈出"致良知"三个字，何等斩截痛快，何等简明朴素！无论儒释道，其最精髓的部分皆是教我们脱出尘俗的沾染与束缚，放弃对外在的贪恋与执着，回归澄澈质朴之本心，返其自性，保其良知，如此而已。但是如此简单的道理，为什么又"天下莫能知，莫能行"呢？因为我们的本心被俗世的尘埃所遮蔽，我们在这俗世的酱缸中浸染太久，被贪婪、偏执、欲念、迷妄所捆绑，所以看不到自己的本心、本性、良知。禅宗说"人人皆可以成佛"，因人人皆有佛性；儒家说"人人皆可以为尧舜"，因人人都自具良知良能。佛性泯灭、本心遮蔽、良知毁弃，才使得我们偏离真理的大道。一旦归朴归真，自心呈现，良知觉醒，即悟天地大道，即可成圣成贤，即得无上般若。

"古来圣贤皆寂寞"，为什么圣贤寂寞？是因为俗人皆为尘世贪念执迷所羁绊，视圣贤为另类怪物，视圣贤为老子所说的"愚人"。所以老子的内心是非常孤寂的，他感叹自己的思想"天下莫能知，莫能行"，自我解嘲"知我者希，则我者贵"，谆谆告诫，世人"圣人被（披）褐而怀玉"——你们不要看我的学说粗朴简易，我的学说实在是无价之美玉。得玉者何人？乃真正脱出尘累，去除贪念执着物欲遮蔽，而返璞归真、"复归于婴儿"的人。

七十一章　圣人病病

知不知，尚矣；不知知，病也。圣人不病，以其病病。夫唯病病，是以不病。

［大意］知道自己有所不知，这是最好的；不知道而自以为知道，这是大病。圣人没有病，是因为圣人把病当作病。正因为圣人把病当作病，所以他没有病。

孔子是保守的思想主义者。墨子是激进的理想主义者。老子是批判的现实主义者。而韩非是功利的现实主义者。与孔子相比，老子对现实的判断相当尖锐而痛彻，理想主义色彩相对比较淡薄，对人性的批判与揭露极其深刻。但是与韩非的极具功利色彩的法制权术思想相比，老子又带着农业社会特有的温情的期待，他的学说虽犀利尖刻，极有穿透性，但并非冷冰冰的利害算计，也没有黑暗的权诈阴谋，他所提出的终极社会目标是人性的返璞归真。可以说，以其对社会病态的批判的深刻程度而言，以其对人性黑暗面的揭露的尖锐程度而言，老子不仅在他的时代独树一帜无出其

右者,而且将其学说放在今天来观照,仍旧是极具借鉴意义的。

老子认为他所处的那个时代是一个病态的社会。这个病态社会得了很多"病",处在这个社会之中的世俗之人,虽已病入膏肓,自己却浑然不觉;身患重病,却乐在其中,自我感觉良好。老子对此怀着深深的忧虑。他说:"知不知,尚矣;不知知,病也。"一个人知道自己有所不知,有所不足,于是以谦卑的心态痛切地反省自己,检讨自己,把缺陷与不足挖出来,从而达到人格上的完善与生命上的提升,这是值得赞赏的做法。而最值得忧虑的,是尘世中的人并不知道自己的缺陷与不足,不知道自己身上患的病,不仅不会返躬自省,而且还以"病"为荣、以"病"为乐,沾沾自喜,结果在"病"的泥沼中越陷越深,最终至于无可救药。《论语》里面记曾子所云:"吾日三省吾身。"每天自省自新,日新其德,日除其垢,如同汤之《盘铭》曰:"苟日新,日日新,又日新。"一个人能对自己有深切的反省,才能够自我批判,自我鞭挞,自我更新,使生命时时走上新的境界。古希腊有谚曰:"认识你自己。"苏格拉底亦有名言曰:"不经反省的人生没有价值。""知不知"就是一种内省的态度,"不知知"则是一种谬妄的态度,乃人类所有病态的根源。"圣人不病,以其病病;夫唯病病,是以不病。"圣人与世俗之人的区别,是圣人能躬省自新,他知道人类的本性之病,也能洞察社会流行的病症,并且在这种沉痛彻底的省察之后,能以"溃疽决痈"的决心,彻底疗救人类与社会的病态。圣人"病病",以"病"为"病",而不是拿自己的"疽痈"来炫示于人,因而圣人能够"不病"。

老子在七十一章谈"病"的时候,并没有具体说何种疾病。但遍观老子《道德经》八十一章,几乎没有一章不是在批判"病态社会"之扭曲与人心之病变。综而言之,老子指出以下四种社会病态为最可警惕者:

一是人民浮躁,逐骛外物,妄动而伤身。老子在十六章讲到"致虚极,守静笃","归根曰静,是谓复命",而当下的人心充满浮躁与焦虑,尘世中的俗人总是肆意"妄作",因而导致灾殃。四十五章讲"静胜躁",二十六章讲"重为轻根,静为躁君""轻则失根,躁则失君",认为人类的浮躁使其忘却根本,丧失本心。

二是自私纵欲,耽于享乐,陷于名利富贵之追求而不能自拔。老子批评孔子"侈态而多欲",当是针对时弊而发,不是专为批判孔子的话。老子看到世人目迷五色,耽溺于物质享乐,认为这是人类大患之源,欲壑难填,更生出许多痛苦、不满与戾气。十二章说:"五色令人目盲;五音令人耳聋;五味令人口爽;驰骋畋猎,令人心发狂。"肉体的纵欲与享乐堵塞了真正的幸福与快乐之源,也破坏了人类内心的安宁与简朴,使人类在认识真理的道路上陷于自我迷失。更有些有权势的人,"服文采,带利剑,厌饮食,财货有余",失却大道,使老百姓田地荒芜,仓库空虚。这样的人不仅自我心灵被外在的享乐所壅塞,而且还带来社会贫富不均,给人民带来灾难。

三是智巧渐生,机诈横行,人心虚伪,遂使整个社会伦理丧失,道德与信任变得稀缺,社会基石面临崩塌。老子在十九章提出"绝圣弃智,民利百倍;绝仁弃义,民复孝慈;绝巧弃利,盗贼无有"。黠慧机巧使人互相欺诈,假仁假义使人虚伪。老子说:"人多利器,国家滋昏;人多伎巧,奇物滋起"(五十七章)。国家混乱,人心浇漓,其根源皆是出于人类追求所谓智巧,丧失其淳朴自然之天性,即所谓"智慧出,有大伪"(十八章)。

四是治国者好战好争,崇有为而多贪欲,结果是社会秩序紊乱,人民遭受蹂躏。治国者过于有为,欲望太强,自视甚高,遂任意妄为,驱使百姓,这样的治国者最终都要灭亡。一个病态社会的形成,与治国者的倡导有密切关系。治国者贪欲太盛而不能静,则天下人群起而效之,遂浮躁而多事。因而老子反对治国者肆意乱为,警告他们的"天下神器,不可为也,不可执也。为者败之,执者失之"(二十九章);他反对争战,警告好战者"兵者,不祥之器,物或恶之,故有道者不处","兵者非君子之器,不得已而用之，恬淡为上"（三十一章）。老子希望治国者知足守静，恬淡无为，故而四十六章说："祸莫大于不知足，咎莫大于欲得。"他要求治国者收敛身心，履行"啬道"，认为"治人事天，莫若啬"，认为守啬道乃"深根固柢、长生久视之道"（五十九章）。

总体来说，老子对病态社会的自私贪婪、轻浮躁动、尚智多诈、逐利好争的弊端的揭露全面而深刻，这些病症，在当今的工业社会尤其明显。人类的异化与人性的扭曲，在当今这个时代尤为突出。老子所开出的返归自心、抱朴守真的药方，也许是疗救这个社会的可行途径之一。

七十二章　自知自爱

民不畏威，则大威至。

无狎其所居，无厌其所生。夫唯不厌，是以不厌。

是以圣人自知不自见，自爱不自贵。故去彼取此。

［大意］民众不害怕治国者的威压，那么最大的祸患就到了。

不要逼狭老百姓的居处，不要压迫老百姓的生存。只有治国者不压迫老百姓，老百姓才不会厌憎治国者。

因此得道之人有自知之明，不刻意自我表现，但求自爱而不是炫示自己的尊贵。因此要舍弃后者而取法前者。

老子的立论多从领袖学的高度入手，讨论如何做一个好君王，如何做一个好领导。做一个好领袖，就要具有一种领袖魅力(Charisma)，而领袖魅力大部分是天生的，与一个人的性格与行为习惯等先天禀赋有关，是不太可能通过训练来获得的。但是领袖身上仍然有一些非先天的素质，可以通过有意识的塑造来获得。

领袖的威望或权威感是从哪里来的？有些人可能认为这种威望大部分来自领袖手中的权力。这也就使得很多领袖（此处领袖泛指各个组织与机构层面上的领导人物）迷信手里的权力，以为只要有权力就可以有威望，于是他们滥用权力，对属下动辄呵斥，以暴力手段来进行管理。这种硬性的、非人性化的管理方式表面上维系了领袖的尊严与权威，迫使属下唯唯诺诺、唯命是从，但是并不能保证领袖真正拥有属下内心认同的威望。老子在七十二章中说："民不畏威，则大威至。"他看到那时的统治者向老百姓滥施淫威，以暴力手段来压迫百姓、统治百姓、榨取百姓，因此导致下层百姓极大的憎恶反抗。老百姓并没有被统治者的威权与压榨所慑服，而是不再敬畏、不再忍受，等到他们一旦揭竿而起，则"大威至"。这个"大威"，是大威胁、大危险，是统治者统治秩序的颠覆与崩溃。"民不畏威，则大威至"，也同样适用于现代管理。一旦属下对领袖横施暴力与滥用威权产生厌憎与反抗，领袖的权威就将崩溃，这对迷信威权者是一个极大的警示。

老子认为，领袖的威望与权威不是依赖于权力本身，而是依赖于他的行为，依赖于他正确地处理与下属（人民）的关系。老子提出两个原则："无狎其所居，无厌其所生。""无狎其所居"，就是不要让下属（人民）的居处逼仄。这是表面上的理解。"所居"，代表着下属（人民）维持生活标准与个人生存尊严的必要条件。如果你要获得下属（人民）的信赖与尊重，就必须努力给予追随你的部属以生存的安全感与尊严感，他们的生存愈有安全感与尊严感，就愈愿意追随你，就愈有动力与你一起奋斗，如此领袖的威望便自然产生。如果你使部属（人民）的生存环境极其逼仄，极其缺乏尊严感，你的部属（人民）就会与你离心离德。

"无厌其所生"，则是指领袖不要压迫老百姓所赖以生存的空间，不要剥夺他们赖以生存的手段。司马迁说："天下熙熙，皆为利来；天下攘攘，皆为利往。"老百姓为了自己最基本的生存，总是要逐利的，他要努力拓展自己的生存空间。如果治国者能够因势利导，充分尊重老百姓的生存与发展意愿，使他们拥有极大的自由度去开创自己的事业，改善自己的生存状况，则社会经济必然处于一种良性循环的状态。与此相反，如果治国者一味压制老百姓的生存空间，他们这也不能干，那也不能干，人为地为他们设置许多行动的枷锁与障碍，那么老百姓的生存质量就会受到极大的影响；到了承受力的极限之时，他们就会群起反抗这种不合理的压制。司马迁曾经批判过统治者通过对经济自由的管制而与民争利的行为，他说"善者因之，其次利导之，其次整齐之，最下者与之争"，统治者与民争利，老百姓就没有活路了。高明的统治者总是解开加在老百姓身上的枷锁，给他们以追求正当利益的自由，最大限度地给他们发展空间。改革开放四十多年以来，我们的所有制度创新，归结起来，不就是"无厌其所生"这五个字吗？老子说得太好了："夫唯不厌（压），是以不厌。"统治者只有不压迫老百姓的生存，只有给其更多的自由发展空间，老百姓才不会厌憎他们，才会尊重并认同领袖的权威。改革开放就是给人民追求正当利益的自由，给人民选择的自由，释放老百姓身上所蕴藏的巨大能量，这样的治国者才会获得人民的尊重，才会获得合法性。

以上谈的是老子在领袖与人民关系方面所主张的两个观点。领袖的威望还来自如何看待自己，如何约束自己的行为。老子说，理想中的君王是"自知不自见，自爱不自贵"。这两句话极有深意。"自知"就是有自知之明。拥有极大的权力、位高权重的君王，会因权力在握而受到太多的吹捧与谄媚，这往往给君王一个错觉，以为自己无所不知、无所不能，他会不自觉地飘飘然，从而丧失对自己的客观判断。一个君王不能"自知"，就会产生很多错误的行为，他会过度自信地去胡乱行动，不尊重人民的意愿，而妄以己意去干扰人民的行动，以炫示自己的能力与智慧。因为他"不自知"，所以他容易"自见"，刻意地表现自己的才能，炫耀自己的智慧，到处指手画脚,真是上至天文,下至地理,靡所不通,靡所不晓;而老百姓似乎都是愚昧无知的,天下只有君王一个人有头脑、有智慧,因此他有理由代替这些愚昧无知的群众去决策。这种"不自知从而自见"的行为所导致的结果,是老百姓丧失选择的自由,经济社会丧失创新发展的活力。真正高明的治国者,是处处敛藏自己的智慧,不多言,不多动,清静寡欲,持重谨慎,不轻易扰动人民,更不狂妄地将自己的意见强加于人民。这样的治国者,爱重自己的身体与精力,不轻易耗精耗力,不轻易扰动心思,但他绝非自以为尊贵,故意抬高自己。他愿意把他隐藏在人民中,让人民自己去选择和决策。一旦人民的心灵与行动得到自由舒展,则国家的活力与生机就会激发出来,如此治国者就可以无为而治,而不需要刻意树立自己的权威;他不追求权威,却得到了真正的权威。

七十三章　不争善胜

勇于敢则杀，勇于不敢则活。此两者，或利或害。天之所恶，孰知其故？

天之道，不争而善胜，不言而善应，不召而自来，繟然而善谋。天网恢恢，疏而不失。

［大意］勇于表现坚强则必被杀，勇于表现柔弱则可以存活。这两种态度，前者有害，后者有利。前者正是上天所厌恶的，谁知道是什么原因呢？

自然的规律，是不去争竞却善于得胜，不多言语却善于回应，不必召唤却自动来到，表面上坦然宽容而内在却善于谋划。天道所张之网虽然宽广宏大，却是疏朗而不漏失。

老子在处世哲学上主张柔弱、无为。但柔弱并不是软弱、脆弱，不是不堪一击的孱弱；无为也不是束手无策、坐以待毙。老子尚柔，但这种柔是极具内在张力与韧性的柔，表面上的柔弱所隐藏的是内在积蓄的巨大

力量，积之愈厚愈深，越是深藏不露，在关键时刻愈会迸发出不可战胜的力量。老子说"柔弱胜刚强"，又说"柔弱者生之徒，刚强者死之徒"。这不仅是充满睿智的生存之道，也是克敌制胜的法宝。在敌手面前，要保持一种冷静、低调、谨慎的姿态，不可张扬跋扈、虚张声势，更不能狂妄自大、逞强好胜，过早地暴露自己的力量与弱点，以免被对方所利用而陷于被动局面。那种在敌手面前故意逞强、剑拔弩张的人，往往是最容易被击溃的，因为他不够潜藏，过于鲁莽，能刚而不能柔，能攻而不能守，很容易被对方发现破绽，从而陷于一败涂地的境地。中国的文化崇尚外柔内刚，外圆内方，而摒斥张扬外露。老子说："勇于敢则杀，勇于不敢则活。"什么是"敢"？"敢"就是过度刚强，到处逞能好胜，做事鲁莽，一味争强争胜，不懂得含藏培蓄，不懂得收敛保守。越是狂妄的人，越是脆弱；越是逞强的人，越容易受到攻击。所以老子讲"哀兵必胜"，为什么哀慈之兵最终会取胜？是因为哀慈之兵善于保守自己的力量，谨慎敛藏，不以争强杀戮为目的，这样的军队最终必将获胜。

为什么"勇于不敢则活"？"不敢"说到底是一种对世界的敬畏态度，孔子说"暴虎冯河"的那种人是不可取的。"暴虎"就是赤手与猛虎搏斗，"冯河"就是没有任何凭借就试图泅渡急流大河。孔子所提倡的是那种遇事谨慎冷静、"临事而惧"的精神状态（"暴虎冯河，死而无悔者，吾不与也。必也临事而惧，好谋而成者也"），遇事要"战战兢兢，如临深渊，如履薄冰"，而不是盲动狂躁、做事毫无准备。老子说的"不敢"，与孔子讲的"惧"，有异曲同工之妙。"不敢"，"惧"，不是内心的怯懦、恐惧，而是一种敬畏的态度，是在冷静中观察，在保守中积蓄，在潜藏中等待与寻找机遇。狂者必死，慎者必活；逞强者必死，用柔者必活；无所忌惮者必死，心存敬畏者必活；暴戾躁动者必死，哀慈沉静者必活。前者，老子称为"天之所恶"，是不符合天道的行为与心态；而后者，是合于天道的行为与心态。

什么是"天道"？老子说："天之道，不争而善胜，不言而善应，不召而自来，繟然而善谋。天网恢恢，疏而不失。"老子观察到天地宇宙之演进，四时寒暑之更替，风雷雨雪之变化，世间万物之成长，都以一种不可违逆的秩序与节奏在运行，我们似乎看不到天地宇宙之强迫力，但一切变化都在这自然、静默中悄然进行。"天道"并不争强，而自强，并不求胜，而自胜。天之道，似乎静默不言，却蕴藏着巨大之力，有力地回应天地万物的吁求，使万物成长壮大。"天道"，似乎也从不主动作为，从不刻意召唤什么、树立什么、创建什么、推动什么，可是在这"天道"的隐秘作用之下，所有的变化与成长皆"不召自来"，自然而然地发生，自然而然地演进。"天道"看起来一点也不刻意安排，看不出它在谋划什么、设计什么，它看上去宽宽松松，舒舒缓缓，坦坦阔阔，无所用心，不露形迹，然而这里面却蕴藏着大智慧、大战略，这就是"不争而善胜，不言而善应，不召而自来，繟然而善谋"。天道表面上不争、不言、不召、繟然，但内在却善胜、善应、善召、善谋。

  一个人在这个竞争社会中生存，也要效仿天道，遵循天道，不要盲目与人争竞，处处争强，而要看准自己的定位，不急躁，不狂妄，安安静静地积蓄，顺其自然地成长。把自己的心安顿好了，把自己的位置选对了，你就会自然而然地强大起来，何必急躁，何必张扬？作为一个领袖，也要遵循天道，你无须多言，不要频繁地乱下命令，不要对部属到处指手画脚。你越是"不言""不召"，宽厚待人，清静寡欲，洞察、呼应部属的需求，善于调动其内在积极性，那么你就可以达到"不言而善应、不召而自来"的目的。做领袖人物，领导一个团队，要注意"外松内紧"。从表面上看，领导者行事风格开阔而舒缓，坦坦廓廓，清清朗朗，令人如沐春风，令部属心情舒畅、乐于追随。那种行事风格偏于紧张，动辄疾言厉色、胸量狭窄而善怒，对部属不够宽容的人，是没有资格当领袖的，因为他不够"繟然"，不够"舒阔",不够"恢宏",没有大家弘廓气象。一个做领袖的人,他外松内紧,外看宽舒恢宏,极具亲和力与包容力,而内里却极严密,极多谋,极善断。老子讲"天网恢恢,疏而不失",讲的就是这种气象,这种格局,这种襟怀。

七十四章　惜民止杀

民不畏死,奈何以死惧之?若使民常畏死,而为奇者,吾得执而杀之,孰敢?

常有司杀者杀。夫代司杀者杀,是谓代大匠斫。夫代大匠斫者,希有不伤其手矣。

[大意]人民不害怕死亡,为什么还要用死来吓唬他呢?如果要使人民真正畏惧死,对那些作恶多端的人,我们就抓住他们杀掉,这样谁还敢再作恶?

本来有专管杀人者(指天)来执行杀人的使命。那些取代专管杀人者去执行杀人使命的,就如同取代木匠去砍木头。那些取代木匠去砍木头的,很少有不弄伤自己的手的。

法家思想源于道家,但法家思想发展到后来却与道家背道而驰。法家的制度建设思想与法制思想,对于中国国家治理思想是一大贡献,与德治思想并称两大思潮。然而法家在法制问题上走了极端。赏罚虽是帝王驭民

之术中必要的两件法宝，但过度迷恋刑罚，以至于利用手中无边的权力大事杀戮，则适得其反。法家思想并没有像西方法治思想一样发展出一套权力制衡的法治哲学，而让治国者在不受约束的权力底下可以任意施用刑罚，刑法只是用来惩戒人民的，而不是同时来约束一切国家公民的。由此，中国历史上凡执行法家思想、以严刑峻法来维系统治王朝的，大都非常短命，以暴虐统治来维系自己权威的帝王，其结局也大都很惨。

老子看到当时统治者为满足自己的权力欲而肆意剥夺、驱使人民，而为了压迫人民的抗争，统治者就用极严酷的杀戮手段来恐吓人民。可是，人民对暴政的反抗反而愈演愈烈，最终他们会推翻暴政，以暴力去消弭暴力。这是中国数千年来很多王朝的缩影。周厉王、秦始皇不就是这样的命运吗？老子站在被压迫的人民一边，向暴虐嗜杀的统治者发出沉痛而尖锐的抗议。在七十四章，老子说："民不畏死，奈何以死惧之？"杀戮并不能恐吓住民众，也不能压住民众反抗之怒火，要使民众不反抗，关键还是要消除暴政本身。在老子看来，要使人民真正服从统治者权威，真心慑于统治者的权力，就要下功夫大力惩戒那些为非作歹之人，只有以霹雳手段铲除邪恶贪暴之人、作恶多端之官，就可以对全社会产生震慑作用，就能让老百姓顺服。连那些贪暴的大官都朝夕不保，都随时会丢掉性命，民众焉有不顺服之理？他们哪里会再去拼死与统治者相抗呢？老子说："若使民常畏死，而为奇者，吾得执而杀之，孰敢？""为奇者"，就是那些危害社会之恶人，违法乱纪之掌权者，以权谋私之达官贵人。老子认为，社会久安之道在于将这些邪恶者（尤其是恃权作恶之人）"执而杀之"，就可以对民众达到震慑与警示作用，民众自然会敬畏如此善用权力的统治者，就会惜身畏死。无疑，这种思想在当时是极有正义感的，也是需要有相当的勇气与社会担当精神，才能发出如此强大而痛切的呼吁。

与法家主张的君王要掌握刑戮大权不同，老子认为，刑罚之权应掌握在"天"手里——这里的"天",并不是一个人格神,而是指代"自然"或"道"。老子心目中的这个执掌生杀予夺大权的"司杀者",按照自然的规律去行动,不滥施刑戮,该淘汰的自然被淘汰,该毁灭的自然被毁灭,从不刻意提早去主动淘汰和毁灭什么。这就是遵循"自然",遵循"大道",这样的"司杀者",实际上是自然秩序的维护者,他让一切按照自然的秩序去选择,该生者生,该灭者灭,他施加刑罚时并不刻意用自己的意志和力量。老子这种思想,与哈耶克所说的人类道德演进中的"自发秩序观"有某些相通之处。一切皆依自发秩序而运行,这里面就摒弃了个人的主观的刻意作为。老子认为,"司杀者"乃"天",只有自然规律才能决定谁该被毁灭,那些妄图以己意来横施杀戮的人,是"代司杀者杀",把自己凌驾于"天"与"自然"之上,这就好比"代大匠斫"——要代替优秀的木匠去砍木头,这样的僭越与狂妄的后果,一定是自己的手先被斧头砍伤。嗜杀人者,必被杀,如同"代大匠斫者,必伤其手"。统治者假如不懂清静无为之道,谬妄狂肆,滥施刑罚,势必引发民众的抗争,他们会以暴易暴,使统治者"斫杀其手",遭到应有报应。得天下者,在乎惜民;服天下者,在于止杀。残暴者必被残。所以聪明的治国者总是遵循天道,从不越俎代庖,滥施刑罚,于是天下自静,百姓自安。

七十五章　无以生为

民之饥，以其上食税之多，是以饥。
民之难治，以其上之有为，是以难治。
民之轻死，以其上求生之厚，是以轻死。
夫唯无以生为者，是贤于贵生。

【大意】人民饥饿，是因为在上位者收税太高，所以人民饥饿。人民难于治理，是因为在上位者过于有为，所以人民难以管制。人民不把死看得很重，是因为在上位者所追求的奉养过于丰厚，导致民不聊生，所以人民不把死看得很重。统治者不要去追求奢华的生活，要使生活恬淡简朴，这样就远胜过奉养自身过于丰厚的人。

若从对于当时统治者奢侈贪暴生活的揭露与批判的深刻和激烈程度这个角度来衡量，老子恐怕要远超过孔子。老子似乎并不甘于当一个无所事事、万事漠不关心的隐者，在貌似超然而隐逸的哲学背后，是他极其尖锐而勇毅的批判精神；他的批判直指当时天下的弊端，直指统治者的贪婪暴

虐，而对大众在暴政下的苦难生活则给予极大的同情。这个基本的立场，贯穿老子书的始终，这形成了老子政治哲学最鲜明的特征之一，与孔子对现有秩序的珍视与护卫形成明显的对比。在七十四章，老子对统治者嗜杀虐民提出有力的尖锐的质问："民不畏死，奈何以死惧之？"在七十二章，他对统治者滥用刑罚威权发出了警告："民不畏威，则大威至。"他呼吁统治者要惜民，不嗜杀戮。在三十一章中老子说："夫乐杀人者，则不可得志于天下矣。"他抨击统治者骄奢淫逸的生活，把他们称为国之盗贼："田甚芜，仓甚虚；服文采，带利剑，厌饮食，财货有余；是谓盗夸。"（五十三章）可以说，从以上言论来看，老子堪称当时最具社会良知、最有社会担当、最敢发声的公共知识分子。

在七十五章，老子其实提出了三个问题：第一，民众为什么饥饿？第二，民众为什么难治？第三，民众为什么"轻死"？对于第一个问题，老子认为老百姓贫穷饥饿的原因是由于治国者"食税之多"。治国者苛捐杂税太多，老百姓则不堪重压，就没有能力从事生产、改善生活，也就不可能有持续的财富积累。而治国者为什么"食税多"？老子认为主要还是治国者生活奢靡、所费太多造成的。治国者讲排场，讲享受，住华美的宫殿，兴建奢华的娱乐设施，美食珍馐，华屋笙歌，消耗了大量的民力民财，令老百姓苦不堪言。统治者越奢华享受，国家财政支出就越是膨胀，而这些财政支出都是来自对老百姓的压榨。因此，要使老百姓免于饥饿贫困，就要轻徭薄赋，减轻百姓的赋役负担，使他们能够休养生息。轻徭薄赋的根本落脚点应在于控制国家财政支出，而降低支出的落脚点在于统治者控制自己的欲望，对己俭约，对民慈爱，清静寡欲，与民休息。

对于第二个问题"民众何以难治"，老子的答案是"上之有为"。统治者过于"有为"，老百姓就难以治理了。什么是"有为"？老子认为统治者往往偏爱手中的权力，利用自己的权力干涉老百姓的生活，规定他们应该做什么，不要做什么，试图控制民众的一切行动，这就是过度"有为"。统治者愈是政令苛繁，老百姓就愈是感到束缚与羁绊；统治者多言妄动，处处给老百姓设障碍，引起老百姓憎恶与厌倦。统治者为老百姓设限太多，枷锁太多，老百姓的自由空间就越来越狭小。七十二章中，老子说："无狎其所居，无厌其所生。"作为统治者，要尽量让老百姓的生存空间变得越来越开阔，要赋予他们越来越多的追求正当利益的自由，而不是逼迫他们，压抑他们。压抑多了，老百姓厌憎情绪就随之增加，厌憎到了不能忍耐的程度时，老百姓就会以各种或消极或积极的方式去反抗，到了极端时就会奋起抗争揭竿而起，这样老百姓"难治"就不难理解了。要彻底解决"民之难治"的问题，统治者就要摒弃过于有为的姿态，不要试图控制、限制、羁束老百姓的自由裁量权，让他们有决定自己行为的自由，不要过度介入、干涉他们的生活。这种类似于西方经济自由主义观点的"无为而治"思想，是老子经济哲学中最可宝贵的部分。

对于第三个问题民众为什么"轻死"，老子给出的答案是"上求生之厚"。人人都珍爱自己的生命，何以民众会"轻死"，会冒着死的危险反抗当政者，他们不知道生命只有一次吗？如果不到忍受不了的程度，没有人会铤而走险。"上求生太厚"，统治者过于珍爱自己的生活，而不珍惜民众的生活。统治者对自己的身体奉养奢厚，极尽呵护，极尽享受，肥甘饮食，贪得无厌，而对民众的奉养则过于苛刻，剥夺他们对生活的享受，剥夺他们的基本生活条件，横征暴敛，遂使民不聊生；民众不能好好地"生"，于是他们就会"轻死""不畏死"。所以在老子心目中，好的治国者乃"无以生为"，克己俭政，而不是厚养多欲；统治者"贵生"并没有错，关键是他不仅要"贵己之生"，更要懂得"贵民之生"。民众若觉得自己获得了生存的自由与尊严，就会"惜生畏死"，就会安然从容地生活，这样老百姓就不会"难治"了。

七十六章　尚柔戒强

人之生也柔弱，其死也坚强。
草木之生也柔脆，其死也枯槁。
故坚强者死之徒，柔弱者生之徒。
是以兵强则灭，木强则折。
强大处下，柔弱处上。

【大意】人在生时身体柔软，而死时身体就变得僵硬。草木生长时显得很柔脆，它死的时候就枯槁变硬。所以表面上刚强的东西是属于死亡的，而表面上柔软弱小的东西却显示出生机。因此，用兵过于逞强刚暴就会加速灭亡，树木到了过于刚强僵硬的时候就会折断死亡。凡是刚强的，反而在竞争中处于劣势；而表面柔弱的，却在竞争中处于优势。

老子观察世界的视角非常独特，往往反其道而行之，见别人所未见，发别人所未发。老子代表着典型的逆向思维方式，这使得他的思想极有洞

察力，极富辩证色彩，散发着独特的超俗拔尘的魅力。他刻意与世俗的观点背道而驰，与世俗的成见相左，往往振聋发聩，令人耳目一新，不得不惊叹于其独特的发潜探幽的能力。老子把世界中那些幽微的、隐藏的、容易被人忽略的部分阐发出来，揭露出来，使习惯于成见与俗见的我们看到平常看不到的世界的另一面，而这"另一面"也许正是世界更重要的一面，更真实的一面，更代表着真理宇宙法则与生命方向的一面，只不过以往我们都蒙蔽于事物的表面和世俗的成见，而将它忽略和漠视了。在尊贵与卑下之间，老子选择卑下；在自我表现与潜藏收敛之间，老子选择潜藏收敛；在好动进取与清静谦退之间，老子选择清静谦退；在华丽张扬与俭约朴素之间，老子选择俭约朴素。老子的这种选择，对中国人的处世哲学、精神世界和审美活动造成深刻的影响。中国人性格中追求淡泊宁静、从容恬淡、谦退不争的一面，深受老子影响。这使得中国人在这个进取的世界中保有一份特殊的冷静，与世界的喧嚣保持着一种恰当的疏离感。这造成了一种独特的、超然的士人的心态，与潮流与世俗保持距离，不轻易被潮流与世俗裹挟，不轻易接受大众的信条，而秉持自我的独立与完整。中国人在老子哲学中找到了生命的平衡感。

"柔弱胜刚强"这一命题只是老子"反其道而用之"的逆向思维的一个突出的运用。弱者有力、强者必亡，这看起来与常识相反，却反映了宇宙法则的隐秘本质。恐龙时代，大型恐龙都在大毁灭中销声匿迹，而唯独蜥蜴这些小型动物得以存活至今。暴风雨过后，大树易折，而小草却因柔弱而安然无恙。牙齿刚强，人到老死时却尽脱落；舌头柔弱，却到死不朽坏。水至柔，却可以"驰骋天下之至坚"，水滴可以穿石，大水可以冲决一切，摧枯拉朽，无可阻挡。婴儿虽柔弱，却蕴藏着无穷的强大生命力；老人身体刚硬，却正意味着生机的枯萎。老子从自然界的这些变化中悟到柔能胜刚的道理，故再次阐发他的尚柔戒刚的哲学："人之生也柔弱，其死也坚强。

草木之生也柔脆,其死也枯槁。故坚强者死之徒,柔弱者生之徒。"一般人的认识恰好与此相反,他们只看到表面的强大足以取胜,比如两军相抗,他们看到的是武力强大、争强斗狠者获得胜利,殊不知这种因争强斗狠而获得的胜利是肤浅的、暂时的、不可持续的;而真正要战胜对方而且要永久性地战胜对方,就要靠道义的强大,内在的精神的强大。历史上那些以武力、暴力逞强的帝王,虽可在局部的战争中获胜,甚至靠武力、霸悍夺取了天下,可是往往不能持久,没有多少时间,这些靠外在的强悍与争斗而获得的功业即烟消云散。在任何团队的管理中也贯穿着这个道理。有些人做人很张扬,很外露,作风强硬,性格霸悍,在与别人的相处或竞争中都要争上风,以强力压制人(包括部属与对手)。这样的人,即使在一时一地以强力征服了对手(这种征服必然是表面的),但是他不可能使对方从内心里敬重;不是衷心敬服,不是心服口服,时间长了,周围的人就会对他有了厌憎烦恶之感,他的威望必然下降,而一旦失去威权,他就再也不可能凭强霸来迫使人屈服。因此"兵强则灭,木强则折",不仅是一个重要的军事原则,也是一个极其深刻的管理原则与处世原则。

老子在《道德经》中反复说"强大处下,柔弱处上""柔弱胜刚强",他所强调的是一个人内心的强大,而非表面上的逞强好争。一个人外表温和、谦逊、不争、柔弱,不自炫,不自傲,不逞强,就可以内心沉静,为人宽厚,涵养内在的正气,造就真正的内在强大力量。他不故作强大,他的实力都敛藏在里面,潜伏在里面,不轻易向人炫耀;他也不会待人霸悍,他的尊严与人格力量都是内在的,并不显露张扬在外面,但是与他交往的人都会深刻地感受到,并衷心地尊重与敬佩;在遇到挑战与争议的时候,他也不会凭一己之霸气凌驾于别人之上,盛气凌人,不可一世,而是春风化雨,润物无声,以柔性之法去化解纠纷,就像庄子所说的庖丁解牛的高超艺术,"无物入有间",在不声不响、不知不觉间使对方悦服。悦服与压服,是完全不同的两个境界。

为什么中国文化与哲学特重"谦德",是因为"谦德"体现了柔弱之德。《周易》中说:"谦,尊而光,卑而不可逾。"一个人谦逊自牧,谦下和悦,就可以保守自己的内心,不事张扬,沉穆内敛,关注自己内在生命的成长与壮大,而不是去刻意表露,逐骛外物,浮躁逞强,外强中干,徒有其表。谦卑的人,却是"卑而不可逾",你越谦卑,你的生命与内在就越强大,也就越不可逾越、不可战胜。这就是"柔弱胜刚强"。所以,我们不要简单地将"柔弱"理解为在强大的对手面前假装软弱再伺机胜之,这是肤浅的。"柔弱"真正的用意在生命的内守、内心的壮大,敛藏含蓄,"不怒""不武"(六十八章),以柔克刚,以静胜躁(四十五章)。老子说"守柔曰强"(五十二章),"守柔"就是守住内心谦下不争,而终自强。

七十七章　天道亏盈

天之道，其犹张弓与？高者抑之，下者举之；有余者损之，不足者补之。

天之道，损有余而补不足。人之道，则不然，损不足以奉有余。孰能有余以奉天下，唯有道者。

【大意】天道不就像拉弓一样吗？弦位高者，就将它压低；弦位低者，就将它升高。多余的，减少它；不足的，补充它。天道是减少有余的，而补充不足的。人道则不然，是减损不足的而供给有余的。谁能把有余的拿来供给天下人？只有得道者才能做到。

天地宇宙，遵循一种"守恒"的规律。"守恒"就是"均衡""均平""平衡""恒常"。西方科学家发现"能量守恒定律"，并认为这是自然界普遍的、基本的规律之一。"能量守恒定律"认为，在一个孤立系统中，能量既不会凭空产生，也不会凭空消失，只会从一种形式转化为另一种形式，或从一个物体转移到其他物体，而能量的总量持恒不变。大自然中的诸种生

命,盛衰生死,无有穷尽,然而都要遵守这一守恒原则,无论世界如何变化,其总能量是恒定的,这就是"天道"。"天道"使宇宙天地自然保持一种均衡、恒常、持平的状态,而不会出现失衡的情况。

天道是如何达到这种持恒、均衡的状态呢?老子说:"天之道,其犹张弓与?高者抑之,下者举之;有余者损之,不足者补之。"天道就是"损有余而补不足"。"天道"强调一种守恒原则,遵循均衡的规律:你如果太高了,"天道"就会抑制你,压低你;你如果太低了,"天道"就会高举你,抬高你;如果你拥有得太多,以至于过度,"天道"就会自动减损你拥有的东西,剥夺你身上多余的一切;而如果一个人应该拥有却出现匮乏情况,"天道"便会特别眷顾他,给予他,补充他,增益他。"天道"是守恒的,也是公正的,无偏私心。

人道应遵循天道、效仿天道,不可违背天道、悖逆天道,天道既"损有余而补不足",人就要恪守天道,常使自己处于"不足",而切忌处于"有余"状态。何谓"不足"?"不足"就是使自己永远处于一种俭约匮乏的状态,不使自己的物质享受过于丰足,生活简朴,嗜欲淡泊,不贪图奢侈糜烂生活,清心寡欲,自奉俭薄。"不足"就是不贪恋声名,不追求过多的浮名,对身外的声誉、荣誉、夸耀等等毫不在意,摒弃虚荣之心,名利不萦于怀,"举世而誉之而不加劝,举世而非之而不加沮",摆脱声名的羁绊与困扰,世界的赞誉与诋毁均不能撼动他,不能改变他的心灵、他的信仰与行动。这样的人,无论在物质上还是在声名上都常使自己处于"不足"状态,也正是因为他常保"不足","天道"才特别眷顾他,增益他的福寿,使其在俭朴、淡泊、自由、开阔的心境中享受生命。他越是常使自己"不足",他的所得越是"有余",他的享用越是绵长持久,他的声名越是传播久远。他"不足","天道"则益之;他淡然对毁誉,"天道"则使之生命充盈、心灵满足;他远离了"浮名",却得到了真正的心灵的荣耀。"天道"这不是很公平吗?

何谓"有余"?"有余"乃嗜欲深,贪欲强,竭力追求不属于自己的东西。这样的人,对于物质享乐与声名皆贪得无厌,致使其享受与名誉超过自己所应得,如此则德不配其位,名不符其实。这就是老子在二十四章中所讽刺的"余食赘行"。这样的人,他所得到的过多的物质享受与过度的名誉必将被"天道"所剥夺,就如老子在第九章中所说的"金玉满堂,莫之能守;富贵而骄,自遗其咎"。"天道"总是给人适当的位置,适当的回报,适当的物质享受与声名,他不会亏欠人,亦不会过度给予。在中国人的文化传统中,一个人所得到的声名与物质享受以及所达到的事业功德的高度,是与这个人的德行、修养、能力相匹配的,那些"德不配位""名不符实"的人,可能一时占据高位,拥有显赫的荣誉与声名,但是由于这些外在的获得与其内在的德行不相称,最终还是会得而复失。《周易》判断吉凶就始终贯穿着这条原则。那些常使自己"有余"的人,不甘于淡泊简朴生活,拼命地外骛,追名逐利,无有休止。当自己金玉满堂、大富大贵之时,又往往滋生骄横傲慢之气,不懂得谦逊自牧、慈俭自守之道,最终使自己的声名在事业巅峰之际坠落,竭力追逐的财富也瞬间烟消云散。这就是"天道",你若竭力常保"有余",则天必损之,天必夺之。

如何使自己常保"不足"?其中最关键的是保持"谦德"。《周易》谦卦说:"谦,亨,天道下济而光明,地道卑而上行。天道亏盈而益谦,地道变盈而流谦,鬼神害盈而福谦,人道恶盈而好谦;谦尊而光,卑而不可逾,君子之终也。""地中有山,谦。君子以裒多益寡,称物平施。"在这里,"盈"就是"有余",无论天道、地道、鬼神之道、人道都忌"盈",忌"有余",而崇尚谦德。"裒多益寡",不就是老子说的"损有余而补不足"吗?天道是公平而无偏私的,持恒而均平的,所以是"称物平施"。所谓"称"者,即相称、匹配。你的名利必与你的德行相称、相匹配,超过了就要被剥夺，就要被衰取。天道崇尚谦德，是教导我们谦下自牧，不自矜自伐，不自傲自大，不骄不纵，守约守福，如此才能"君子有终"，所行皆顺遂，所得皆持久。一个人，越是谦卑，就越是高大显耀，即"谦尊而光、卑而不可逾"，这是处事的法则。贪婪狂傲、常保有余则寡福；谦卑守约，常保"不足"则多福。清人牛钮在《日讲易经解义》中说得很清楚："君子法之（即谦卦中"地中有山"之象）以处世，不可以自高而卑人，故有持平之道焉。盖自高之见，常患有余，自卑之情，常患不足，惟哀损其矜高之多而谦以持己，增益其谦下之寡而卑以天下，称量于人己之间，而适符其当轻当重之等，则施于人己者，自得其平矣。"

老子以批判的口吻说："人之道，则不然，损不足以奉有余。"这是坏的"人道"，是不公正的"人道"，是悖逆"天道"的"人道"。有道之人是"以有余奉天下"，对己俭约，自奉甚薄，而对天下宽厚；不争夺荣誉，却能得天下人之爱戴，此老子所谓"后其身而身先"。尧之允恭克让（《尚书·尧典》）、舜之温恭允塞（塞，充实也，见《古文尚书·舜典》）、禹之不自满假（满假，自满自大也，见《尚书·虞书·大禹谟》），都是我们做人处世之典范。这样的人，聪明睿智，声名显耀，却不事张扬，谦逊自守，如老子所言"保此道者，不欲盈"，（十五章），即他从来不使自己"盈满""有余"，而始终虚心卑下，恭慎谦让，使自己处于"不足"状态。他不追求外在的华美与浮奢，他懂得"甚爱必大费，多藏必厚亡"；他常使自己"知足常乐"，而以多余者奉献天下，因为他深知"祸莫大于不知足，咎莫大于欲得"；他对自己的名利享乐极端吝啬，深知"治人事天，莫若啬"（五十九章），而对天下人则宽厚尚柔。若使天下皆有余，有道者还会患"不足"吗？

七十八章 柔能胜刚

天下莫柔弱于水，而攻坚强者莫之能胜，以其无以易之。

弱之胜强，柔之胜刚，天下莫不知，莫能行。

是以圣人云："受国之垢，是谓社稷主；受国不祥，是为天下王。"正言若反。

【大意】天下没有比水更柔的了，但是那些貌似坚硬强大之物却没有一样能胜过它，这个事实是没有什么可以改变的。弱的胜过强的，柔的胜过刚的，这个道理天下人容易理解，但没有人能够实践。

因此圣人说："能承担国人的垢辱的人，就可以做国家的主人；能担负国家不祥之事的人，可以做天下的领袖。"那些从正面说的话，听起来却像反话。

儒家的精神与道家的精神构成中国人均衡的精神生活的两翼。儒家精神的源头本于大易，大易的精神是刚健有为、行健不息，"天行健，君子以自强不息，地势坤，君子以厚德载物"，乾健坤载，保持一种内心的平衡。

道家的精神本于老子抱朴守真、尚柔不争的哲学，这种哲学教导人恬淡寡欲，超然出世，以超脱的姿态对待社会人生。儒家的有为与道家的无为，看起来是矛盾的，抵触的，实际上二者是相互融合的，可以非常完美地蕴涵于一个中国人的精神世界中。儒家的勇毅担当与道家的高蹈超越结合起来，才构成一个中国圣贤标准的全部。如王阳明，这个时代的大儒，在他一生当中尤其是青年时代深受道家精神的影响，这种精神使他在成圣成贤、入世担当的儒家气质之外，又增加了道家返归内心、追求超越的精神气质。儒家的圣者，亦有道家谦退尚柔的风范，所以儒家崇尚"达则兼济天下，穷则独善其身"的能进能退、能入能出、穷达皆自在的生命境界。范仲淹在《岳阳楼记》中阐述了这样一种儒家格局："不以物喜，不以己悲。居庙堂之高则忧其民，处江湖之远则忧其君。是进亦忧，退亦忧。然则何时而乐耶？其必曰：先天下之忧而忧，后天下之乐而乐也。"这种先忧后乐的儒家精神背后，亦浸透着一种不喜不悲、超越自我、恬淡自如的内在品质，这种超越性的品质也暗合了道家的伦理维度。而道家表面上无为自然，但并非消极，它只是强调顺势而为，摒弃勉强刻意为之。从总体而言，儒家是有为中有无为，刚健中有超越；而道家则是无为中含有为，超越中潜藏着持久坚韧的生命精神。

所以，实际上儒道两家皆本于大易，儒家更多地发挥了乾健刚正的精神，而道家则更多地发挥了坤柔包容的精神，二者阴中有阴，阳中有阴，互相交汇，互为补充。但历来学者，往往夸大了儒道两家的区别，而忽视了二者的相通之处，不能看到二者之本源乃为一。道家发挥阴的一面，是尚柔不争，顺应事物的发展规律而为，不是完全的"不为"，他最后达到的目标仍是"为"，只不过是"无为而为""无为而无不为"。而正因为道家发挥了阴柔的一面，很容易被理解为阴谋之术。即如老子所言："天下莫柔弱于水，而攻坚强者莫之能胜。"这种以柔胜刚的哲学，常被理解为教人阴险的学问，是表面一套，背后一套，表面阴柔，背后用计，这是极端有害的误解。其实老子之学与阴谋术毫不相关，前文在翻译"将欲取之，必先予之"时就曾深入阐发过。汉代道家出身的陈平，是辅佐刘邦奠定大汉国基的重要人物，他曾坦言："我多阴谋，道家之所禁，其无后乎？"从陈平这句略带忏悔之意的话可以看出，道家最忌阴谋，道家尚柔不争、无为自然的哲学与阴谋毫无关系。

老子在第八章说："上善若水。水善利万物而不争，处众人之所恶，故几于道。""处众人之所恶，"这句话值得回味。水自甘卑下之位，众人所厌恶的东西它却安然处之，这是何等淡然从容的处世之道。众人爱表现聪明睿智，我独若愚人，浑朴不雕，藏而不露；众人爱豪华生活，竞奢极欲，锦衣玉食，而我独简朴淡泊，俭约自持，在物欲面前保持节制与克己；众人皆追求荣誉与地位，我独甘于卑微的地位，远离荣耀与吹捧，自甘受辱受垢，不惜自我贬损自我轻贱。在世人眼里，这个人如此不堪，而在老子看来，却是"几于道"，此人离大道不远了。在二十章中，老子说："俗人昭昭，我独昏昏。俗人察察，我独闷闷。众人皆有以，而我独顽且鄙。"这个愚人，世间的聪明睿智、荣华富贵似乎与他无关，他似乎被尘世所遗弃，"处众人之所恶"。能在这样的境遇下超然物我、怡然自得的人，是真心得道的人。能自甘卑下、自甘受辱的人，才能以隐忍之心、宽容之怀，来看待世界。他心胸博大，忍耐宽厚，顺天意而为，不争不扰，故能得天下人之拥戴。老子说："受国之垢，是为社稷主。受国不祥，是为天下王。"他能以一己之身，承担卑辱，承受责怨，甚至担负国家之大难，并在隐忍中发奋，坚忍中自强，这样的人堪当大任，可为天下之主。老子四十二章说："人之所恶，唯孤、寡、不穀，而王公以为称。"说的就是"受辱"，能受其辱，则能担其任。老子在三十六章讲"柔弱胜刚强"，四十章讲"弱者'道'之用"，七十八章又讲"弱之胜强，柔之胜刚"，屡申弱者的哲学，其意义恰在"社稷主""天下王"之高远定位。这不是"无为中有为"吗？海因为守弱卑下，才汇纳百川，人若为天下王，不也应该有大海般的超然度量吗？

七十九章 天道无亲

和大怨，必有余怨；报怨以德，安可以为善？
是以圣人执左契，而不责于人。有德司契，无德司彻。
天道无亲，常与善人。

【大意】调和大的怨恨，一定还有遗留的怨恨。用德来报答怨恨，怎么能够作为妥当的方法呢？因此，圣人执掌债权的凭据，但是并不向人责取。有德之人如同持有债权凭据的人那样宽裕而少取，而无德之人如同执掌税收的人那样多欲而苛取。

天道没有偏爱，它常常庇护那些清静宽和的善人。

───❦───

国家治理有不同的境界。孔子讲到为政者的作为，以"庶之""富之""教之"为顺序，将人口繁育、经济发展和伦理教化结合起来。这样一个排序是很讲究的，孔子将伦理教化与文化建设置于经济发展之上，是极有见地的。我曾提出在孔子的"庶之""富之""教之"后面再加一个"乐之"，就是要在文化建设的基础上，实现人民的幸福与和谐。这是一个比

"教之"更高的目标。"教之"毕竟还有居高临下的味道,"乐之"实际上就是使人民实现内心幸福感的提升。人民内心感到喜乐、祥和了,就没有怨气了,达到了没有"余怨"的状态;内心有幸福感,人民之间的关系就融洽和谐了,就达到了孔子所说的"无讼"的境界。人民"无怨""无讼",天下则可以大治,治国者的国家治理才算成功。

老子在七十九章提出了政府处理老百姓怨气的方法。他说:"和大怨,必有余怨;报怨以德,安可以为善?"

老百姓对治国者有深刻的怨恨,要费力去调和矛盾,试图消弭怨恨,那一定是徒劳的。这就是"和大怨,必有余怨"。消弭老百姓的负面情绪,其出发点往往是好的,初衷是善良的,但是其思路仍旧是从被治理者的角度出发,试图通过劝说、教育来达到目的。这就是孔子所说的"教之"虽有一定价值但仍有较大局限性的原因所在。即使你的宣传与教育再到位,如果你仍旧以居高临下的姿态,以外在强压的方式去调解老百姓的怨恨,那么结果必是仍有"余怨"。即使你"报怨以德",以善意化解怨恨,仍然难以达到"善"的高度。这就是老子说的"报怨以德,安可以为善?"看来即使到了"报怨以德"的程度,距离老子"善"的标准还差一大截。

老子心目中国家治理的最高境界当然是压根儿不与人民结怨。老百姓无所责于治国者,他们安然自得,日出而作,日落而息,常感"帝力于我何有哉!"这样的百姓,根本感受不到治国者的存在,哪里还会有怨恨呢?但是这样的治理,对于治国者的治理艺术提出了极高的要求。他需要有高超的行动艺术,既要有所作为,又要不让人民感受到他的有为;他为人民做了善事,却必须让人民感受不到困扰。这样的治国者,表面上看起来清清静静的,行动十分简约恬淡,一点也不忙乱,一点也不烦躁。他清静无为,恬淡虚无,内心镇静,外表持重,人民看不到他鞠躬尽瘁、日理万机,也看不到他风风火火、雷厉风行,更看不到他纵欲肆行、苛待百姓。他手里有权柄，有威严，可以他却不滥用他的权柄与威严，他谨慎地对待自己的权威，尤其注意不使自己的权威侵扰到百姓的日常生活。所以老子说："以无事取天下。""我无为，而民自化；我好静，而民自正；我无事，而民自富；我无欲，而民自朴"（五十七章）。在七十九章，老子说："圣人执左契，而不责于人。有德司契，无德司彻。""执左契"，就是拥有索债之权；"不责于人"，就是虽有权威、权柄而慎施，不苛责百姓，不侵扰人民。高明的治国者"司契"，他握有权柄而清净寡欲，而低下的治国者"司彻"，时时以重税盘剥百姓，处处以手中之权骚扰百姓，人民不得安宁，到处怨声载道、民怨沸腾。这样多欲暴残的治国者，老百姓欲除之而后快，如此的"大怨"，是无论用什么方法也难以消弭的。老子在七十九章讲"天道无亲，常与善人"。天道无有偏私，它常护佑偏爱"善人"。什么是"善人"？"善人"也就是老子心目中最懂得治国艺术的至人。第八章说："居善地，心善渊，与善仁，言善信，政善治，事善能，动善时，"正可以做"善人"的注脚。这样的"善人"，居处清静，心思渊默，宽仁和厚，信达中正，含而不露，淡泊无争，动静得时，这是何等气象！

在现代国家治理理念中，老子的自然主义与自由主义无疑是极其理想的模型，这是最高度的自治与自主，每个国民达到最高度的独立与自由，而国家则只是作为"守夜人"而存在。现代国家的公共治理同样要处理好"司契"与"司彻"的均衡，也就是要掌握国家权力与国家公共品服务供给能力之间的均衡术。国家"司彻"，从国民中索取，然而同时必须"司契"，提供有效的公共服务。在现代民主理念中，"司契"与"司彻"是不矛盾的，是可以相辅相成的。但是无论是以权柄治理还是向国民索取，都要遵循一个原则，达到一个目标，那就是"无怨"，也就是要使百姓幸福和谐，即本文开头所说的在"庶之""富之""教之"之外还要达到"乐之"。

八十章 小国寡民

小国寡民。使有什伯之器而不用,使民重死而不远徙。虽有舟舆,无所乘之;虽有甲兵,无所陈之。使民复结绳而用之。

甘其食,美其服,安其居,乐其俗。邻国相望,鸡犬之声相闻,民至老死,不相往来。

【大意】在国土小而国民稀少的国家中,即使有各样的器具却并不使用,人民畏死而不迁徙到远方。虽然有车船,却不乘坐;虽然有军队武器,却从不陈列;这一切使人民恢复到结绳记事的浑朴自然的时代。在这样的国家,人民以其食物为甜美,以其服装为舒适,以其居处为安定,以其风俗为快乐。邻国可以相互望见,鸡犬之声都能听得见,可是人民却从生到死都不往来。

世界各国的人民都有憧憬未来世界的传统,谁都有做梦的权力,可是做出来的梦却不尽相同。四百多年前,托马斯·莫尔写了第一本空想社会主义著作《乌托邦》,描绘了一个财产公有、按需分配、共同劳动、民风纯朴

的共产主义社会。然而任何空想者都不能避免时代的局限性，莫尔的乌托邦里还有奴隶。"太阳城""大洋国""法郎吉"，这些西方的理想社会模型，大同小异，皆从柏拉图理想国衍生出来，并加以发挥。中国的理想社会模型，则始于《礼记》与《春秋》。《礼记·礼运》提出了"大同"世界的最高理想，也就是"公天下"的理想：

> 大道之行也，天下为公。选贤与能，讲信修睦。故人不独亲其亲，不独子其子，使老有所终，壮有所用，幼有所长，矜寡孤独废疾者，皆有所养。男有分，女有归。货恶其弃于地也，不必藏于己；力恶其不出于身也，不必为己。是故谋闭而不兴，盗窃乱贼而不作，故外户而不闭。是谓大同。

从这段话可以看出，儒家公天下的社会理想，是一个非常和谐、每个人都各得其所的世界。治理这个世界要靠选举贤德而有才能者，而这个世界的参与者，皆奋其智能，为社会奉献，从而废弃财富私有观念，而为公益服务。在这个社会中，没有暴力与盗窃，社会成员有极高的道德水平，互敬互爱，达到"老吾老以及人之老，幼吾幼以及人之幼"的精神境界。在这个大同世界，天下之治理，乃靠天下人之公意，没有私意参与其中；此时国界观念，已经消除，按熊十力先生在《读经示要》中的观点，国界消除后乃以文化地理为界划为无量自治区。值得注意的是，在这极为理想的大同世界，一夫一妇之小家庭仍旧存在，此即"女有归"。

《礼记·礼运篇》的这段大同世界梦想，气象宏大，格局超迈，其对未来世界的构想，在全世界乌托邦思想史上占据重要地位，至今仍感其思想熠熠生辉。大国思想，其演绎的乃《春秋》中太平世的观念。《春秋》对于人类发展阶段的构想分为三个大的阶段：一曰据乱世，二曰升平世，三曰太平世。据乱世乃盗贼并起、侵略纷争频仍的社会，外患内乱不绝，人民极其痛苦。升平世乃据乱世渐次进化而形成的较为优良的社会，在此世界中，大国秉礼义而不侵扰小国，故少外祸；而国家贫穷渐趋均平，人民渐趋和谐稳定，故少内乱。但升平世仍旧不是最理想的社会，其公私仍旧分明，社会矛盾仍旧存在，故战国以来孟子等倡井田制，以使社会更加均平和谐。升平世大概相当于《礼记·礼运篇》提出来的小康社会模型：

> 今大道既隐，天下为家。各亲其亲，各子其子。货力为己。大人世及以为礼，城廓沟池以为固，礼义以为纪，以正君臣，以笃父子，以睦兄弟，以和夫妇，以设制度，以立田里，以贤勇知，以功为己。故谋用是作，而兵由此起。禹、汤、文、武、成王、周公由此其选也，此六君子者，未有不谨于礼者也，以著其义，以考其信，著有过，刑仁讲让，示民有常。如有不由此者，在执者去，众以为殃。是谓小康。

小康社会当然是比大同社会低级的社会，这一点孔子已经讲得极为清楚。大同世界是"大道之行也，天下为公"，是公天下，其中完全不讲什么"礼义制度"；而小康社会是"大道既隐，天下为家"，是"家天下"，故以礼义制度维系。大同世界是夜不闭户，没有奸谋盗贼，而小康社会"谋用是作，兵由此起"，兵戎盗贼时而发生。因此，虽道家批评儒家的礼乐制度，其实儒家自己看得已很清楚，礼乐制度并非最高境界，而是在小康社会中不得已而用之的一套东西，是次优选择，是升平世维持社会秩序的必要手段而已。

如果说儒家的未来理想社会模型是大同世界，那么道家的理想社会模型则是"小国寡民"。在这样的社会中，人心淳朴，古风淳厚，人们并不崇尚物质生活的富足，而崇尚生活本身之安定和美；人类虽有高度的智慧，却崇尚古朴简单的生存模式，并不沉溺于奇技淫巧；人们之间没有纷争，以自己的生活为满足，知足常乐，自得其乐。在这样的社会中，人民自治、自享、自安，人人平等，没有等级，没有礼义制度，"甘食、美服、安居、乐俗"，非因其食甘而甘，非因其服美而美，乃因其内心自甘、自美，而不在意外在的物质享受。老子祈愿在这样的封闭而自足的社会中，人民安乐自足，不远徙，无物欲，结绳而治，老死不相往来。这种原始村社共产主义理想，在很多学者眼中被视为"落后""开历史倒车"，殊不知此小国寡民之理想，乃老子针对列国纷争、诸侯兼并、大盗蜂起、生灵涂炭之现实而发出的沉痛抗争与呼吁！他希望各国放弃"大国众民"的贪婪美梦，不要以杀伐兼并为乐；他希望人民不要追逐物欲，不要贪图享受，不要迷恋奇技淫巧，而是返璞归真，回到无知无识的状态。孔子的大同世界是人人相爱，不独亲其亲，不独子其子，天下一体，众归大同；而老子却希望"邻国相望，鸡犬之声相闻，民至老死，不相往来"，也就是庄子所崇尚的"相濡以沫，不若相忘于江湖"。人民不相往来，乃因各各自足，不必他求；不必施以仁爱，只须自爱而已。

从小国寡民与大同世界的理想比较来看，老子的理想社会模型实际上是批判意识多于未来构想，他痛恨兼并战争、摒弃工艺技巧、鄙视物欲与知识的倾向，都以极端的方式在其"小国寡民"的设计中表达出来。因此老子的理想社会构想与其说是对未来的梦想，不如说是对理想的尖锐批判与憎恶。由这种批判与憎恶出发，他希望人类从精神上回归到淳朴自然的农村公社状态，享受那种无忧无虑、无知无识、无争无尤的伊甸园生活。自然，老子为人类设想的这个终极避难所与乐园，在现实中是难以实现的，正如胡寄窗先生所说，孔子大同论是"披着古代的法衣，追求未来的幻想"，而老子则是"带着时代的创伤，逃向原始的乐园"。

八十一章 圣人不积

信言不美,美言不信。善者不辩,辩者不善。知者不博,博者不知。圣人不积,既以为人己愈有,既以与人己愈多。天之道,利而不害;人之道,为而不争。

【大意】真实无欺的言辞并不华美,花言巧语并不真实。行为圆满的人不必逞口舌之辩,善辩的人其德行往往并不完美。有大智慧的人往往并不博杂,知识博杂的人却往往没有真正的智慧。圣人并不刻意积累财富与名声,他越是为人服务,自己反而越宽裕;他越是把东西奉献他人,自己得到的反而越多。天道是有利于万物而不残害它们,人间之法则是有所作为而不争竞。

第八十一章可以视为老子政治哲学的总结。老子的很多格言皆为国人耳熟能详,但正因为极其熟稔,反而有可能仅仅成为口头禅,而其内在的深蕴反被掩盖了。如本章所讲到的"信言不美,美言不信。善者不辩,辩者不善",其在政治哲学上的深刻意蕴往往被读者所忽略。这四句话讲的

是"言"。从表面上看,这四句话的主旨是"慎言"。从中国古典哲学的传统来看,谨言慎行一直是中国传统人格教育中特别突出、特别被强调的一种德行。孔子也讲"讷于言而敏于行",他欣赏的是多做少说,讨厌那种"巧言令色,鲜矣仁"之人。老子在《道德经》中有很多次谈到"言"。他欣赏的也是敦厚、讷言、朴质的人格。但是老子讲"慎言"更多地蕴含着他的政治哲学的思想。第二章他说"行不言之教",十七章说"悠兮其贵言",第五章说"多言数穷,不如守中",都讲少言、贵言,实际上告诫执政者不要以繁苛的政令骚扰百姓,更不可以欺骗性的语言愚弄百姓,而是应以谨慎的行动来达到无为而治。老子不仅强调"贵言",更强调"守信"。十七章说"信不足焉,有不信焉",老百姓不信任你,是因为你没有信用,不值得信任。执政者要得到国民的信任,就要贵言慎行,不要用花言巧语来哄骗人民,不要以华美的承诺来愚弄人民。老子认为好的治理者应该行动淡泊,敦朴渊深,"敦兮,其若朴"(第十五章),不多言,不多事,"其政闷闷"(五十八章),不以那些光鲜、热闹的东西来支撑门面。真正有治理智慧者,圆通、圆融、浑朴、深邃,不逞口舌之辩,不以言辞胜人。

"知者不博,博者不知",这两句话也常常被人所误解。表面上读之,这句话说的是认识论,智慧者并不渊博,渊博者没有真智慧。在知识上广收博取,仅仅可能成为一个知识赡博的人,但并不是成为智者的先决条件。知识是一个积累的过程,而智慧则是需要内在深刻的悟解。禅宗强调顿悟,是智慧层面的觉解,与知识的积累与丰富无关。知识丰赡但毫无内在觉解的掉书袋,是难以称为智者的。但老子的用意还不止于此。"博",不仅是指知识上的广博,更是指行动上的博骛、博取、博杂。老子崇尚行动上的淡泊、简约、持重,智者心思单纯、行动淡定,不骛博杂,凝神专志,这样的人作为国家的治理者,必然"行不言之教,行无为之事",不躁不杂,静心寡欲。老子说:"取天下常以无事,及其有事,不足以取天下。"所以他讲"知者不博，博者不知"的真正用意不在于讲认识论，而在于讲他的政治哲学。

"圣人不积，既以为人己愈有，既以与人己愈多。"老子心目中的治国圣人，是能够以超然的心态与高远的愿力"为人""与人"的贤哲。他不为自己积攒财富，也不为自己博取声望；他淡泊名利，无我无私，"后其身而身先，外其身而身存"（七章），脱离尘欲，遵天爱人。天道乃"利而不害"，利益万有，庇护众生，使天地万物、芸芸众生皆得自在，自由地成长，自然地孕育，而绝不戕害生命。圣人遵循天道，"常善救人，故无弃人；常善救物，故无弃物"，所有的生命都在天道的庇荫下各得其所，各得其命，各享其乐。人道乃"为而不争"，圣人必有所作为，奋其心智，与人为人；但圣人又能做到"不争"，如同老子所说的"水德"："上善若水。水善利万物而不争，处众人之所恶，故几于道"（八章）。然而，"夫唯不争，故天下莫能与之争"（二十二章），他内心的强大，使得他有足够的力量鄙弃俗世的一切，也正因此，他在这俗世没有敌人，没有对手。作为圣王与智者，任何看得见的拥有对他而言都是多余的，没有价值的，他需要的只是履人道，遵天道，师法自然，顺势而为；他兼承"天古之极"，持守"不争之德"（六十八章），利益不萦于心，荣辱不扰其怀，坦廓宽宏，真朴无我，天下人皆欣然影从，"乐推而不厌"（六十六章）。

这是老子对于人类世界的浪漫梦想。无疑，在同时代人中，他是最清醒、最智慧的人，然而同时，他也是最失望、最悲哀、最找不到知音与归宿的人。他具有最勇锐的批判精神，也深谙最现实、最老辣的政治谋略，然而他心目中所向往的，仍旧是一个如婴儿般真朴无伪的乐土。他期待这个世界"不争""无欲"，他梦想着由一个具有极高精神境界的圣人来治理天下，然而这种带着理想主义与浪漫情调的"老子梦"在现实中注定是要碰壁的。他梦想着返璞归真，于是他不顾一切地放弃、出走，然而他的出走不是去寻找心目中的"乐土",而且逃脱、疏离,他的内心仍然是悲观的、伤感的,而他的超然飘逸也是带着义愤与失意的。老子最后出了那个象征尘世最后堡垒的"函谷关",迤逦西去,不知所终。

后 记

　　此稿成于二〇一四年九月，乃余研习《道德经》之札记，多作于行旅客舍间。所引之《道德经》原文，以王弼本为底本，并酌参帛书本以及历代学者之校本订正而成。历代学者在《道德经》的文字训诂与版本订正方面做了大量工作，而马王堆汉墓帛书写本的出土为《道德经》的版本提供了新材料，这为当代学者融和历代先贤之见解与当代考古之发现，更接近《道德经》的思想原貌，提供了较以前更优越的文献条件。

　　这本小册子既非文字训诂与版本校勘之作，亦非纯粹哲学辨析之理论著作，而是一个老子思想的爱好者研习与修证道家学说的零星感悟之笔记，以供同志者参酌批评。

王曙光

二〇一八年一月二十二日